200
JAHRE
HERDER

200 Jahre Zukunft

JUBILÄUMSAUSGABE

Für jeden Tag ein gutes Wort

Texte von

Phil Bosmans
Anselm Grün
Anthony de Mello
Henri J. M. Nouwen
Andrea Schwarz

*Ausgewählt und herausgegeben
von Ludger Hohn-Morisch*

FREIBURG · BASEL · WIEN

Umschlaggestaltung: Finken & Bumiller, Stuttgart
Umschlagmotiv: K. Michels
Fotos im Innenteil: Wolfgang Müller, Oberried

www.herder.de
Druck und Bindung: Clausen & Bosse, Leck
Gedruckt auf umweltfreundlichem,
chlor- und säurefrei gebleichtem Papier
ISBN 3-451-27703-4

INHALT

ZUM GELEIT

»Gottesgeburt im Menschen – Der Himmel beginnt in mir«: So habe ich eines des zwölf Leitthemen dieses Buches genannt, hier nicht aus eigener Vorliebe für diese Lebensrichtung; vielmehr sehe ich in ihm eines der gemeinsamen und wesentlichen Blickrichtungen, die ich bei den fünf Autoren gefunden habe, aus deren zahlreichen und ungewöhnlich viel gelesenen Veröffentlichungen die »Quellen der Inspiration für jeden Tag« ausgewählt sind. Ebenso ihnen allen gemeinsam finde ich sozusagen den Motor, die Motivation und das, was so viele Leser und Leserinnen – weit über den deutschen Sprachraum hinaus – fasziniert und offenbar jeden Tag zu begleiten vermag: Was wir da lesen und in uns aufnehmen, ist selbst erlebt, dann geschrieben und mitgeteilt »aus Liebe zum Leben«.

PHIL BOSMANS, der flämische Priester und Schriftsteller, weithin bekannt als der gute Menschenfreund sucht in allem, was er sagt, unermüdlich eine Kultur des Herzens unter den Menschen anzuzetteln. Dabei weiß er aus Eigenem, wo diese beginnt: »Bei mir selbst anfangen – Wann, wenn nicht jetzt?« (s. Januar). Diesen Grundton der Herzenskultur sich zu eigen zu machen ist einfach und so schwer zugleich: »Glaubhaft ist nur Liebe – Befreiung, Erlösung, Versöhnung suchen wir alle« (Juli). So schärft Bosmans unseren Blick: »Damit das Herz aufgeht – Der gute Kern in uns allen« (August).

ANSELM GRÜN – man möchte fast fragen: Wer kennt ihn und seine Schriften nicht? Ihn und seine Art, Spiritualität mit sensiblem psychologischem Gespür mit dem und in dem zu verwurzeln, was geistige Menschen heute umtreibt. Wie leicht fällt es, ihm, dem Benediktinermönch, abzunehmen, wozu er inspiriert: »Quellgrund der Stille – Wonach das Herz sich wirklich sehnt« (Februar). Dazu bedarf es, als des Lebens roten Faden, des Innehaltens: » ›Halt an, wo laufst du hin‹ [Angelus Silesius]? – Sich des himmlischen Ursprungs erinnern« (Juni).

ANTHONY DE MELLO – ein Theologe und Schriftsteller von ungewöhnlichem Genius: Sein Körper ist seit zwanzig Jahren nicht mehr unter den lebenden, aber sein Geist, seine spirituelle Genealität – als weisheitlicher Grenzgang zwischen Ost und West – leben bis heute unverbraucht, in der ganzen Welt. Mit meisterlicher Feder geht es bei ihm in allem um den springenden Punkt: »Was wirklich zählt und trägt – Klänge der Lebenstiefe« (Mai) und: »Zur Freiheit gerufen – Chance und Risiko« (September).

HENRI NOUWEN – auch er hat seinen irdischen Weg vollendet; doch seine Suche nach den tiefsten Wahrheiten setzt sich ungebrochen in vielen Lesern und Leserinnen weiter fort. Wie sehr ist eine seiner Erfahrungen gerade heute auch immer wieder das, was der Mensch oft zitternd sucht: »Jeder Nacht folgt eine Morgenröte – Österliche Lebensspuren« (April). Damit Letztere zu leuchten beginnen, geht – das ist dem Menschen aufgegeben – immer auch eines voraus: »Berührt vom dunklen Geheimnis – ›Wer dies nicht hat: das Stirb und Werde ...‹« (November). Nouwen: der sanfte Lehrer an so vielen Lebensfurchen!

ANDREA SCHWARZ – bei ihr finden zahllose Zeitgenossen, wie es gehen kann: bewusst leben, persönlich glauben, mit allen Fasern und Erschütterungen, mit allem Gefühl und allem Zweifel. Das mutet an wie eine Wanderung mit so manchen Strapazen, aber auch mit Hochgefühl: »Die zarte Kraft seiner Gegenwart – Gott möchte gefunden werden« (Oktober). Das ist ein Abenteuer, auf den lauten Plätzen und noch mehr in den stillen Freiräumen, wo ich das Herz schlagen höre: »Der Himmel beginnt in mir« (Dezember).

Der 200. Geburtstag des Verlags Herder im Herbst 2001 gab den Impuls und Anlass, diese seine großen, beliebten Autoren und ihre menschenfreundliche, inspirierende Botschaft einmal in *einem* Band zu Wort kommen zu lassen, als Quellentexte für jeden Jahrestag. Ich danke dem Verlag, der mich als einen seiner Lektoren damit beauftragt hat, diese schöne Aufgabe der Herausgeberschaft zu übernehmen.

Ostern 2001 LUDGER HOHN-MORISCH

JANUAR

Bei mir selbst anfangen – Wann, wenn nicht jetzt?

Gemeinsam im selben Boot

Ein neues Jahr. Lasst uns gemeinsam fahren. Wir sitzen im selben Boot. Alle Menschen wie Brüder und Schwestern im selben Boot. Menschen, die gemeinsam fahren. Ein phantastischer Traum. Die Sonne tanzt am Himmel. Die Fische singen im Meer. Alle Menschen wie Brüder und Schwestern im selben Boot der Welt. Schwache und Starke. Alle Völker und Rassen. Mächtige und Machtlose. Arme und Reiche.

Menschen, die gemeinsam fahren wie Brüder und Schwestern auf dem Meer der Welt, in derselben Sonne, auf denselben Wellen, mit Wind, gegen Wind, alle im selben Wetter. Sie fahren gemeinsam. Es gibt keine Schwachen und keine Mächtigen mehr, keine Armen und keine Reichen mehr. Es wird keiner mehr über Bord geworfen, keiner mehr im letzten Kellerloch allein gelassen, wo er vor Hunger stirbt. Es gibt keinen Krieg mehr um die Kommandobrücke. Auf Deck wird gesungen. Alle sind sicher und geborgen.

Ein phantastischer Traum. Warum muss ich aufwachen und sehen, wie das Boot schwer angeschlagen, ohne Orientierung dahintreibt? Warum höre ich Idealisten und Propheten im Boot verzweifelt nach Menschen rufen mit einem Herzen? Wirst du es mit ins Boot bringen: dein eigenes Herz?

B, 10

Zeit, um glücklich zu sein

Das neue Jahr soll das glücklichste deines Lebens sein. Nimm dir Zeit, um glücklich zu sein. Du bist ein wandelndes Wunder in dieser Welt. Du bist einmalig, einzigartig, unverwechselbar. Weißt du das? Warum staunst du nicht, warum freust du dich nicht, überrascht über dich selbst und über all die anderen um dich?

Findest du nichts dabei, dass du lebst? Ist es denn so selbstverständlich, dass du leben darfst, dass du Zeit bekommst, um zu singen und zu tanzen und um glücklich zu sein? Warum denn Zeit damit vergeuden, nach Geld und Besitz zu jagen? Warum immer wieder anfangen zu streiten, warum sich langweilen, warum sich anöden, warum von einem Vergnügen zum anderen fliehen und warum schlafen, wenn die Sonne scheint?

Nimm dir ruhig Zeit, um glücklich zu sein. Zeit ist keine Schnellstraße zwischen Wiege und Grab, sondern Raum, um in der Sonne zu parken. Jahre sind keine Kilometer, die man verschlingen muss, sondern jedes Jahr, auch dieses neue Jahr, ist eine Gabe aus Gottes Hand, umsonst gegeben. Und du solltest dann nicht glücklich sein? B, 12

Gib ihnen die Hand

Ich wünsche von ganzem Herzen ein gutes Jahr. Ein gutes Jahr für dich und für alle Menschen. Gib anderen die Hand, auch denen, die schon lange keinen Händedruck mehr von dir bekommen haben. Gib ihnen die Hand mit einem Herzen voller guter und ehrlicher Wünsche, nicht Wünsche wie von einer schönen Maske, die sich das hässliche Gesicht des Heuchlers aufsetzt. Schreib ein Kärtchen, klebe einen Kuss drauf.

Ein neues Jahr beginnt. Mach ein gutes Jahr daraus. Lass deine Güte und Freundlichkeit spürbar werden zu Hause, in der Schule, am Arbeitsplatz. Lege allen Streit bei. Halte die giftige Zunge im Zaum. Mach deinen Mann, deine Frau, deine Kinder glücklich, mit Taten, nicht nur mit Worten glücklich, denn du brauchst ihr Glück, um selbst glücklich zu sein.

Suche niemals das Glück nur für dich allein, nur in deinen eigenen vier Wänden. Hilf eine Welt zu schaffen, in der wir uns nicht nur vertragen, sondern wirklich gern haben, eine Welt, in der Platz ist für ein Lächeln, für eine Blume, für ein Herz, für ein Stückchen Himmel auf Erden.

B, 11

Was ist die Leitidee meines Lebens?

Elija ist das Bild des Propheten. Er ist der größte Prophet des AT, ein Mann wie Feuer. Er zeigt uns, dass auch wir eine prophetische Berufung haben. Wenn wir im Gebet offen geworden sind für Gott, dann entdecken wir auch, zu welcher Sendung Gott uns ausersehen hat. Jeder kann in dieser Welt etwas von Gott sichtbar machen, was allein durch ihn aufleuchten kann. Jeder hat mit seinem Leben ein Wort zu sagen, das nur durch ihn erklingen kann. Wir [...] sollen unsere persönliche Berufung, unsere prophetische Sendung erkennen, damit wir sie authentisch leben können.

So möchte ich Sie zu folgender Übung einladen: Stellen Sie sich vor, Sie stehen kurz vor Ihrem Tod. Überlegen Sie, welchem Menschen Sie noch einmal schreiben möchten. Und dann schreiben Sie einen Brief, in dem Sie diesem Menschen sagen, was Sie in Ihrem Leben vermitteln wollten, was die eigentliche Botschaft ihres Lebens sein sollte.

Sie brauchen keine Angst vor großen Worten zu haben. Wir werden nie ganz leben, was wir im Tiefsten unseres Herzens ersehnen. Aber trotzdem tut es uns gut, uns zu überlegen, wofür wir überhaupt antreten, was die Leitidee unseres Lebens ist. Warum stehe ich jeden Morgen so früh auf, warum nehme ich all die Unbilden in Kauf, die das Leben mit sich bringt? Warum strenge ich mich an? Was möchte ich in jeder Begegnung den Menschen vermitteln? Was sollen Sie an mir, an meinem Leib, an meiner Seele, an meinem Herzen, an meinen Augen, an meinen Worten ablesen? Was ist die tiefste Motivation für mein Leben, was möchte ich als letztes Wort, als mein Vermächtnis den Menschen hinterlassen? Bewahren Sie sich diesen Brief auf, damit Sie sich von Zeit zu Zeit bewusst machen, was Ihre prophetische Sendung in dieser Welt heute ist, was die tiefste Botschaft Ihres Herzens ist, was Sie den Menschen mit Ihrem ganzen Leben vermitteln möchten. G, 290

GRUNDSÄTZE

»Ein guter Weg, Ihre eigenen Fehler und Unzulänglichkeiten zu erkennen«, sagte der Meister, »besteht darin zu beobachten, was Sie bei anderen stört.«

Er erzählte einmal, wie seine Frau eine Dose mit Schokoladenbonbons in den Küchenschrank gestellt hatte, um schon nach einer Stunde, als sie die Dose wieder in die Hand nahm, festzustellen, dass sie bis auf den Boden leer war. Die Bonbons waren sorgfältig Stück für Stück in eine Papiertüte gepackt, die bei den persönlichen Sachen der neuen Köchin lag. Die gutmütige Frau wollte deswegen kein Aufhebens machen. Sie füllte die Bonbons wieder in die Dose um und stellte sie an einen Platz außer Reichweite.

Nach dem Essen teilte die Köchin dem Hausherrn mit, dass sie ihre Stelle noch am selben Abend verlassen werde.

»Warum denn? Was ist los?«, fragte der Meister.

»Ich möchte nicht für Leute arbeiten, die zurückstehlen«, antwortete sie erbost.

~

Während des Zweiten Weltkrieges trieb ein Mann einundzwanzig Tage auf einem Floß im Meer, ehe er gerettet wurde.

Auf die Frage, ob er aus dieser Erfahrung etwas gelernt habe, antwortete er: »Ja. Wenn ich nur immer reichlich zu essen und genug zu trinken habe, werde ich für den Rest meines Lebens wunschlos glücklich sein.«

Ein alter Mann sagte, er hätte sich nur einmal im Leben beklagt, als er barfuß war und kein Geld hatte, Schuhe zu kaufen. Dann habe er einen glücklichen Mann gesehen, der keine Füße hatte. Und er habe nie wieder geklagt.

M, 373

BEI MIR SELBST ANFANGEN –

Das Paradox der Anbetung

Indem ich mich vergesse, komme ich zur Ruhe, da hört der Lärm meiner Gedanken und Gefühle auf. Da bin ich endlich angekommen, da bin ich nach langem Suchen endlich daheim. Daheim sein kann man nur, wenn man vor dem Geheimnis niederfällt. Anbetung ist die Erfahrung von Heimat. Wenn wir vor dem Geheimnis Gottes niederfallen, sind wir wirklich angekommen. Dann wird es ruhig in unserer Seele, da spüren wir, dass unsere tiefste Sehnsucht erfüllt ist, dass wir endlich gefunden haben, wovor wir niederfallen können. Denn der Mensch sucht sein Leben lang nach dem, vor dem er niederfallen kann, der alle seine Kräfte bindet und alle Sehnsüchte und Bedürfnisse erfüllt.

Das Urbild solcher Anbetung ist die Huldigung der Magier, die auf die Sehnsucht ihres Herzens hören, auf den Stern, der am Firmament ihres Herzens aufgetaucht ist, und die sich nun aufmachen, das göttliche Kind zu suchen. Sie gehen verschlungene Wege, um endlich in das Haus einzutreten, in dem sie wahrhaft zu Hause sein können, in das Haus, in dem Maria und das Kind wohnen. Sie treten ein und fallen vor dem göttlichen Kind nieder. Sie breiten ihre Schätze aus, das Gold als Zeichen ihrer Liebe, den Weihrauch als Zeichen ihrer Sehnsucht und die Myrrhe als Zeichen ihrer Schmerzen. Die Künstler haben die Magier immer als drei Könige dargestellt. Der eine ist alt, der andere jung, der dritte schwarz. Der König ist ein Bild für den ganzen und schönen Menschen, der über sich selbst herrscht und von niemandem beherrscht wird, der weise ist und um die Geheimnisse des Lebens weiß. Die Dreizahl deutet darauf hin, dass alle Kräfte in uns nur in der Anbetung ihr Ziel finden. Das Junge und Alte und auch das Schwarze als Bild für den eigenen Schatten müssen vor dem göttlichen Kind niederfallen, um verwandelt und erlöst zu werden.

G, 15

EIN MÄRCHEN WIRD WAHR

Sei gut zu den Menschen, freundlich, aufmerksam. Vor allem zu den Kranken, Behinderten, Betagten, zu Menschen, die das Leben an den Rand gedrängt hat. Bring den Menschen Blumen, solange sie leben. Warte nicht, bis sie tot sind, um dann gefühlvoll zu seufzen: »Sie haben vom Leben nicht viel gehabt.«

Warum haben so viele Menschen nichts vom Leben? Weil sie keine Freunde haben, Menschen, die sie mögen. Weil sie nirgendwo Zeichen der Sympathie finden. Weil für sie niemals Blumen aufblühen. Dabei können Blumen manchmal Wunder wirken. Es müssen keine teuren, kostspieligen Blumen sein. Gewöhnliche, einfache Blumen: ein Lächeln, ein gutes Wort, eine kleine Geste. Auch das sind Blumen!

Die kleinste, mit warmem Herzen verschenkte Blume erzählt denen, die sie bekommen, eine schöne Geschichte. Das wunderbare Märchen von einem Stück Himmel auf Erden, wo die Menschen füreinander Engel sind, wo für jede Angst, jedes Leid und jede Träne ein liebevoller Trost da ist, wo die Menschen füreinander wie die Blumen blühen. Ich höre aus dem Mund von Tausenden Kranken, Behinderten, Betagten und Einsamen denselben Schrei: »Bring deine Blumen, bevor ich tot bin.«

Mach, dass das Märchen wahr wird. Heute! B, 147

In die Tiefe gehen

In der geistlichen Begleitung geht es nicht nur darum, den Menschen psychologische Methoden anzugeben, besser mit ihren Problemen zurechtzukommen. Unsere eigentliche Aufgabe ist es, sie immer wieder auf ihre Beziehung zu Gott hinzuweisen. Was macht das mit mir und meiner Beziehung zu Gott? Was will Gott mir darin sagen? Woher definiere ich mich? Was ist der Grund und das Ziel meines Lebens? Wenn ich etwa bei Beziehungsproblemen nur auf der Ebene der Beziehung bleibe und Ratschläge gebe, besser mit den eigenen Gefühlen und mit den Aggressionen umzugehen, dann kann das sicher helfen. Aber ich stoße nicht zum eigentlichen Kern des Menschen vor.

Wirksam kann ich ihm nur helfen, wenn sich der andere nicht mehr von seiner Beziehung her definiert, sondern wenn er in sich einen Raum entdeckt, zu dem der andere keinen Zutritt hat, wenn er in sich seine göttliche Würde erkennt, die ihm keiner nehmen kann. Wenn wir auf der Beziehungsebene bleiben, erleben wir häufig, wie verfahren manche Beziehungen sind und wie sie einfach nicht mehr zu heilen sind. Aber das heißt nicht, dass der Mensch unheilbar wäre. Heil wird er erst dann, wenn er in sich den Ort entdeckt, in dem Gott in ihm wohnt. Wo Gott in ihm wohnt, da ist alles heil. Da hat auch das Unheile der verfahrenen Beziehung keinen Zutritt. Da bin ich ganz ich selbst, da bin ich frei von allen, die mich verwundet haben oder mich verwunden möchten. Da erfahre ich, dass Gott selbst mich befreit von der Macht der Menschen und dass er mich heilt von den Wunden, die andere mir schlagen.

G, 258

»Ich bin es, fürchtet euch nicht!« (1)

In der vierten Nachtwache kam Jesus zu ihnen; er ging auf dem See. Als ihn die Jünger über den See kommen sahen, erschraken sie, weil sie meinten, es sei ein Gespenst, und sie schrien vor Angst. Doch Jesus begann mit ihnen zu reden und sagte: Habt Vertrauen, ich bin es; fürchtet euch nicht!
Mt 14,25–27

Das kenne ich gut – mitten in der Nacht kommen plötzlich Gespenster auf mich zu ... Einsamkeit fängt mich ein, Verzweiflung steigt hoch, meine Phantasien malen wüste Bilder, was alles passieren könnte. Angst erfüllt mich, eine ganz unbestimmte Angst, die mein Herz verkrampft, mir den Mut nimmt. Es sind chaotische Situationen, Stunden, in denen alles durcheinander gerät, Lebensstrukturen und -werte plötzlich im Nichts verschwinden, mich kein Halt mehr hält.

Und oft fliehe ich dann vor mir selbst, greife zum Telefon, verabrede mich mit Freunden, vergrabe mich in ein Buch, schalte die Musik ein bisschen lauter. Es sind Stunden, in denen ich Angst habe vor mir selbst und dem, was an Empfindungen alles in mir ist.

Es sind Krisensituationen, kleine und große. Das sind Tode, die gestorben sein müssen, damit Auferstehung möglich wird. Altes muss im Nichts verschwinden, damit Neues entstehen kann. Das Chaos will durchlebt sein, um einen neuen Kosmos zu schaffen.

Das ist schwer, unsagbar schwer. Im Moment der Verzweiflung bin ich gebannt von der Angst – noch weiß ich nicht um die Schönheit des Neuen. Wie ein verwundetes Tier schreie ich still meinen Schmerz in die Nacht hinaus – und muss doch erfahren, dass ich allein bin, dass niemand mich hört, mich niemand versteht. *S3, 62f*

»Ich bin es, fürchtet euch nicht!« (2)

So weh es tut – es gilt, diese abgrundtiefe Einsamkeit, das Nicht-Verstanden-Werden, dieses absolute Durcheinander auszuhalten – zu bleiben und nicht zu flüchten. Nur dann, wenn ich dieses »Gespenst« an mich herankommen lasse, es zulasse, kann sich eine solche Krise als heilsam und heilend erweisen. Ich schreie vor Angst, und doch kann sich zugleich dieser Gott mir nähern und zu reden beginnen. Nicht das Negieren solcher schmerzlichen Erfahrungen ist gefragt, sondern das Aushalten, das Bleiben, das Standhalten – um ins Hören zu kommen. »Habt Vertrauen, ich bin es; fürchtet euch nicht!« – das scheinbare Gespenst kann sich als existentielle Begegnung mit diesem Gott entpuppen. Es ist eine Begegnung, die mich verändert, die mir neuen Mut gibt, aufgrund derer ich mir Neues zutraue. Meine Lebenskrise wird zu einem notwendigen Zwischenstadium, um anderes wachsen zu lassen.

Das ändert zunächst nichts an der Schmerzhaftigkeit solcher Krisen – aber es stellt sie für mich in einen anderen Zusammenhang. Es macht mir Mut, das Chaos zuzulassen, mich den Gespenstern nicht zu verwehren, um vielleicht genau dann diese zarte Stimme zu hören: »Ich bin es – fürchtet euch nicht!«

S3, 63

Der Weg zum Frieden mit sich selbst

Suche die Gründe für deine Probleme, deine Konflikte, deine Misserfolge nicht immer woanders, bei deinem Mann, deiner Frau, deinen Vorgesetzten, deiner Arbeit oder der heutigen Zeit. Du kannst sehr viel profitieren, wenn du mal bei dir selbst suchst.

Über sich selbst nachdenken, die Wahrheit über seine eigenen Fehler und Mängel akzeptieren ist der einzige Weg zum Frieden mit sich selbst und zum Verständnis für die anderen. Betrachte dich nicht immer als Opfer der anderen, bevor du ganz ehrlich überprüft hast, ob du nicht ein Opfer deines eigenen Ich bist, deiner eigenen Einbildung, deiner eigenen Launen.

Meistens erwartest du zu viel von anderen und zu wenig von dir selbst. Du bist zu anderen gut gewesen, sie haben es dir nicht gedankt, und du sagst: »Das hätte ich nicht erwartet. Jetzt ist es aus.«

Frag mal dich selbst, wie du Erwartungen anderer erfüllst. Vielleicht geht dir auf, wie schwierig es für andere ist, dich gern zu haben, gut zu dir zu sein. Vielleicht hast du allerhand gutzumachen. B, 185

Eine schlechte Angewohnheit

Wir leben in einer streitsüchtigen Welt. Streitsucht ist uralt, sie hat ihre Wurzeln in dem Winkel unseres Herzens, wo wir noch unkultiviert und egoistisch sind. Jeder Mensch hat so eine Ecke in sich, auch du.

Bei Streitsüchtigen muss es immer nach ihrer Nase gehen. Einlenken und Nachgeben gibt es nicht. Zu Hause gibt es Ärger, weil keiner abwäscht oder das Essen nicht schmeckt und so weiter. Auf der Straße regen sie sich auf, weil ein Auto zu langsam oder zu schnell fährt. Im Büro herrscht dicke Luft, weil sie immer alles besser wissen. Im Betrieb verbreiten sie schlechte Laune, weil natürlich ausgerechnet sie zu viel arbeiten und zu wenig verdienen.

Streitsucht ist bei vielen nichts anderes als eine schlechte Angewohnheit. Sagt der eine »weiß«, sagt der andere »schwarz«, weil er sowieso dagegen ist. Streitsucht verbraucht sehr viel Energie, die sich produktiver einsetzen lässt. Lieber Holz hacken, als auf Menschen herumhacken!

B, 184

Menschlicher Fortschritt

Der Meister begrüßte die technologischen Fortschritte, war sich aber durchaus ihrer Grenzen bewusst.

Als ihn ein Industrieller fragte, was er arbeite, antwortete er: »Ich bin in der Menschen-Industrie tätig.«

»Und was bitte ist das?«, fragte der Industrielle.

»Nehmt Euch selbst«, sagte der Meister. »Ihr bemüht Euch um die Herstellung besserer Dinge, ich bemühe mich, bessere Menschen hervorzubringen.«

Zu seinen Schülern sagte er später: »Ziel des Lebens ist es, Menschen zum Erblühen zu bringen. Heute scheint man mehr damit beschäftigt, Sachen zu perfektionieren.«

~

Ein Wissenschaftler führte dem Meister einen Dokumentarfilm über die Errungenschaften der modernen Naturwissenschaften vor.

»Heute sind wir in der Lage, eine Wüste zu bewässern«, triumphierte er, »die Kraft der Niagarafälle zu nutzen, die Zusammensetzung eines weit entfernten Sternes zu ermitteln und den Aufbau eines Atoms zu durchschauen. Unsere Eroberung der Natur wird bald keine weißen Flecken mehr kennen.«

Der Meister war beeindruckt, aber nachdenklich.

Später sagte er: »Warum die Natur erobern? Die Natur ist unser Freund. Warum stecken wir diese Energie nicht in die Überwindung des einzigen Feindes des Menschengeschlechts – die Furcht?« M, 255

Vorsicht

Sei äußerst vorsichtig mit Leuten, die über andere böse Sachen sagen. Äußerlich können das hochangesehene Herren oder sehr gepflegte Damen sein, aber innerlich sind sie falsch und gewissenlos. Sie sind spezialisiert auf die Fehler von anderen. Auch auf deine Fehler!

Als Fachleute wissen sie genau, wie man es macht, wie sie ihr Opfer anschwärzen müssen, dass man ihnen alles glaubt. In deiner Gegenwart ziehen sie über einen Bekannten her, einen Freund oder sogar einen Familienangehörigen. Vertrau ihnen nicht! Sie sind darauf aus, deine Freundschaften madig zu machen, ja selbst in deine Ehe Unglück zu bringen. Heute hörst du ihrem Gerede zu und machst vielleicht sogar mit, aber morgen, da bist du selbst das Opfer.

Und sei selber vorsichtig mit deinen Reden! Der erste Schlag, den einer erhält, ist meist ein Wort. Behalte deine böse Zunge bei dir, sie könnte dir noch Gutes tun. Selbst dein Nachbar ist besser, als du denkst. Darum: über andere niemals etwas Böses sagen! B, 323

Süchtig

Wer ignoriert wird oder wer sich abgelehnt fühlt, erfährt eine so unerträgliche Einsamkeit, dass er zu den anderen zurückkriecht und um die wohltuende Droge fleht, die Unterstützung, Ermutigung und Bestätigung heißt. So mit anderen zu leben bringt endlose Anspannung mit sich. »Die Hölle, das sind die anderen«, sagt Sartre. Das ist nur zu wahr. Wenn Sie in solcher Abhängigkeit leben, müssen Sie sich stets von Ihrer besten Seite zeigen; nie können Sie ungezwungen sein; Sie müssen Erwartungen erfüllen.

Mit anderen zu leben heißt, in Anspannung zu leben. Ohne die anderen zu leben, zieht die Agonie der Einsamkeit nach sich, weil Sie die Menschen vermissen. Sie haben die Fähigkeit verloren, sie so zu sehen, wie sie sind, und angemessen auf sie einzugehen, da Ihre Wahrnehmung durch den Drang nach der Droge getrübt wird. Sie sehen sie nur unter dem Blickwinkel, ob sie Ihnen helfen, Ihre Droge zu bekommen, oder ob sie Ihnen die Droge nehmen könnten: Werde ich von ihnen bekommen, was ich will? Und können sie mir weder helfen noch mich bedrohen, interessieren sie mich nicht. Es ist schlimm, das sagen zu müssen, aber ich frage mich, für wen von uns das nicht gelten könnte.

~

Ein Freund besuchte den berühmten Essayisten Charles Lamb: »Ich möchte Euch Herrn Soundso vorstellen.«

»Nein, danke«, erwiderte Lamb, »ich mag den Mann nicht.«

»Aber Ihr kennt ihn ja gar nicht!«

»Ich weiß. Darum mag ich ihn ja auch nicht«, sagte Lamb.

»In Bezug auf Menschen kenne ich mich aus und weiß, wen ich mag.«

»Sie wollen sagen, Sie mögen, was Sie kennen.« M, 150

Dann beginnt eine neue Zeit

In jeder Ehe kommt es früher oder später zur Krise. Der Weg ist lang, die Langeweile fängt an. Ihr kennt euch gegenseitig genau, und alle Tage wiederholt sich dasselbe. Ihr wollt auch mal was anderes. Man wird lustlos und gleichgültig. Alles scheint leer, gefühllos und kalt. Ihr geratet in die Wüste, in eine eintönige, entsetzlich öde Wüste. Die wunderschönen Gefühle von einst sind verschlissen, ihr Glanz ist weg.

Wenn ihr dann ein wenig warten könnt und nicht denkt: Alles ist aus, oder: Das war damals die falsche Entscheidung. Wenn ihr dann ein wenig Geduld habt, statt nach anderen Partnern Ausschau zu halten oder zu Tabletten und Alkohol zu flüchten. Wenn ihr dann wartet und treu bleibt und euer Herz offen und einladend ist, wenn ihr erfinderisch seid und den Partner wieder aufleben lässt:

Dann wird eines Tages, ganz unvermutet, irgendwo eine Quelle entspringen, in eurem Leben beginnt eine neue Zeit, nach der Wüstenzeit eine Oasenzeit. B, 322

Wir dürfen Angst haben und empfindlich sein

Viele klagen, sie hätten schon so viel gebetet, und immer sei es noch nicht besser geworden. Sie kämen immer noch nicht mit ihrer Empfindlichkeit oder ihrer Eifersucht zurecht. Sie hätten immer noch Angst, sie würden in bestimmten Situationen wieder unsicher wirken, rot werden oder schwitzen. Alles Beten und positive Denken, alles Einreden würde da nichts nützen. Und je mehr sie beten, desto schlimmer würde es mit ihnen. Hier hilft oft auch nicht ein »Mehr desselben«. Das Umdeuten wäre weit besser. Ich brauche meine Angst ja gar nicht wegzubeten. Ich darf sie ja haben. Aber in meiner Angst kann ich mir zugleich vorstellen, dass Gott bei mir ist. Das vertreibt die Angst noch nicht, aber es relativiert sie. Ich kann damit leben. Ich brauche ja gar nicht überall sicher zu wirken. Es tut mir vielleicht gut, wenn die andern auch meine Unsicherheit sehen. Das schafft Verbindung, das macht sympathisch, es lässt mich menschlicher erscheinen.

Ebenso ist es mit der Empfindlichkeit. Ich darf auch empfindlich sein. Ich muss meine Empfindlichkeit gar nicht mit aller Gewalt loswerden. Ich kann sie auch umdeuten. Sie weist mich auf die Punkte hin, in denen ich mich immer noch nicht annehmen kann. Sie zwingt mich daher immer wieder, ehrlich in mich hineinzuhorchen und mich mit mir auszusöhnen. Wir meinen ja oft, wir hätten uns längst angenommen. Unsere empfindlichen Reaktionen sind ehrlicher, als wir uns das eingestehen. Wenn ich meine Empfindlichkeit so umdeute und wenn ich darin erkenne, was Gott mir über mich sagen will, dann wird sie nicht einfach von mir abfallen, aber ich leide nicht mehr darunter. Ich kann damit leben.

G, 67

Tugenden

Ein alter Rabbi lag krank im Bett. Neben seinem Lager führten seine Schüler flüsternd eine Unterhaltung. Sie priesen seine beispiellosen Tugenden.

»Seit Salomos Zeiten gab es niemand, der weiser wäre als er«, sagte einer von ihnen. »Und sein Glauben! Er gleicht dem unseres Vaters Abraham«, sagte ein anderer. »Seine Geduld ähnelt der Ijobs«, sagte ein Dritter. »Nur in Mose finden wir jemand, der so vertraut mit Gott verkehrte wie er«, sagte ein Vierter.

Der Rabbi schien keine Ruhe zu finden. Als die Schüler gegangen waren, sagte seine Frau: »Hast du gehört, wie sie dein Lob gesungen haben?«

»In der Tat«, erwiderte der Rabbi.

»Warum bist du dann so mürrisch?«, fragte sie.

»Meine Bescheidenheit«, klagte der Rabbi, »keiner erwähnte meine Bescheidenheit.«

Der war wirklich ein Heiliger, der sagte: »Ich bin nur vier leere Wände um einen leeren Raum.« Niemand könnte erfüllter sein.

~

Ein einflussreicher britischer Politiker drängte Disraeli immer wieder, ihm die Baronswürde zu verleihen. Der Premierminister sah keine Möglichkeit, den Wunsch des Mannes zu erfüllen, aber es gelang ihm, ihn abzuweisen, ohne seine Gefühle zu verletzen. Er sagte:

»Es tut mir leid, Ihnen die Baronswürde nicht verleihen zu können, aber ich kann Ihnen etwas Besseres geben: Sie können Ihren Freunden berichten, ich hätte Ihnen diese Würde angeboten, aber Sie haben sie abgelehnt.« M, 372

WOHER WILL ICH MICH DEFINIEREN?

Meine geistlichen Lehrer sagten oft: Dies oder jenes Problem müsse ich übernatürlich lösen. Wenn ich Schwierigkeiten mit Mitbrüdern hatte, sollte ich es geistlich bewältigen. Oft wehrte ich mich gegen solche übernatürlichen Lösungen. Sie kamen mir zu billig vor, sie schienen mir zu schnell das Problem zu überspringen. Doch nun sehe ich das etwas anders. Ich merke, dass es nichts nützt, das ständige Streben nach Anerkennung nur dadurch zu lösen, dass man doch mehr auf seine guten Seiten und auf die tatsächlichen Bestätigungen sehen soll. Man muss die Ebene übersteigen. Man muss sich fragen: Woher will ich mich definieren, von meinem Wert bei den anderen oder von meinem Wert vor Gott, von meinem Geheimnis, dass ich Sohn/Tochter Gottes bin? Das wäre so eine übernatürliche Lösung.

Der Glaube überspringt nicht die Ebene, sondern übersteigt sie. Überspringen würde bedeuten, dass ich gar nicht wahrnehme, wie sehr ich mich nach Anerkennung und Zuwendung sehne. Ich würde es einfach verdrängen. Ich würde das Problem nicht angehen, sondern mich in die heile Welt des Glaubens flüchten, in die Höhle bei Gott. Übersteigen heißt dagegen, dass ich zugebe, wie sehr es mich schmerzt, dass andere mehr Liebe und Zuwendung bekommen als ich, aber ich fixiere mich nicht darauf. Ich gestehe es mir zu, dass ich auf meiner Ego-Ebene eben noch empfindlich bin und verletzlich. Aber ich übersteige diese Ebene und wende mich dem eigentlichen Geheimnis meines Seins zu, dass ich Kind Gottes bin. Wenn ich das meditiere, dann kreise ich nicht mehr um meine Anerkennung, ich erfahre mich neu. Ich bekomme Abstand zu meinem Bedürfnis. Es beherrscht mich nicht mehr. Aber es genügt eben nicht, sich das nur theoretisch klarzumachen. Unsere Definition von der Ego-Ebene her sitzt uns so sehr im Fleisch, dass wir uns bewusst in die andere Definition einüben müssen, durch Meditation, Gebet, Liturgie und Bibellesung. Wir müssen es uns von Gott immer wieder sagen lassen, wer wir sind. G, 63

ENTSPANNEN

Lebe nicht so angespannt! Immer unter Druck beim Stehen und Gehen, beim Essen und Arbeiten und selbst beim Schlafen. Denk nicht unentwegt an deine Sorgen, an morgen, an ungelöste und vielleicht unlösbare Probleme. Dauerdruck führt zu unnötiger Erschöpfung, und ständiges Gespanntsein überlastet die Nerven. Die Spannkraft ist weg, die Schaffenslust verflogen. Der Mensch fühlt sich ausgelaugt, ausgebrannt, am Ende.

Wenn du dir eingestehen musst: »Ich bin dauernd müde und kann mir gar nicht erklären warum«, dann ist das ein Zeichen, dass du zu angespannt lebst. Lerne entspannt leben und auch entspannt arbeiten. Die verkrampften Schultern lockern, ruhig durchatmen, Muskeln entspannen, gelöster leben.

Schau etwas mehr auf Kinder und etwas weniger auf tausend teure Dinge, die dir in den Läden zum Kauf aufgedrängt werden. Schau etwas mehr auf deine Mitmenschen und etwas weniger aufs Fernsehen. Sorge für innere Entspannung, und lache etwas mehr. Dann wirst du bestimmt länger und glücklicher leben. B, 68

Nehmen und geben

Wie kannst du je glücklich werden, wenn du immer alles von anderen erwartest und alle Schuld auf andere schiebst? Leben ist geben und nehmen. Aber anscheinend wird den Menschen nur beigebracht zu nehmen: Nimm dir, du kannst das verlangen, du musst das ausnützen. Und man kassiert und profitiert, man fordert und nimmt. Jeder, der dir im Wege steht, wird zum Feind. Plötzlich steckst du in lauter Auseinandersetzungen, es gibt Ärger und Krach. Du fühlst dich bedroht. Überall siehst du Menschen, die dir schlecht wollen. Und du vergisst, dass du dir deine Feinde selbst gemacht hast.

Glück ist eigentlich nur ein anderes Wort für Frieden, Zufriedenheit, Freundschaft, Freude. Diese Dinge fallen dir nicht in den Schoß. Du kannst sie nicht einfach von anderen verlangen. Aber du bekommst sie gratis, wenn du selbst freundlich bist, wenn du Vertrauen zu den Menschen hast, wenn du dich liebevoll um Menschen kümmerst, wenn du auch in der größten Not, wie schlimm sie auch sei, an dem Glauben festhältst, dass einmal alles anders und alles gut wird.

Du musst immer wieder anfangen, nicht für dich zu nehmen und für dich Ansprüche zu stellen, sondern zu geben, zu helfen, andere zu trösten und dich selbst dabei zu vergessen. Dann wirst du eines Tages spüren, wie eine warme Sonne in dein armes Menschenherz scheint, und das wird dir gut tun. Und du wirst glücklich sein. B, 27

Ein fröhliches Gesicht

Fang mit einem Lächeln an! Wenn du ein brummiges oder ein trauriges Gesicht machst, ist das vielleicht deine eigene Schuld. Wer alles schief und hässlich ansieht, bekommt ein schiefes, hässliches Gesicht. Weißt du, dass dein Gesicht zuerst für die anderen bestimmt ist? Du brauchst es ja nicht selbst anzuschauen, höchstens beim Frisieren oder Rasieren.

Fang jeden Tag mit einem fröhlichen Gesicht an! Es besteht eine Wechselwirkung zwischen deinem Gesicht und deinem Herzen. Alles verändert sich, wenn sich dein Gesicht verändert. Du wirst nicht so müde bei der Arbeit, wenn du mit einem entspannten, fröhlichen Gesicht loslegst. Die guten und schönen Seiten des Lebens kannst du viel mehr genießen. Für die Menschen um dich geht eine Sonne auf. Und selbst wenn etwas danebengeht, hast du mehr Widerstandskräfte.

Ein offenes, lachendes Gesicht ist ein Segen für alle deine Mitmenschen. Darum: Fang mit einem Lächeln an! B, 42

Sein und Werden

Meine Grenzen beschreiben mich zwar, begrenzen mich zugleich aber auch. Um Entwicklung und Wachstum in mir möglich zu machen, ist es notwendig, immer wieder meine Grenzen auch zerfließen zu lassen, sie aufzuheben, zu überqueren, vielleicht sogar auch einmal zu überschreiten: etwas ausprobieren, was ich noch nie getan habe; mich auf einen Menschen einlassen, der mir fremd ist; die verrückten Ideen in mir endlich einmal tun.

Lebendigkeit hat etwas mit »sein« und »werden« zu tun. Setzte ich immerfort nur Grenzen, so würde ich mich mit der Zeit allmählich selbst einmauern, da würde aus Stabilität Starrheit, aus Begreifbarkeit Unangreifbarkeit, aus einem Gartenzaun würde eine Mauer.

Ich bin gefragt, immer wieder einmal zu überprüfen, ob meine Grenzen noch stimmen, ob es nicht an der Zeit ist, Grenzen zu verändern – und vielleicht auch einmal darüber hinwegzusteigen. Meine Grenzziehung stimmt immer nur für eine bestimmte Lebenssituation – wenn sich meine Lebenssituation verändert, werde ich auch andere, neue Grenzen ziehen müssen. Bleiben meine Grenzen gleich, obwohl sich meine Lebensumstände ändern, dann sterbe ich bei lebendigem Leib, dann werden meine notwendigen Grenzen zu Todesfallen.

Wenn Identität Grenzziehung und »sein« bedeutet, so heißt Wachstum »Grenzen überqueren« und »werden«.

Es braucht beides in meinem Leben: das Ziehen von Grenzen und das Überschreiten dieser Grenzen. Und damit werde ich zu einem Grenzgänger zwischen Hier und Dort, Gestern und Morgen, Sein und Werden.

S1, 14f

Ansprüche und Erwartungen

Wir alle hängen voneinander in verschiedenster Hinsicht ab, oder nicht? Wir hängen vom Metzger ab, vom Bäcker, vom Glühbirnenhersteller. Gegenseitige Abhängigkeit. So ist das! ... Aber voneinander psychologisch abhängig zu sein – voneinander gefühlsmäßig abzuhängen –, was bedeutet das eigentlich? Es bedeutet, von einem anderen Menschen in punkto Glück abzuhängen.

Denken Sie einmal darüber nach. Denn wenn Sie das tun, wird das Nächste, was Sie tun werden, sein – ob Sie sich dessen bewusst sind oder nicht – zu *verlangen*, dass andere Leute zu Ihrem Glück beitragen. Dann wird der nächste Schritt folgen: Angst – Angst vor Verlust, vor Entfremdung, vor Zurückweisung, vor gegenseitiger Kontrolle. Vollkommene Liebe vertreibt Angst. Wo Liebe ist, gibt es keine Ansprüche, keine Erwartungen, keine Abhängigkeit. Ich verlange nicht, dass du mich glücklich machst; mein Glück ist nicht in dir begründet. Wenn du mich verlassen würdest, würde ich mich nicht bedauern; ich genieße deine Gesellschaft über alle Maßen, aber ich klammere mich nicht an.

Ich genieße sie, ohne mich festzuklammern. Was ich eigentlich genieße, bist nicht du, es ist etwas, das größer ist als wir beide. Es ist etwas, das ich entdeckt habe, eine Art Sinfonie, eine Art Orchester, das in deiner Gegenwart eine Melodie spielt, doch wenn du gehst, hört das Orchester nicht auf zu spielen. Begegne ich jemand anderem, spielt es eine andere Melodie, die auch wunderbar ist. Und bin ich alleine, spielt es weiter. Es hat ein großes Repertoire und hört nie auf zu spielen ...

Kann man sagen, dass Sie einen Menschen lieben, wenn Sie ihn psychologisch oder gefühlsmäßig zu Ihrem Glück brauchen? Das steht in offenem Widerspruch zu den universalen Lehren aller Schriften, aller Religionen und Mystiker. M, 141

Glückselig

Nimm dir heute mal Zeit. Zeit, um glücklich zu sein! Dazu musst du deine Arbeit nicht liegen lassen, vielleicht nur etwas anders anpacken. Dazu musst du nicht ins Ausland reisen, und du brauchst dazu auch kein Geld. Glücklich sein. Hier und heute!

Nimm dir Zeit, um glücklich zu sein. Das heißt: Tu alle Streiterei beiseite, alle kleinen Reibereien. Versuche mal extra gut zu sein, extra lieb und extra freundlich. Dann fällt es anderen nicht schwer, dich gern zu haben. Versuche für die anderen eine Freude zu sein, eine Art Gabe, ein tägliches Geschenk. Dann wirst du erstaunliche Dinge erleben. Dann wirst du die anderen anders sehen, und vielleicht werden sie anders, und auch du erlebst sie als ein Geschenk, als eine echte Gnade.

Lieber Mensch, ich wünsche dir ein glückseliges Jahr. Selig wirst du sein, wenn du mit wenig zufrieden bist, wenn du nicht ans Goldene Kalb gefesselt bist und wenn du in einem Sessel einschlafen kannst. Selig wirst du sein, wenn du Zeit hast für Dinge, die kein Geld bringen, wenn du noch Vögel singen hörst, noch Blumen und Bäume siehst und Sterne am Himmel und wenn du noch wie ein Kind über alles staunen kannst. So viel Glückseligkeit wünsche ich dir. B, 14

Irrweg

Was ist das Leben anderes, als gut und freundlich zu den anderen zu sein? Oder bist du schon so tot, dass du vergessen hast zu leben, dass du aus einem Mittel zum Leben das Ziel deines Lebens gemacht hast? Es ist doch so: Du musst arbeiten und Geld verdienen, um zu leben. Leben ist das Ziel. Glücklich leben. Aber der folgenschwerste Irrweg unserer Zeit ist, dass viele Menschen das Mittel zum Ziel machen. Sie leben, um zu arbeiten, und vor allem, um Geld zu verdienen, so viel Geld wie möglich. Und so verstricken sie sich in unlösbare Probleme. Die Grundlage ihres Lebens ist vollkommen falsch.

Lass dich nicht durch all das Verlockende täuschen, was dir als Leben gegen Bezahlung angeboten wird. Das Leben ist doch eigentlich sehr einfach. Wenn du Essen, Kleidung und Wohnung hast, was willst du dann noch mehr? Dann brauchst du doch nichts anderes zu tun, als froh zu sein und andere froh zu machen. Sei nie neidisch auf jene, die mit dem Goldenen Kalb flirten. Sie sind genauso dumm wie das Goldene Kalb. Wer sich darauf einlässt, sitzt in einem engen Gefängnis.

Vergiss nicht zu leben, heute zu leben. Denk an die anderen, die du gern haben musst, denen du das Beste von dir selbst geben musst. Vergiss nicht, dass dir jeder Tag gereicht wird wie eine Ewigkeit, um glücklich zu sein.

B, 37

SELBSTSÜCHTIG?

Denken Sie an jemanden, den Sie sehr lieben, jemanden, dem Sie nahe stehen, der Ihnen viel bedeutet, und sagen Sie in Gedanken zu ihm: »Ich würde lieber glücklich sein, als dich zu haben.«

Schauen Sie, was passiert: »Ich würde lieber glücklich sein, als dich zu haben. Wenn ich die Wahl hätte, würde ich mich ohne Frage fürs Glücklichsein entscheiden.« Doch wer fühlte sich dabei nicht selbstsüchtig, als er sich das sagte? Sicherlich viele.

Sehen Sie, wie wir in unserer Meinung beeinflusst sind, wie unser Denken dahin gebracht wurde, dass wir uns sagen: »Wie kann ich nur so selbstsüchtig sein?«

Doch schauen Sie einmal, wer wirklich selbstsüchtig ist: Stellen Sie sich vor, jemand sagt zu Ihnen: »Wie kannst du nur so selbstsüchtig sein, dass du das Glücklichsein mir vorziehst?«

Würden Sie dann nicht am liebsten antworten: »Entschuldige mal, aber wie kannst du nur so selbstsüchtig sein, dass du verlangst, ich sollte dich über mein Glücklichsein stellen?!«

Eine Frau erzählte mir einmal von ihrem Vetter, dem Jesuitenpater; sie war damals noch ein Kind, als er in der Jesuitenkirche in Milwaukee Einkehrtage hielt. Jeden Vortrag begann er mit den Worten: »Der Prüfstein der Liebe ist das Opfer, das Maß der Liebe ist die Selbstlosigkeit.« Ein großartiger Satz! Ich stellte der Frau die Frage: »Würden Sie wünschen, dass ich Sie liebe, auch wenn ich dann nicht mehr glücklich sein könnte?«

»Ja«, erwiderte sie.

Ist das nicht ganz entzückend? *Sie* würde mich lieben und könnte nicht mehr glücklich sein, und ich würde sie lieben und könnte auch nicht mehr glücklich sein. So hätten wir zwei unglückliche Menschen, doch – *lang lebe die Liebe!* M, 140

WIE EINE BESSERE WELT BEGINNT

Wir klagen manchmal über schlechte Zeiten und über eine harte, unbarmherzige Welt. Aber klagen hilft nicht. Die Welt ist nur deshalb schlecht, hart, grausam, weil die Menschen es sind, die da wohnen. Über die Erde wird nicht im Himmel oder in der Hölle entschieden, sondern einzig durch die Menschen, die auf der Erde leben – so wie du. Jeder ist verantwortlich.

Eine bessere Welt fällt nicht vom Himmel. Eine bessere Welt musst du selbst bauen. Nicht mit deinem Geld, deiner Wissenschaft, deiner Macht oder deiner tollen Position, sondern mit deinem Herzen, mit deiner Güte, deiner Freundlichkeit und Hilfsbereitschaft. Für eine bessere Welt gibt es nur einen guten Anfang: bei dir selbst! Löse dich selbst, deine Mitmenschen, deine ganze Umgebung aus den Klauen des Egoismus. Dann wird das neue Jahr für dich und die Deinen ein Spitzenjahrgang.

B, 13

Immer ist Sterben und Auferstehen

Kann man uneingeschränkt Mensch sein, ohne das Tragische zu erfahren? Das einzig Tragische auf der Welt ist Ignoranz, die Wurzel allen Übels. Das einzig Tragische auf der Welt sind Unwachsamkeit und Unbewusstheit. Ihnen entspringt die Furcht, und aus der Furcht kommt alles andere, aber der Tod ist keineswegs eine Tragödie. Sterben ist schön; es wird nur für diejenigen zum Schrecken, die das Leben nie verstanden haben. Nur wer Angst vor dem Leben hat, hat auch Angst vor dem Tod. Nur wer tot ist, fürchtet den Tod. Doch wer lebt, fürchtet ihn nicht.

Ein amerikanischer Schriftsteller schrieb dazu sehr treffend: Das Erwachen ist der Tod Ihres Glaubens an Ungerechtigkeit und Tragik. Was für eine Raupe das Ende der Welt bedeutet, ist ein Schmetterling für den Meister. Tod ist Auferstehung. – Damit meinen wir nicht irgendeine Auferstehung, die noch geschehen wird, sondern eine, die gerade jetzt geschieht. Wenn Sie von Ihrer Vergangenheit, von jeder vergehenden Minute, Abschied nehmen könnten, einem Sterben gleich, wären Sie ein ganz vom Leben durchdrungener Mensch, denn ein vom Leben durchdrungener Mensch ist durchdrungen vom Tod. Immer ist für uns ein Sterben da, müssen wir etwas zurücklassen, um ganz vom Leben durchdrungen zu werden und um jeden Augenblick aufzuerstehen.

~

»Manche Leute behaupten, es gäbe kein Leben nach dem Tod«, sagte ein Schüler.

»Tun sie das?«, fragte der Meister unverbindlich.

»Wäre es nicht furchtbar zu sterben, ohne jemals wieder zu sehen, zu hören, zu lieben oder sich zu bewegen?«

»Findest du das furchtbar?«, erwiderte der Meister. »Das ist doch bei den meisten Menschen so, noch bevor sie gestorben sind.« M, 134

Die Macht der Stimmungen

Sind wir dazu verurteilt, hilflose Opfer unserer Stimmungen zu sein? Dürfen wir einfach sagen: »Ich fühle mich heute ausgezeichnet« oder: »Ich fühle mich heute furchtbar« – und von anderen verlangen, dass sie mit unseren Stimmungen leben?

Wenn es auch sehr schwer ist, unsere Stimmungen unter Kontrolle zu halten, können wir sie dennoch durch ein bewusstes spirituelles Leben allmählich zügeln und regulieren und uns davor schützen, aus Stimmungen heraus zu handeln. Vielleicht fühlen wir uns am Morgen nicht gerade so in Form, um mit Schwung aufzustehen, weil wir »das Gefühl haben«, dass sich das Leben nicht lohnt, uns niemand liebt und unsere Arbeit vergeblich ist. Geben wir uns aber einen Ruck und stehen auf, um dann einen Abschnitt aus der Bibel zu lesen, mit Andacht einen Psalm zu beten und Gott für den neuen Tag, den er uns geschenkt hat, zu danken und uns über ihn zu freuen, dann wird unsere Stimmung sich bald erhellen und ihre Macht über uns verlieren. N, 225

Nicht nötigen

Die meisten Leute erzählen einem, dass sie aus dem Kindergarten heraus wollen, aber glauben Sie ihnen nicht. Glauben Sie ihnen wirklich nicht! Alles, was sie wollen, ist, dass sie ihr kaputtes Spielzeug repariert bekommen: »Ich möchte meine Frau wiederhaben. Ich möchte mein Geld wiederhaben, mein Ansehen, meinen Erfolg!« Nur das möchten sie: ihr Spielzeug zurück. Das ist alles. Sogar der beste Psychologe wird Ihnen sagen, dass die Leute eigentlich nicht geheilt werden wollen. Was sie wollen, ist Linderung und Trost, denn eine Heilung ist schmerzhaft.

Wach werden und aufstehen sind bekanntlich unangenehm, denn im Bett ist es warm und behaglich. Es ist wirklich lästig, aufgeweckt zu werden. Deshalb wird es der weise Guru auch nie darauf anlegen, die Leute aufzuwecken. Ich hoffe, dass ich selbst jetzt weise genug und keineswegs darauf erpicht bin, jemanden aufzuwecken, wenn ich auch manchmal sagen werde: »Wach auf!«

Ich werde nur das tun, was ich zu tun habe, werde mein eigenes Lied singen. Wenn Sie etwas davon haben, umso besser; wenn nicht, dann eben nicht! Wie die Araber sagen: »Der Regen ist immer derselbe, wenn er auch in der Steppe Gestrüpp und in den Gärten Blumen wachsen lässt.«

~

Als einige seiner Schüler einen weit bekannten geistlichen Begleiter mit Lob bedachten, hielt sich der Meister zurück.

Als man ihn später nach dem Grund fragte, sagte er: »Der Mann übt Macht über andere aus – er ist kein geistlicher Begleiter.«

»Worin besteht dann die Aufgabe eines geistlichen Begleiters?«

»Zu inspirieren, nicht Vorschriften zu machen«, sagte der Meister. »Wach zu machen, nicht zu nötigen.« M, 13

Bei mir selbst anfangen –

FEBRUAR

Quellgrund der Stille – Wonach das Herz sich wirklich sehnt

IN SCHUBLADEN EINGESPERRT

Schubladen und Etiketten sind sehr wichtig für uns. »Ich bin Sozialdemokrat«, sagen wir. Doch sind Sie es wirklich? Sie wollen doch nicht sagen, dass Sie, wenn Sie die Partei wechseln, ein neues »Ich« besitzen. Ist es nicht dasselbe »Ich« mit neuen politischen Überzeugungen?

Wir verschwenden viel Zeit in unserem Leben mit Schubladen, in denen wir selbst oder in denen andere stecken. Wir identifizieren das »Ich« mit der Schublade, mit dem Etikett. Auch Katholik und Protestant sind beliebte Schubladen oder Etiketten.

Es war einmal ein Mann, der zu einem Priester ging und bat: »Herr Pfarrer, ich möchte, dass Sie eine Messe für meinen Hund lesen.«

Der Priester war empört: »Was soll das heißen, eine Messe für Ihren Hund lesen?«

»Es war mein Schoßhund«, sagte der Mann. »Ich habe diesen Hund geliebt und möchte, dass Sie für ihn eine Messe lesen.«

Der Priester wehrte ab: »Wir feiern keine Messen für Hunde. Versuchen Sie es doch bei der Konfession um die Ecke. Fragen Sie dort, ob Sie eine Messe haben können.«

Schon in der Tür, drehte sich der Mann noch einmal um und sagte: »Zu schade, ich habe diesen Hund wirklich geliebt. Ich wollte für die Messe eine Spende von einer Million Dollar machen.«

Darauf der Priester prompt: »Warten Sie doch! Warum haben Sie mir nicht gleich gesagt, dass der Hund katholisch war?« M, 228

IM SCHWEIGEN – IN BILDERN

Risikofaktoren unserer Zeit sind der Lärm und das Überangebot von akustischen und optischen Reizen. Die akustische Umweltverschmutzung lässt uns nicht mehr in die heilsame Stille gelangen. Überall erreicht sie uns. Und überall dringen Bilder auf uns ein. Gegen diese Flut von Wort und Bild setzt Benedikt das Heilmittel des Schweigens. In der Stille kann der Mensch zu sich finden, kann er sich befreien von dem Lärm seiner Gedanken und zu dem Ort vorstoßen, an dem Gott selbst in ihm wohnt, zu dem Ort, zu dem die Probleme und Sorgen des Alltags keinen Zutritt haben. Von diesem Ort des reinen Schweigens aus kann der Mensch heil werden. Da kommt er in Berührung mit seinem wahren Kern, mit dem Bild, das sich Gott von ihm gemacht hat.

Aber wenn wir zu schweigen beginnen, steigen trotzdem zahllose Worte und Bilder in uns hoch. Ein Weg wäre, die Ebene der Bilder und Worte zu übersteigen und an den Ort des Schweigens, in den wort- und bildlosen Seelengrund einzutauchen, wie es die Mystiker empfehlen. Ein anderer Weg besteht darin, heilende Worte und Bilder dagegenzusetzen. [...]

Ein wichtiges Heilmittel wäre auch die Meditation biblischer Bilder. Denn es sind heilende Bilder. In der Ganzheitsmedizin spricht man von positiven und negativen Körperbildern. Wenn man einen Kranken ein Bild seines Körpers malen lässt, so malt er es häufig dunkel und zerrissen. Das Bild ist Ausdruck seines Körperbewusstseins. Und gegen dieses negative Körpergefühl setzt man bewusst als Heilmittel die Meditation positiver Körperbilder ein. Man kann sich etwa vorstellen, dass in unserem Leib eine Lichtquelle ist, die Licht in alle kranken Teile strömen lässt. Solche Imaginationsübungen werden bewusst in die Therapie einbezogen. Sie ermöglichen uns ein positives Leibgefühl und wirken heilend und erhellend.

G, 382

Umfassendes Wissen

Ein geistliches Leben macht unser enges, furchtsames Herz so weit wie das Universum, weil der Geist Jesu Christi, der in uns wohnt, die ganze Schöpfung umfasst. Jesus Christus ist der Logos, das Wort, durch das alles geworden ist, Himmel und Erde, das ganze Universum. So sagt der heilige Paulus: »In ihm wurde alles erschaffen im Himmel und auf Erden, das Sichtbare und das Unsichtbare, Throne und Herrschaften, Mächte und Gewalten; alles ist durch ihn und auf ihn hin geschaffen ... In ihm hat alles Bestand« (Kolosserbrief 1,16f).

Wenn also Jesus Christus in der Kraft und durch die Kraft seines Geistes in uns lebt, dann umfasst unser Herz nicht nur alle Menschen, sondern auch die ganze Schöpfung. Liebe vertreibt alle Furcht und sammelt, was Gott gehört.

Beten ist das Atmen mit dem Geist Jesu Christi und führt uns zu diesem großen, umfassenden Wissen. N, 344

Ein Stück vom Glück

»Haben Sie gut geschlafen?«, fragte ich. »Nein«, war die Antwort. »Ich brauche Schlaftabletten. Ich halte es nicht mehr aus. Der Krach, wissen Sie, der Lärm – es ist schrecklich. Das Radio von oben, der Fernseher von nebenan, die Disco von gegenüber. Erst um drei schlief ich ein, aber um vier ließ ein Nachbar sein Motorrad an, um fischen zu gehen, und brauste ab mit dem Krach von einem Düsenjäger. In meiner Not bin ich dann am Nachmittag in einen stillen Wald gezogen, aber kaum war ich da, ließ sich neben mir eine Gruppe junger Leute nieder mit einem tragbaren Radioapparat, voll aufgedreht.«

Noch nie gab es so viele überreizte Menschen, so viele Kranke an Herz, Seele und Nerven. Wir haben in dieser modernen Zeit den Sinn für die Stille verloren. Und doch haben wir die Stille so dringend nötig, nicht nur, um zur Ruhe zu kommen, sondern um auch wieder Mensch zu werden statt ein überdrehtes Rädchen in einem großen Räderwerk.

Liebe die Stille, suche die Stille!
Es liegt darin ein Stück von deinem Glück.

B, 267

Tiefe durch Schweigen

Der heutige Mensch scheut das Schweigen ganz besonders. Es fällt ihm schwer, für sich allein innezuhalten. Immer drängt es ihn, in Bewegung zu sein, etwas zu unternehmen und etwas zu sagen. Und so ist denn sein Handeln meistens nicht frei, schöpferisch und dynamisch, wie er gern annimmt; es ist zwanghaft. Wenn man lernt, innezuhalten und zu schweigen, wird man frei, zu handeln oder nicht zu handeln, zu reden oder nicht zu reden, und menschliches Reden und Handeln erlangen dann neue Tiefe und neue Kraft.

Der heutige Mensch kann nicht mehr tief in sich gehen. Sobald er es versucht, wird er aus seinem Herzen gleichsam herausgeschwemmt, so wie die See eine Leiche ans Ufer spült. Der Mensch kann nur glücklich werden, wenn er zu den Quellen des Lebens in den Tiefen seiner Seele gelangt; doch wird er dauernd aus seinem Zuhause verbannt und aus der stillen Klause seines geistlichen Lebens ausgeschlossen. Somit hört er auf, Person zu sein.

Der Dichter Khalil Gibran sagt: »Man redet, wenn man nicht mehr mit sich selbst in Frieden lebt. Und wenn man nicht mehr in den Tiefen seines Herzens wohnen kann, lebt man auf seinen Lippen. Dann wird Getön zum Vergnügen und zum Zeitvertreib.«

~

Der Prediger erntete für seine Beredsamkeit allgemeinen Beifall. Doch seinen Freunden gestand er, dass keine noch so wohl gesetzte Rede von ihm je ganz die Wirkung der einfachen, ungeschminkten Äußerungen des Meisters erzielen würde.

Nachdem er mit dem Meister eine Woche zusammen verbracht hatte, kannte er den genauen Grund dafür.

»Wenn er spricht«, sagte der Prediger, »schließt seine Rede Schweigen mit ein, meine Rede leider Nachdenken.« M, 336

Maske aufs Gesicht, nicht aufs Herz

Es ist für den Menschen schwer, immer im Gleichgewicht zu bleiben und sein Gesicht zu wahren. Denk an Karneval, schau dir die Menschen an, wie sie zu Masken greifen und bei wilder Musik zwischen Papierschlangen und Konfetti ihren Verstand verlieren. Karneval ist menschenunwürdig, wenn er zum Alibi wird für primitivste Entgleisungen.

Feiere Karneval, sei ausgelassen, nicht losgelassen. Setz eine Maske auf dein Gesicht, aber nicht auf dein Herz. Sei für einen Tag ein Clown mit Glöckchen und Tröte, aber verfalle nicht in Sauferei und Seitensprünge, damit du, wenn das Spiel vorbei ist, nicht unglücklich stehst an den Trümmern eines zerbrochenen Ehe- und Familienlebens.

Gib Acht auf die Unbekannten, die sich verkleidet ins Fest mischen, um gierig nach Beute zu suchen. Feiere ruhig Karneval, aber vergiss nicht, dass danach Fasten kommt: das Teilen von deinem Brot und deinem Reichtum mit Millionen, die vor Hunger sterben. B, 67

MEHR FREUDE AM FEIERN

Ich sehe, wie Menschen Karneval feiern gehen. Es ist Faschingszeit, die Zeit, um verrückt zu spielen, um hinter einer Maske einmal ganz anders zu sein. Du kannst dich geben, wie du willst, je verrückter, je lieber.

Aber müssen so viele Feiern in Saufereien und anderen Exzessen enden? Warum ist man hinterher so kaputt, so halb tot? Jedes Fest sollte doch die Menschen Freude am Leben spüren lassen. Wenn das Fest nicht mehr ist als Befriedigung von Gier und Genusssucht, hilft das nicht weiter. Feste, über die man sich hinterher ekeln muss, sind schlecht für die Gesundheit und verstopfen die Poren, mit denen wir die Lebensfreude einatmen können.

Wir müssen uns die Frage stellen, ob wir nicht den Sinn des Feierns verloren haben. Ich bin überzeugt, dass wir mehr Freude am Feiern haben, wenn wir um den Sinn von Fasten und Verzichten wüssten und wenn wir nicht so übersättigt wären.

Es gibt zwei Arten zu leben: Die eine beginnt mit Enthaltsamkeit und endet mit dem Fest. Die andere beginnt mit dem Feiern und endet mit Kopfschmerzen, Lebensüberdruß und allerlei Neurosen. B, 66

Beredtes Schweigen

»Jedes Wort, jedes Bild, die man für Gott gebraucht, dienen eher der Verzerrung als einer Beschreibung.«

»Wie spricht man also von Gott?«

»Durch Schweigen.«

»Warum sprecht Ihr dann in Worten?«

Darüber lachte der Meister lauthals. Er sagte: »Wenn ich spreche, mein Lieber, darfst du nicht auf die Worte hören. Höre auf das Schweigen.«

~

Jeden Tag wurde der Meister überhäuft mit Fragen, die er ernsthaft, scherzend, freundlich, bestimmt zu beantworten pflegte.

Eine Schülerin saß während dieser Gespräche stets schweigend da.

Als sie jemand deswegen fragte, sagte sie: »Ich höre kaum ein Wort von dem, was er sagt. Ich werde von seinem Schweigen zu sehr abgelenkt.«

~

Manchmal fiel eine Schar lärmender Besucher in das Kloster ein, und die Stille wurde zunichte.

Das ärgerte die Schüler; nicht so den Meister, der gleichermaßen zufrieden schien, ob Lärm oder Stille herrschten.

Eines Tages sagte er seinen protestierenden Schülern: »Stille ist nicht das Fehlen von Geräusch, sondern das Fehlen des Selbst.«

M, 335

Das Schweigen lieben

Viele Heilige priesen das Stillschweigen mit beredten Worten. In einem Buch von Thomas Merton stieß ich auf ein schönes Zitat von Isaak von Ninive, einem syrischen Mönch. Was er sagt, trifft ebenso auf den Einsiedler in der Wüste zu wie auf den Apostel im Herzen der modernen Großstadt.

»Viele sind dauernd auf der Suche«, sagt er, »doch nur diejenigen finden, die dauernd im Schweigen verharren ... Jeder, der im Wortgeklingel schwelgt, ist, mag er auch Wunderbares sagen, in seinem Inneren leer. Liebst du die Wahrheit, liebe das Schweigen. Das Schweigen wird dich wie das Sonnenlicht in Gott erleuchten und dich von den Trugbildern der Unwissenheit befreien. Das Schweigen wird dich mit Gott selbst vereinen ... Liebe das Schweigen über alles: Es bringt dir eine Frucht, die keine Zunge beschreiben kann. Anfangs müssen wir uns zum Stillschweigen zwingen. Dann aber wird etwas geboren, das uns zum Stillschweigen hinzieht. Möge Gott dich dieses ›Etwas‹ verkosten lassen, das aus dem Schweigen geboren wird. Übe dich doch darin, so wird dir ein unsägliches Licht aufgehen ... Nach einiger Zeit wird im Herzen dieser Übung eine gewisse Wonne geboren, und der Leib wird geradezu mit Gewalt dahin geführt, im Stillschweigen auszuharren.«

Jedes Wort dieser Zeilen verdient eigens meditiert zu werden: Sie sprechen das Herz eines jeden an, der schon einmal praktisch erfahren hat, wie kostbar das Stillschweigen ist. M, 334

WORTWAHL

Es kommt sehr auf die Worte an, die wir gebrauchen. Sagen wir zu jemandem: »Du bist ein übler, nutzloser, verachtenswerter Mensch!«, haben wir eine Leben stiftende Beziehung zu diesem Menschen von vornherein unmöglich gemacht. Worte bleiben lange in der Erinnerung haften und können über Jahre hin Schaden anrichten.

Deshalb sollten wir unsere Worte gut überlegen und klug wählen. Wenn wir vor Wut und Ärger kochen und unserem »Gegner« harte Worte entgegenschleudern möchten, ist es besser zu schweigen. Im Zorn und in der Erregung gesagte Worte machen eine Versöhnung sehr schwer. Wollen wir das Leben wählen und nicht den Tod, den Segen und nicht den Fluch, werden wir meist damit beginnen müssen, uns für das Schweigen zu entscheiden oder die wohl überlegten Worte zu finden, die einen Weg zur Heilung eröffnen. N, 270

LOSLASSEN UND AUFWACHEN

Der indische Jesuit de Mello hat die Mystik des Einswerdens als Erwachen oder als »awareness« (Bewusstwerden) bezeichnet. Er meint, dass die meisten Menschen schlafen. Wir halten an unseren Illusionen fest, an der Illusion von der Bestätigung durch Menschen, die wir brauchen, und an der Illusion des lieben Gottes, der unsere Bitten erfüllt. Mystik heißt, dass wir erwachen und mit der wahren Wirklichkeit in Berührung kommen. Viele Menschen gehen zum Psychologen, um Hilfe in ihren Beziehungsproblemen zu finden. Das – so meint de Mello – schafft zwar Erleichterung, heilt aber nicht wirklich. Man muss die Abhängigkeit von der Beziehung durchschauen, um wirklich geheilt zu werden. Ich muss spüren, dass das nur ein Aspekt der Wirklichkeit ist, dass die wahre Wirklichkeit Gott ist, in den hinein ich mich loslasse. Loslassen ist dabei nicht entsagen. Wenn ich auf etwas verzichte und ein Opfer bringe, hänge ich noch daran. »Entsagen Sie etwas nicht, sondern durchschauen Sie es. Suchen Sie, seinen wahren Stellenwert zu verstehen, und Sie werden ihm nicht mehr zu entsagen brauchen« (Anthony de Mello, Der springende Punkt. Wach werden und glücklich sein, Freiburg i. Br. [9]1998, 26).

Wenn wir wach werden, können wir unsere Vergangenheit loslassen. Wir brauchen sie nicht mehr zu bereuen oder zu betrauern. »Zu bereuen bedeutet, wach zu werden, und nicht: ›wegen seiner Sünden zu weinen‹. Werden Sie wach, und hören Sie mit dem Weinen auf. Wachen Sie auf! Man muss alles loslassen. Es ist wohlgemerkt kein physischer Verzicht, das wäre ja einfach. Wenn Ihre Illusionen schwinden, kommen Sie schließlich zur Wirklichkeit; und Sie können mir glauben: Sie werden nie mehr einsam sein, nie mehr. Einsamkeit lässt sich nicht durch menschliche Gesellschaft beseitigen. Einsamkeit wird durch Nähe zur Wirklichkeit aufgehoben« (ebd., 46 u. 59). G, 316

Herunter mit dem Tempo

Die Arbeit der Menschen wird weniger, die Arbeitszeit kürzer.
Die Menschen haben mehr freie Zeit, mehr Urlaub.
Doch wenn man sich umsieht, sind sie immer unter Zeitdruck.
Wenn man um etwas bittet, heißt es meist: »Keine Zeit.«

Die Menschen kommen aus dem Tempo, der Unruhe, der Rastlosigkeit nicht mehr heraus, selbst nicht im Urlaub. Reisebüros treiben sie wie Schafe in die Ferienparadiese. Auch aus Urlaub und Erholung wurde eine Industrie gemacht. Du musst hierhin und dahin, du musst alles mitbekommen, alles sehen, alles erleben, überall gewesen sein. Es gibt für die Freizeit eine ganze Menge Dinge, die du einfach mitmachen musst, weil das alle machen. Sonst bist du ein Sonderling und Außenseiter. Du musst mithalten. Du musst in allem auf der Höhe sein. Du musst deine Freizeit gut organisieren.

Darum schlage ich vor: Tu einmal nichts! Oder tu mal, was du nicht musst, sondern worauf du Lust hast. Leben und sicherlich Urlaub sind doch kein Fließband, von dem dir vorgesetzt wird, was du zu tun hast. Geh herunter mit dem Tempo, steig aus, suche die Stille. In der Ruhe findest du die wunderbaren Freuden des Lebens, die den Menschen in Lärm und Stress verloren gingen. In tiefem Schweigen kommen wir dem Urgrund der Liebe am nächsten. Wir werden wortlos und wunschlos glücklich sein.

B, 210

BEGRIFFE

Wollen Sie zum eigentlichen Kern einer Sache vorstoßen, müssen Sie zuerst verstehen, dass jeder Begriff, jede Vorstellung von der Wirklichkeit diese verzerrt und ein Hindernis darstellt, die Wirklichkeit zu sehen. Ein Begriff ist nicht die Wirklichkeit, der Begriff »Wein« ist nicht der Wein, der Begriff »Frau« ist nicht diese eine Frau. Wenn ich mit der Wirklichkeit dieser Frau wirklich in Berührung kommen möchte, muss ich meinen Begriff vom Frausein, vom Indersein vergessen und sie in ihrem Sosein, ihrer Konkretheit, ihrer Einzigartigkeit erfahren.

Leider machen sich die meisten Leute nicht die Mühe, die Dinge auf diese Weise, das heißt in ihrer Einzigartigkeit zu sehen; sie halten sich lediglich an die Worte oder Begriffe, nie schauen sie mit den Augen des Kindes dieses konkrete, einzigartige, flauschige Etwas an, das da vor ihren Augen herumhüpft: Sie sehen nur einen Spatzen. Nie sehen sie das Wunderbare an diesem einmaligen menschlichen Wesen, das ihnen gegenübersteht: Sie sehen nur eine indische Bäuerin. – So ist der Begriff ein Hindernis, die Wirklichkeit wahrzunehmen. Er ist Ihnen im Weg, wenn Sie nicht aufpassen.

~

»Was sucht Ihr?«, fragte der Meister einen Gelehrten, der sich von ihm Beratung erhoffte.

»Leben«, lautete die Antwort.

Sagte der Meister: »Wenn Ihr leben wollt, müssen die Wörter sterben.«

Als er später gefragt wurde, was er damit meinte, sagte er: »Ihr seid verraten und verkauft, weil Ihr in einer Welt von Wörtern lebt. Ihr nährt Euch von Wörtern, begnügt Euch mit Wörtern und hättet doch Substanz nötig. Eine Speisekarte wird Euren Hunger nicht stillen und eine Formel nicht Euren Durst.« M, 203

Der Mensch braucht Ruhe

Wenn du dich pausenlos mit finsteren Gedanken quälst, wenn du ständig herumstreitest oder dich bemitleidest, als ob du das unglücklichste Geschöpf der Welt seist, dann kannst du schon allein dadurch krank werden. Du kriegst Kopfschmerzen, essen magst du nicht und gut schlafen kannst du auch nicht mehr. Du gehst deiner ganzen Umgebung auf die Nerven, so dass auch deine Mitmenschen halb krank werden und wiederum ihre Umgebung anstecken.

Darum schlepp Sorgen, Ärger, Wut und Krach niemals in den nächsten und den übernächsten Tag. Ehen lösen sich auf, Familien fallen auseinander, Freundschaften zerbrechen, weil man sich gegenseitig mit stummer Verachtung bestraft oder mit lauten Vorwürfen die Ohren voll klagt.

Sieh zu, dass du schnell darüber hinwegkommst. Hör auf, dich im Sessel herumhängen zu lassen und alles zum hundertsten Mal wiederzukäuen. Geh duschen oder baden, pflege dich ein bisschen, widme dich deinem Hobby, oder geh spazieren. Körperliche Entspannung wird dir Ruhe bringen und die Ruhe neue Kraft, um deinen Geist aufzurichten. Vor allem brauchst du innere Ruhe, inneren Frieden, um gesund und munter und glücklich zu sein.

B, 153

Zeit zur Besinnung

Hast du noch Zeit zur Besinnung? Gibt es noch irgendwo in deinem Leben Augenblicke der Stille, um über alles nachzudenken, über den Sinn, das Warum und Wozu von allem? Oder lässt du dir jeden Abend den Kopf bequem vom Fernsehen abfüllen? Brauchst du alle Zeit für Sport und Unterhaltung, für Mode und Make-up und den neuesten Lifestyle?

Sei du selbst! Sieh zu, dass du selbst lebst. Lass dein Denken nicht fremdbestimmt sein, beherrscht von den Meinungen der Medien, von den Fernsehfilmen und der Sensationspresse. Setz deinen eigenen Kopf in Bewegung, bring deine eigenen Gehirnzellen in Gang.

Vor zweitausend Jahren schleppte sich ein Mensch durch die Straßen einer Stadt mit einem Kreuz, zum Tod verurteilt, verhöhnt und geschlagen. Und doch brachte er es fertig, zu allen Zeiten und auch heute Menschen zur Besinnung zu bringen, zum Nachdenken über den tiefsten Sinn ihres Daseins. Versuche in dieser Zeit vor Ostern einmal, jeden Tag einen Augenblick der Stille und Besinnung in dein Leben einzulassen. Du wirst merken, wie gut das tut. Du wirst dich mehr als Mensch fühlen.

B, 116

Achtsamkeit

Das geistliche Leben, das der Schöpfungsspiritualität entspricht, besteht vor allem in der Achtsamkeit, im aufmerksamen Umgang mit der Schöpfung, mit den Dingen, mit den Menschen, im aufmerksamen Horchen auf Gott in allen Dingen. Wer achtsam lebt, der lebt in Beziehung mit sich selbst, mit der Schöpfung, mit Gott und mit den Menschen. Die eigentliche Krankheit unserer Zeit ist die Beziehungslosigkeit. Weil die Menschen die Beziehung zu sich und zur Schöpfung verloren haben, schlittern sie von einer Beziehung zur anderen, nur um sich überhaupt spüren zu können. Wenn ich aber die Beziehung zu einem Menschen brauche, um mit mir in Beziehung zu kommen, dann benutze ich einen Menschen, dann beute ich ihn aus und überfordere ihn mit meiner Beziehungslosigkeit. Weil viele nicht mehr in Beziehung zu den Dingen sind, gehen sie brutal mit ihnen um. Sie benutzen sie nur für die eigenen Zwecke, sie beuten sie aus, sie zerstören sie. Diese Beziehungslosigkeit beobachten wir heute bei vielen jungen Menschen. Die Lehrer in den Schulen können ein Lied davon singen, wie die Schüler mit der Einrichtung achtlos umgehen. Das ist nicht Bosheit, sondern Ausdruck ihrer Beziehungslosigkeit.

Die Beziehungslosigkeit führt noch zu einem anderen heute weit verbreiteten Phänomen, zur Ruhelosigkeit. Weil man nicht in Beziehung ist mit sich selbst, weil man nicht im Augenblick lebt, braucht man immer größere Anreize, um sich überhaupt noch zu spüren. Man muss dann möglichst weit weg in den Urlaub fahren, möglichst riskante Sportarten treiben, um überhaupt Leben zu erfahren. Wer mit sich in Beziehung ist, der spürt bei einem einfachen Waldspaziergang intensiv das Leben. [...]

Er atmet das Leben ein und hat darin alles, wonach er sich sehnt. Er lebt in Beziehung zu den Bäumen, spricht mit ihnen, spürt ihre Ausstrahlung. Er fühlt sich als Teil der Schöpfung, geborgen, getragen, wertvoll, lebendig. G, 307

Erspüren, was für den anderen gut ist

Es gibt Menschen, die die Leidenschaften nicht an sich heranlassen dürfen, weil sie sonst davon verschlungen würden. C. G. Jung meint, bei manchen dürfe man das Unbewusste nicht wecken, weil es sie überschwemmen würde. Aber es ist nicht nur eine Sache der verschiedenen Typen von Menschen, sondern es kommt auch auf die Situation und auf die Art der Gedanken an. Bei manchen Gedanken ist es besser, sie gar nicht zuzulassen, sondern sie sofort abzuschneiden. Bei anderen dagegen wäre das eine Flucht und würde uns nicht weiterführen. Da wäre es besser, sich mit ihnen auseinander zu setzen. Ja, Evagrius rät sogar, dass wir uns mit den verschiedenen Leidenschaften vertraut machen, um sie dann besser bekämpfen zu können. Man soll die Leidenschaften zu Ende denken, dann werden wir erkennen, was sie uns sagen wollen. Der Zorn z. B. weist oft darauf hin, dass wir anderen zu viel Macht über uns gegeben haben. Dann sollten wir die Kraft, die in der Leidenschaft des Zornes steckt, nützen, um uns von der Macht des andern zu befreien. Oder wenn wir unsere Traurigkeit zulassen und uns in sie hineinspüren, können wir ihre tiefste Ursache entdecken. Vielleicht sind es übertriebene Wünsche, die wir an das Leben haben, vielleicht ist es eine tiefe Wunde in der Kindheit, eine Verlusterfahrung oder eine Verletzung, die noch nicht verheilt ist.

Die Kunst des geistlichen Vaters besteht nun darin zu erkennen, welcher Weg für den Einzelnen richtig ist, ob er die Gedanken abschneiden soll oder ob er sich mit ihnen beschäftigen und ihnen auf den Grund gehen soll. Dazu muss er sich in den anderen hineinspüren, und er muss auf den Geist Gottes hören, der ihm offenbart, was der andere braucht. Die Diakrisis ist nicht eine Fähigkeit, die er sich erwerben kann, sondern eine Gabe des Heiligen Geistes, um die er immer wieder beten muss. Es braucht die eigene Erfahrung im Umgang mit den Gedanken und Gefühlen, aber es braucht auch das Hören auf den Geist, damit er für den jeweiligen Augenblick erkennt, was für den anderen gut ist. G, 252

Quellgrund der Stille –

Selbst lernen

Sie können jemanden finden, der Ihnen Kenntnisse und Fähigkeiten wie Algebra, Englisch, Radfahren oder das Bedienen eines Computers beibringt. Aber das, was wirklich wichtig ist – Leben, Liebe, Wirklichkeit, Gott –, das kann Sie niemand lehren. Das Einzige, was man tun kann, ist, Ihnen Formeln in die Hand zu geben. Und haben Sie eine Formel, haben Sie die durch den Verstand eines anderen gefilterte Wirklichkeit. Verwenden Sie diese Formeln, sind Sie eingesperrt. Sie welken dahin; und sterben Sie, haben Sie nicht erfahren, was es heißt, selbst zu sehen und selbst zu lernen.

Sehen Sie es vielleicht so: In Ihrem Leben hat es Augenblicke mit Erfahrungen gegeben, bei denen Sie wussten, dass Sie sie mit ins Grab nehmen werden, weil Sie keine passenden Worte fanden, um anderen diese Erfahrung mitteilen zu können. Tatsächlich gibt es in keiner menschlichen Sprache Worte, um genau das auszudrücken, was Sie erfahren haben. Denken Sie zum Beispiel an das Gefühl, das Sie erfasste, als Sie einen Vogel über einen stillen See fliegen sahen, als Sie mitten in der Nacht ein Baby schreien hörten, als Sie die Schönheit eines nackten menschlichen Körpers empfanden oder einen starren Leichnam in einem Sarg anblickten. Sie können versuchen, anderen diese Erfahrung mit Musik, in einem Gedicht oder einem Gemälde zu vermitteln. Aber in Ihrem Herzen wissen Sie, dass niemand verstehen wird, was Sie sahen und empfanden. Sie sind mehr oder weniger ohnmächtig, es auszudrücken, geschweige denn, es jemanden zu lehren.

Genau das empfindet ein geistlicher Meister, den Sie darum bitten, Sie über das Leben, über Gott und die Wirklichkeit zu unterweisen.

M, 26

UNBEWEGLICH UND TOT

Eine weitere Eigenschaft von Begriffen ist die, dass sie statisch sind, während die Wirklichkeit dynamisch ist. Wir bezeichnen die Niagarafälle immer gleich, dabei ist ihr Wasser in jedem Augenblick ein anderes. Wir haben das Wort »Fluss«, aber das Wasser in ihm fließt ständig weiter. Wir haben ein festes Wort für unseren »Körper«, aber die Zellen, aus denen er besteht, erneuern sich ständig.

Angenommen, draußen wehte ein heftiger Wind, und ich möchte meinen Landsleuten in Indien eine Vorstellung davon geben, wie ein amerikanischer Sturm oder Hurrikan aussehen kann. Deshalb fange ich ihn in eine Zigarrenkiste ein, nehme sie mit in meine Heimat und sage: »Seht mal her!« Natürlich ist das kein Sturm mehr, sobald er einmal *eingefangen* wurde.

Oder wenn ich Ihnen einen Eindruck davon verschaffen möchte, wie ein Fluss fließt, und ich Ihnen einen Eimer Wasser daraus bringe. In dem Moment, in dem ich es mit dem Eimer schöpfe, fließt es nicht mehr. In dem Moment, in dem wir Dinge in Begriffe fassen, hören sie auf zu fließen; sie werden unbeweglich, statisch und tot. Eine gefrorene Welle ist keine Welle mehr. Eine Welle besteht aus Bewegung und Dynamik; gefriert sie, ist sie keine Welle mehr. Begriffe sind immer starr und gefroren. Die Wirklichkeit ist dynamisch.

~

Ein Dirigent probte mit seinem Orchester und sagte zu dem Trompeter: »Ich glaube, an diese Stelle sollten Sie mit etwas mehr Wagnerscher Verve herangehen, wenn Sie wissen, was ich meine, ein bisschen nachdrücklicher, betonter, etwas mehr Volumen, mehr Tiefe, mehr ...«

Der Trompeter unterbrach: »Soll ich lauter spielen, Sir?« M, 209

Verzichten können

Was kannst du dir alles versagen, wenn es um dein eigenes liebes Ich geht? Ich wette, dass du fasten kannst, wenn es um deine schlanke Linie geht. Du kannst die Leckerbissen stehen lassen, wenn du an deine Leber oder deinen Blutdruck denkst. Aber was kannst du dir versagen, wenn es um andere geht? Denk darüber mal gründlich nach!

Was kannst du sein lassen aus Liebe zu deinem Mann, deiner Frau, deinen Mitmenschen? Kannst du mal einen Abend nicht ausgehen oder weniger trinken, weil das deiner Frau lieber ist? Kannst du auf eine Kostbarkeit verzichten, wie sie vielleicht die Nachbarin oder Kollegin haben, um mehr für deine Lieben übrig zu haben?

Und was kannst du dir versagen für jemanden, den du gar nicht kennst, aber von dem du weißt, dass er heute noch vor Hunger sterben wird? Du würdest womöglich Hunderte und Tausende, ja alles hergeben, um dein Leben zu retten. Und solltest du dann für das Leben eines Mitmenschen nicht auf etwas mehr verzichten können als auf ein Bierchen, ein paar Leckereien? Nimm als Maß dein Herz! B, 86

AUFWACHEN

Mit dem ständig steigenden Wohlstand wächst unter den Menschen auch eine Art von Langeweile, von geistiger Lustlosigkeit. Überall trifft man antriebslose, müde Menschen, aber diese Müdigkeit hat nichts mit dem Leib zu tun. Es ist eine geistige Verkümmerung und Leere. Es handelt sich um einen geheimen, tiefsitzenden Pessimismus gegenüber dem Leben.

Lass deinen Kopf und dein Herz nicht im Bauch versinken. Wenn du keine höheren Ideale hast als Essen und Trinken, als Geldverdienen und Geldausgeben, dann wird die Arbeit ein notwendiges Übel und all dein Tun ein sinnloses Getue. Dann stehst du morgens auf mit einem Seufzer und ergreifst die Flucht vor allem, was Mühe macht. Dann sitzt du bis tief in die Nacht vor dem Fernseher wie eine hirnlose Mumie.

Du kannst dich selbst heilen, du musst nur aufwachen, deine Fenster aufmachen für das Licht und die Sonne, wieder an das Gute und an Gott glauben, dein Herz leer machen und neu füllen mit wahrer Liebe und gesundem Optimismus. Du bist keine Nummer in einer farblosen Masse, kein seelenloses Teilchen an einer Riesenmaschine. Du bist Mensch, geschaffen für die Freude und für das Glück. B, 75

Die Katze des Gurus

Jeden Abend, wenn der Guru sich zur Andacht niederließ, pflegte die Ashram-Katze herumzustreunen und die Beter abzulenken. Also ließ er die Katze während des Abendgottesdienstes anbinden.

Lange nach dem Tode des Gurus wurde die Katze stets während des Abendgottesdienstes angebunden. Und als die Katze schließlich starb, wurde eine andere Katze in den Ashram gebracht, sodass man sie ordnungsgemäß während des Abendgottesdienstes anbinden konnte.

Jahrhunderte später schrieben die Schüler des Gurus gelehrte Abhandlungen darüber, welch wichtige Rolle eine Katze in jedem ordentlich gestalteten Gottesdienst spiele.

~

»Was nützen euer Lernen und eure Hingabe? Wird ein Esel weise, weil er in einer Bibliothek wohnt, oder eine Maus heilig, weil sie in einer Kirche lebt?«

»Was brauchen wir also?«

»Ein Herz.«

»Wie bekommt man eines?«

Der Meister wollte es nicht sagen. Was er auch sagte, sie würden es sofort zu einer Schulaufgabe machen oder in einen Gegenstand der Verehrung verwandeln.

~

»Du bist so stolz auf deine Intelligenz«, sagte der Meister zu einem Jünger. »Du bist wie der Verurteilte, der stolz ist auf die Größe seiner Gefängniszelle.«

M, 343

Wir brauchen Rituale

In der Geschichte des Mönchtums wurde der gesunde Lebensstil vor allem von Benedikt beschrieben. Für ihn war die klare Strukturierung des Lebens, der Arbeit, der Gemeinschaft, der Macht entscheidend für die Gesundung des Menschen. Und obwohl Benedikt seine Ordnung nur für eine kleine Gemeinschaft vorgesehen hat, wurde daraus ein Ordnungsfaktor für ganz Europa. Und aus kleinen Gemeinschaften, die nach dieser Ordnung lebten, wurde eine Quelle der Kultur für das ganze Abendland. Kultur ist geformtes Leben. Wenn ich mein Leben selber forme, wenn ich ihm eine Gestalt gebe, die mir entspricht und die mir gut tut, dann habe ich zugleich Lust am Leben. Ich habe das Gefühl, dass ich selber lebe, anstatt gelebt zu werden. Es ist mein Stil, wie ich aufstehe, wie ich den Tag beginne, wie ich an die Arbeit gehe, wie ich die Mahlzeit gestalte, wie ich den Tag abschließe. Ein gesunder Lebensstil braucht gesunde Rituale. Wenn wir auf unsere Rituale nicht achten, schleichen sich unwillkürlich ungesunde und krankmachende Rituale ein, z. B. dass wir in den Tag hineinhetzen, das Frühstück herunterschlingen, immer zu spät kommen. Gesunde Rituale bringen mich in Ordnung, und sie schenken mir die Freude daran, mein Leben selbst zu gestalten.

Erhart Kästner schreibt über die Riten, die er auf dem Berg Athos beobachtet: »Neben dem Drang, die Welt zu gewinnen, liegt ein eingeborener Drang, immer Selbes aus uralten Formen zu prägen. In Riten fühlt die Seele sich wohl. Das sind ihre festen Gehäuse. Hier lässt es sich wohnen ... hier stehen die gefüllten Näpfe bereit, die Opferschalen der Seele. Hier fährt sie aus, fährt sie ein; gewohnte Gaben, gewohntes Mahl. Der Kopf will das Neue, das Herz will immer dasselbe« (in: Ders., Die Stundentrommel vom Heiligen Berg Athos, Wiesbaden 1956, 65).

Gesunde Rituale geben dem Leben Vertrautheit, Geborgenheit, Klarheit. Da lässt es sich wohnen, daheim sein.

G, 247

Fasten will zur Quelle führen

Ostern als der Durchzug durch das Rote Meer, durch die Pforte des Todes und als Einzug in das Land des Neuen Lebens ist das Ziel unserer Wanderschaft. Doch in der Fastenzeit wagen wir uns zusammen mit Christus in die Wüste hinein. Das Fasten unterstützt unsere Wüstenerfahrung. Es nimmt uns so vieles, mit dem wir sonst die hochsteigende Leere zustopfen und die sich zu Wort meldenden Begierden und Bedürfnisse zufrieden stellen können. Wir werden mit unserer eigenen Nacktheit konfrontiert. Und da spüren wir, dass wir uns nicht selbst genügen, dass in uns ein Spalt offen steht, durch den das Nichts uns anstarrt. Vor diesem Nichts wollen wir uns schützen, indem wir den Spalt zuschütten mit Essen und Trinken. Wenn wir im Fasten den Spalt bewusst offen lassen, dann tauchen aus der Tiefe unseres Abgrunds alle möglichen bedrohlichen Gedanken auf, unterdrückte Gefühle, Ängste. Wir werden mit unserer innersten Wahrheit konfrontiert, dass wir Geschöpfe Gottes sind, die von Gott ständig am Sein gehalten werden und ohne Gott in das Nichts versinken würden. Wer sich dieser Wahrheit stellt, wird innerlich frei, er hat die Angst überwunden und kann sich an seinem Sein freuen, das ihm Gott Tag für Tag schenkt.

Das Fasten nimmt uns die Hülle weg, die über unseren Gedanken und Gefühlen liegt. Und so rühren wir an all den Ärger, der in uns steckt, an unsere unerfüllten Wünsche und Bedürfnisse. Das Fasten zeigt uns, was der Grund unseres Lebens und unseres Wohlbefindens ist. Sind wir mit Gott nur zufrieden, sind wir nur dann gut gelaunt, wenn wir genügend zu essen und zu trinken haben? Ist unsere Frömmigkeit nur eine Verlängerung unseres Wohlbefindens auf Gott, oder leben wir aus einem anderen Grund, aus einer anderen Quelle? Das Fasten will uns zu dieser Quelle führen, in der Gottes Geist selbst in uns sprudelt. Es treibt uns in die eigene Ohnmacht, damit wir nichts von uns, sondern alles von Gott her erwarten. G, 121

Übung am Morgen

Nein, du hast kein hässliches Gesicht. Das glaube ich nicht. Alle Gesichter sind schön, wenn ein gutes Herz dahintersteckt. Darum stell dich ruhig morgens vor den Spiegel und fang den Tag mit folgender Übung an. Schau dir deine Fassade an, und sprich zu dir mit voller Überzeugung:

Mensch, sei doch zufrieden, dass du lebst. Heute gibt es kein Jammern und Klagen. Von einem traurigen Gesicht hat keiner was. Es kommt ein wunderbarer Tag. Sei Gott dankbar und lebe einfach. Nicht so viel rauchen, nicht zu viel essen und trinken. Teile, denn nebenan leiden Menschen Hunger und Durst. Lass dich von Sorgen nicht unterkriegen und geh beizeiten schlafen. Halte dein Herz frei von Hass und Neid. Tu alles mit Liebe.

Wenn du diese kleine Übung vollziehst, kommen Leib und Seele in Schwung. Du wirst entspannt und froh. Glaub mir, nach einem Monat bist du ein anderer Mensch, ein glücklicher Mensch. B, 55

Stufen des Schweigens

Immer wieder loben die Mönche das Schweigen. Das Schweigen ist für sie der Weg, sich selbst zu begegnen, die Wahrheit des eigenen Herzens zu entdecken. Schweigen ist aber auch der Weg, frei zu werden vom ständigen Beurteilen und Verurteilen der anderen. Wir sind ja immer in Gefahr, jeden Menschen, dem wir begegnen, zu bewerten, einzuschätzen, zu beurteilen. Und oft genug finden wir uns dabei wieder, dass wir ihn verurteilen und richten. Schweigen aber hindert uns zu richten. Es konfrontiert uns immer wieder mit uns selbst. Es verbietet uns den Weg, unsere Schattenseiten auf die anderen zu projizieren. Die Alten wissen um die Gefahr, dass wir mit unseren Gedanken und Reden ständig um die anderen kreisen. Vom Altvater Agathon wird berichtet, dass er drei Jahre einen Stein im Mund trug, bis er zurechtkam mit dem Schweigen, bis er auch mit dem Herzen nicht mehr über den Bruder urteilte.

Oft braucht es die bewusste Übung des Schweigens, damit auch das Herz schweigen kann. Oft müssen wir uns ausdrücklich verbieten, über den anderen zu reden, damit wir ihn vorurteilslos anschauen können. [...]

Der zweite Aspekt des Schweigens ist das Loslassen. Im Schweigen lassen wir los, was uns ständig beschäftigt. Wir lassen alles los, was uns bestimmen möchte und woran wir uns krampfhaft festhalten. Solange wir an unserem Erfolg festhalten, stockt unser Leben. Solange wir uns an Menschen festklammern, wird die Beziehung gestört. Schweigen ist die Kunst loszulassen, um einen anderen Grund in sich zu entdecken: Gott selbst. Nur wenn ich in Gott meinen Grund gefunden habe, kann ich meinen Beruf, meine Rolle, meine Beziehungen, meinen Besitz loslassen. Dann definiere ich mich nicht mehr vom Wohlwollen des andern her, dann hängt meine ganze Identität nicht mehr an meinem Erfolg oder Besitz. Das Loslassen ist der Weg, um mit meiner inneren Quelle in Berührung zu kommen, um den wahren Reichtum in meiner Seele zu entdecken: Gott, der mir alles schenkt, was ich zum Leben brauche.

G, 259

Gleichnisse und Geschichten

Der Meister lehrte meistens in Gleichnissen und Geschichten. Jemand fragte einen seiner Schüler, woher er sie habe.

»Von Gott«, erwiderte er. »Wenn Gott dich zum Heiler bestimmt, schickt er dir Patienten; wenn er dich zum Lehrer macht, schickt er dir Schüler; wenn er dich zum Meister beruft, gibt er dir Geschichten.«

~

Ein Schüler beklagte sich einst bei seinem Lehrer: »Ihr erzählt uns Geschichten, aber nie enthüllt Ihr ihre Bedeutung.«

Sagte der Meister: »Wie würde es euch gefallen, wenn euch jemand vorgekaute Früchte anböte?

Niemand kann es euch abnehmen, nach der Bedeutung zu suchen, die die Geschichte für *euch* hat. Nicht einmal der Meister.«

~

Sagte ein Schüler zu einem Neuankömmling im Kloster: »Ich muss dich warnen: Du wirst kein Wort verstehen, das der Meister sagt, wenn du nicht die richtige Disposition hast.«

»Was ist die richtige Disposition?«

»Wer eine fremde Sprache lernt, nimmt vertraute Bedeutungen auf. Die Worte, die der Meister spricht, klingen vertraut, aber fall nicht drauf herein: Sie haben eine völlig fremde Bedeutung.« M, 364

MENSCHEN, DIE EINFACH MENSCH SIND

Versuche täglich neu, einfach ein guter Mensch zu sein. Einer, der ohne anzugeben, der ohne Theater gut, freundlich und herzlich zu allen ist, mit denen er zusammenkommt. Einer, der seine Schwächen, seine Empfindlichkeit, seine Begrenztheit kennt, ohne darüber den Mut zu verlieren. Einer, der sich selbst vergisst und es ertragen kann, wenn andere ihn vergessen.

Für das Zusammenleben miteinander braucht unsere Welt heute dringend solche Menschen, einfach gute Menschen, einfach freundliche Menschen, die dich im Laden mit einem Lächeln bedienen, die hinter dem Schalter die Geduld nicht verlieren, die dich im Verkehr nicht bedrohen und gefährden, die nicht explodieren, wenn du einen Fehler machst. Nicht Menschen, die meinen, die Welt ginge unter, wenn nicht alle nach ihrer Pfeife tanzen. Nicht Menschen, für die alle Andersdenkenden nicht ganz normal sind.

Gott, verschone uns vor den Panzertypen, die alles niederwalzen, vor den Posaunentypen, die alles überdröhnen, vor den Dickhäutern, die nichts berühren kann. Gott, gib uns mehr Menschen, die einfach Mensch sind. B, 26

VORSPIEGELUNG

Eines Nachts stolperte ein Betrunkener über eine Brücke und stieß mit einem Freund zusammen. Die beiden lehnten sich über das Geländer und schwatzten eine Weile.

»Was ist das da unten?«, fragte plötzlich der Betrunkene.

»Das ist der Mond«, sagte der Freund.

Der Betrunkene blickt noch einmal hin, schüttelte ungläubig den Kopf und sagte: »Okay, okay! Aber wie zum Teufel bin ich hier hinaufgekommen?«

Wir sehen fast nie die Wirklichkeit.
Was wir sehen, ist ihre Spiegelung
in Form von Wörtern und Begriffen,
die wir uns dann als Wirklichkeit aneignen.
Die Welt, in der wir leben,
ist zum großen Teil ein Gedankengebäude.

~

Der Dichter Awhadi aus Kerman saß eines Nachts über ein Gefäß gebeugt vor seiner Tür. Der Sufi Shams aus Täbris kam zufällig vorbei. »Was tust du?«, fragte er den Dichter.

»Ich betrachte den Mond in einer Schale voll Wasser«, lautete die Antwort.

»Warum blickst du nicht direkt auf den Mond am Himmel, oder hast du dir etwa den Hals gebrochen?«

Wörter sind unzureichende Abbilder der Wirklichkeit. Ein Mann dachte, er kenne das Taj Mahal, weil man ihm ein Stück Marmor gezeigt und gesagt hatte, das Taj Mahal sei nichts weiter als eine Anhäufung solcher Steine. Ein anderer war überzeugt, er kenne die Niagarafälle, weil er Niagarawasser in einem Eimer gesehen hatte. M, 202

QUELLGRUND DER STILLE –

MÄRZ

Beben der Seele – Mit Ängsten leben

Fasten – Übung in Freiheit

Ich möchte am Beispiel des Fastens und des Verzichtens aufzeigen, wie die Askese auch heute ein Weg in die Freiheit sein könnte. Die Fastenzeit, zu der uns die Kirche jährlich einlädt, hat den Sinn, dass wir uns jedes Jahr wenigstens sieben Wochen lang bewusst in die innere Freiheit einüben. Zunächst ist der Verzicht ein Test, ob wir wirklich frei sind. Wir alle sind heute von vielen Süchten beherrscht. Indem ich während der Fastenzeit auf Alkohol oder Fleisch oder Kaffee verzichte, teste ich mich, ob ich süchtig bin oder noch frei, ob ich noch selbst bestimmen kann, was ich essen und trinken möchte, oder ob ich das Bier oder den Kaffee einfach brauche. Sucht macht abhängig und diese Abhängigkeit ist gegen unsere Würde. Im Verzicht wollen wir unsere eigene Würde und die eigene Freiheit als Ausdruck dieser Würde erleben. Wir wollen uns beweisen, dass wir noch selbst über uns verfügen können, dass wir nicht über uns verfügen lassen. Die Selbstverfügung, die Autarkie, ist ein wichtiger Begriff der griechischen Freiheitsidee. Gegenüber der relativen Freiheit, der Freiheit von Bindungen, Ängsten, Zwängen und Abhängigkeiten, bezeichnet die Autarkie die positive Freiheit, die darin besteht, sich selbst zu besitzen, über sich selbst zu verfügen. Der Verzicht ist ein Test dafür, dass wir noch selber über uns bestimmen und über uns verfügen, anstatt über uns verfügen zu lassen, dass wir noch selber leben, anstatt gelebt zu werden. [...]

Der Verzicht, den wir im Fasten üben, ist aber nicht nur ein Weg in die Freiheit, sondern auch Ausdruck unserer Freiheit. Wir müssen Gott mit unserem Verzicht nichts beweisen. Wir müssen keine Leistung vollbringen, damit wir uns gut fühlen. Fasten als Verzicht ist vielmehr Ausdruck dafür, dass wir Gott gehören und nicht der Welt, dass wir uns selbst gehören und nicht unseren Leidenschaften und Süchten, unseren Bedürfnissen und Wünschen.

G, 33

Umgang mit Verletzungen

Wir können uns kaum dagegen wehren, dass wir verletzt werden. Bevor wir überlegen, trifft uns ein beleidigendes Wort oder eine ironische Bemerkung. [...] Unser eigentliches Selbst aber kann nicht verletzt werden, unsere eigene Wahrheit wird von der Verfälschung der Wahrheit nicht getrübt. Die Frage, die Basilius uns im Anschluss an Epiktet stellt, könnte da auch für uns eine Hilfe sein: In welcher Hinsicht berührt dich das eigentlich? Welche Schicht in dir wird von dem verletzenden Wort erreicht? Es ist nur dein emotionaler Bereich, der da verwundet wird. Und diesen Bereich kannst du nie ganz verschließen und sollst es auch nicht. Da darfst du dich ruhig kränken lassen. Aber du musst immer wissen, dass darunter ein Bereich ist, der von den Worten der anderen nicht berührt werden kann. Diesen unantastbaren Bereich deines wahren Selbst können weder ein beleidigendes Wort noch eine verächtliche Bemerkung noch ein verletzender Blick erreichen. Wenn ich um diese Freiheit weiß und daran fest glaube, dann wird auch die Verletzung des emotionalen Bereiches an Tiefe verlieren. Ich weiß dann, dass sich die Spur der Kränkung irgendwo in mir verläuft und nicht bis ins Innerste vordringen kann.

Natürlich besteht in solchen Anweisungen auch eine Gefahr. In der Begleitung treffe ich auch auf Menschen, die einen Panzer um sich herum aufbauen, an dem jedes kritische Wort abprallt. Sie lassen sich von keinem Wort treffen. Das ist nicht die Freiheit, die Basilius meint. Es ist vielmehr ein Bollwerk aus Angst, das sie sich aufbauen. Sie müssen an der Illusion ihrer Rechtschaffenheit festhalten, weil sonst ihr ganzes Lebensgebäude zusammenkrachen würde. Und dann wäre überhaupt kein Ich mehr da, dann wären sie wertlos und ihr Leben sinnlos. Manche brauchen diesen Schutz. Aber ich spüre dann im Gespräch, dass dieser Schutz nicht der Freiheit entspricht, sondern der Angst. G, 21

DAS GEHEIMNIS

Ich mache mich auf die Suche nach der Quelle des Glücks: Ich stelle mir einen glücklichen Menschen vor, der arm ist, und schaue mir sein Leben genau an. Ich unterhalte mich mit ihm und versuche zu ergründen, was diesen Menschen glücklich macht ...

Ich denke an einen fröhlichen Menschen mit schwacher Gesundheit ... mit körperlichen Schmerzen ... und komme auch mit ihm ins Gespräch, um herauszufinden, was ihn glücklich macht ...

Ich mache es ebenso mit einem glücklichen Menschen, der sein Ansehen verloren hat ...

Ich gehe in ein Gefängnis ... und bin erstaunt, sogar hier einen glücklichen Menschen zu finden ... Ich frage ihn, wie er dazu kommt ...

Dann beobachte ich unglückliche Leute, die frei sind und wohlhabend ... einflussreich ... angesehen ...

Ich spreche mit ihnen – und höre mir bei der Unterhaltung ihre Klagen aufmerksam an ...

Gestern hatte ich Gelegenheiten, mich zu freuen, und habe sie nicht einmal bemerkt. Jetzt erst sehe ich sie ...

Es ist unvorstellbar, dass jemand dankbar und unglücklich sein könnte. Ich danke dem Herrn für alles, was gestern geschehen ist ... und achte darauf, welche Wirkung das auf mich hat.

Und in den Dingen, die ich unangenehm oder lästig nenne, suche ich das Gute, das ich durch sie bekomme ... die Samenkörner, die Wachstum in sich bergen ... und finde Grund, auch für sie dankbar zu sein ...

Endlich sehe ich mich selber von Stunde zu Stunde durch den heutigen Tag gehen in Dank – und Glück ... M, 173

BEBEN DER SEELE –

DIE STRASSE ÜBERQUEREN, UM SICH DES ANDEREN ANZUNEHMEN

Wir werden dann einander Nächste, wenn wir bereit sind, »die Straße zu überqueren«, aufeinander zuzugehen. Es gibt viele Trennungslinien zwischen linkem und rechtem Straßenrand: zwischen schwarzen und weißen Menschen, zwischen Jungen und Alten, Kranken und Gesunden, zwischen Vorbestraften und Unbescholtenen, zwischen Juden und Heiden, Muslimen und Christen, Protestanten und Katholiken, zwischen unierten und nicht-unierten Orthodoxen und so fort.

Es gibt viele Straßen und Trennungslinien, die überquert werden müssen. Wir alle sind viel mit uns beschäftigt und sehen nicht bis zum anderen Straßenrand. Wir haben unsere eigenen Leute, zu denen wir gehen, und unsere eigenen Angelegenheiten, um die wir uns kümmern. Würden wir aber einmal die Straße überqueren und danach schauen, was auf der anderen Seite passiert, könnten wir einander Nächste werden.

N, 222

Kränkung und ungerechte Behandlung

Zu dem Leid, das notwendigerweise mit unserer menschlichen Existenz verbunden ist, gehören vor allem Kränkung und ungerechte Behandlung. Benedikt rät den Mönchen: »Auch erfüllen sie das Gebot des Herrn, selbst bei Kränkung und ungerechter Behandlung, kraft der Geduld, mit der sie auf die eine Backe geschlagen, auch die andere hinhalten, um ein Hemd bestohlen, auch den Mantel lassen, gezwungen, eine Meile mitzugehen, zwei Meilen gehen. Mit dem Apostel Paulus ertragen sie falsche Brüder, erdulden Verfolgung und segnen, die ihnen fluchen.« Hier kann nur die Gesinnung Jesu helfen, mit den Verletzungen fertig zu werden, die uns verletzte Brüder und Schwestern täglich zufügen. So zitiert Benedikt hier die Bergpredigt. In ihr zeigt uns Jesus einen Weg, den Riss, der durch die menschliche Gesellschaft geht, durch Liebe zu heilen.

Aber auf diesem Weg wird der Mensch wie Jesus dem Kreuz begegnen, dem Kreuz der Einsamkeit und Verlassenheit, dem Kreuz des Schmerzes und der Verspottung. Entscheidend ist das letzte Wort Benedikts. Wir sollen die segnen, die uns fluchen. Indem wir Gutes über sie sagen, sollen wir das Böse, das sie zum Fluch treibt, verwandeln. Darum geht es Benedikt in der vierten Stufe der Demut, dass wir das Unrecht in die göttliche Gerechtigkeit verwandeln, das Böse in das Gute, den Schmerz in die Liebe, den Fluch in den Segen, die Dunkelheit des menschlichen Herzens in das Licht göttlicher Herrlichkeit. Der Verwandlungsweg ist für uns schmerzlich, aber er führt auch zu einem neuen Miteinander in der menschlichen Gemeinschaft. Ja, er wird auch unsere Beziehung zur Schöpfung verwandeln. Er wird die göttliche Liebe in die dunklen Bereiche der Schöpfung eindringen lassen.

G, 357

ARME REICHE MENSCHEN

Die ärmsten Menschen wohnen in den reichen Ländern. Sie essen zu viel, trinken zu viel, sind immer umgetrieben. Sie kennen keine Ruhe und keinen Frieden. Wenn nichts zu tun ist, wenn nichts los ist, nichts Sensationelles passiert, langweilen sie sich zu Tode. Sie haben alles, nützen alles aus und nehmen alles mit. Aber sie können nichts mehr einfach genießen. Sie können sich nicht mehr ohne Hintergedanken freuen. Bei allem, was sie tun, geht es um Geld. Sie zahlen für alles, sogar für gute Beziehungen. Sie verschmutzen die Luft, die sie einatmen. Sie verschmutzen das Wasser, das sie trinken. Sie verschmutzen ihr eigenes Nest.

Die reichsten Menschen sind oft die ärmsten Menschen. Sie können nicht mehr glücklich sein. Sie sind nicht mehr empfänglich für die einfachen Freuden des Lebens. Die äußere Vitalität, wie sie die Erlebnisindustrie produziert, übertüncht nur die totale Ohnmacht von Menschen, deren Bauch voll, deren Herz leer und deren Geist verwirrt ist.

Arme reiche Menschen! Wir brauchen Befreiung. Erlösung von Langeweile, Verwirrung und Verzweiflung. Diese Erlösung kommt nicht aus der Apotheke. Sie liegt in der Umkehr zur Einfachheit und Armut, im Freiwerden von der Versklavung an Macht und Besitz. Wer das Glück hat, an Gott zu glauben, für den ist der Weg auf Ostern hin ein Weg zur Befreiung. B, 119

ABSCHIED

Als ein Schüler sich vom Meister verabschiedete, um zu seiner Familie und seinem Geschäft zurückzukehren, bat er um etwas, das er mitnehmen könnte.

Sagte der Meister:

»Bedenke folgende Dinge:
Nicht das Feuer ist heiß,
sondern du, der du es so empfindest.
Nicht das Auge sieht, sondern du.
Nicht der Zirkel macht den Kreis, sondern der Zeichner.«

~

Sagt ein enttäuschter Besucher: »Warum hat mein Aufenthalt hier keine Früchte getragen?«

»Könnte es sein, weil es dir an Mut fehlte, den Baum zu schütteln?«, sagte der Meister gütig.

~

»Was ist an diesem Menschen so originell?«, fragte ein Gast.

»Alles, was er dir gibt, ist ein Haschee von Geschichten, Sprichwörtern und Aussprüchen anderer Meister.«

Eine Schülerin lächelte. Sie hatte einmal eine Köchin, sagte sie, die das wunderbarste Haschee der Welt zubereiten konnte.

»Wie um alles in der Welt bereiten Sie es zu? Sie müssen mir das Rezept geben.«

Die Köchin strahlte vor Stolz und sagte: »Also, Madam, ich will es Ihnen sagen: Das Fleisch ist's nicht, der Pfeffer ist's nicht, die Zwiebeln sind's nicht, aber wenn ich mich selbst in das Haschee hineingebe – das ist's, was es zu dem macht, was es ist.« M, 395

BEBEN DER SEELE –

Gesunder Lebensstil

Wer sich über lange Zeit auf eine gesunde Tagesordnung einlässt, kann erfahren, wie sie Leib und Seele in gleicher Weise guttut. Das benediktinische »Ora et labora« meint letztlich, dass ein gesundes geistliches Leben nicht ohne gesunden Lebensstil möglich ist. Der gesunde Lebensstil bezieht sich auf die richtige Einteilung der Zeit, aber auch auf die Art, wie wir die wesentlichen Dinge unseres Tages tun. Er bezieht sich z. B. auf die Körperhaltung bei der Arbeit. Sind wir da verkrampft, oder haben wir ein Gespür für unsere Mitte, aus der heraus wir dann arbeiten? Welche Gedanken und Gefühle begleiten uns bei der Arbeit? Lassen wir ihnen freien Lauf, oder beeinflussen wir sie bewusst positiv? Sind wir auch bei der Arbeit mit Gott verbunden, oder sind wir irgendwo anders mit unserem Herzen? Sind wir gegenwärtig, ganz im Augenblick oder zerstreut, ausgegossen?

Der Lebensstil bezieht sich ferner auf die Rituale, mit denen wir den Tag gestalten. Es gibt gesunde und ungesunde Rituale, mit denen wir den Tag formen. Es gibt das ungesunde Ritual, morgens sich mühsam aus dem Bett zu quälen und in Hast das Frühstück herunterzuschlingen. Und es gibt das gesunde Ritual, bewusst aufzustehen, seinen Tag mit einem kurzen Gebet zu beginnen und sich zu freuen an allem, was man bewusst tut. In unseren persönlichen Ritualen finden wir unsere Identität, da können wir uns wohl fühlen, daheim.

Ein gesundes geistliches Leben braucht eine klare Form, einen gesunden Lebensstil. Sonst ist es zu sehr unserem Willen ausgeliefert. Und dann fühlen wir uns ständig überfordert. Das geistliche Leben braucht eine Form, in der es sich entfalten kann, und nicht immer neue Willensentschlüsse, mit denen der Mensch oft gewaltsam gegen sich vorgeht und dann häufig mit einem permanent schlechten Gewissen herumläuft. Das schlechte Gewissen ist nie ein guter geistlicher Ratgeber. Ein gesunder Lebensstil lässt das geistliche Leben wachsen und wirkt so heilend auf Leib und Seele. G, 354

ENTLASTUNG, NICHT ENTSCHULDIGUNG

Siegfried Lenz sagte: »Schuld ist etwas so Allgemeines wie die Sonnenfinsternis.« Wir können ihr nicht entrinnen, wir haben alle daran teil. »Wir sind alle irgendwie mitschuldig und müssen füreinander einstehen, weil wir im selben Netz hängen« (Lorenz Wachinger). Wir müssen uns heute auch der politischen und wirtschaftlichen Schuld stellen und sie verarbeiten. Erlösung von unserer Schuld heißt nicht einfach, dass wir die Augen vor eigener und fremder Schuld verschließen. Der Glaube, dass Christus uns erlöst hat, hilft uns vielmehr, unsere Schuld ehrlich einzugestehen und anzuschauen. Nur so kann auch heute Schuld aus der Welt geschafft werden. Erlösung bedeutet »die Befreiung von dem Druck der Schuld .... nicht nur konkreter und wohl bewusster Verfehlungen, sondern von dem lähmenden Verstricktsein in Unüberschaubares« (L. Wachinger). Das Wissen um unsere Erlösung aus der Schuld gibt uns also den Mut, eigene und fremde Schuld wahrzunehmen und zu bearbeiten. Es gibt uns auch die Freiheit, uns von unserer Schuld zu distanzieren.

Anstatt ständig mit Selbstvorwürfen um unsere Schuld zu kreisen, können wir den Altvater Antonius nachahmen, von dem es heißt: »Er ließ sich nie eine Sache gereuen, die vorbei war.« Der Glaube an die Erlösung befreit mich von der Fixierung auf meine Schuld. Ich schaue nicht auf mich, sondern auf Christus, der mir die Sündenvergebung zuspricht und der am Kreuze sterbend sich mit meiner Schuld identifiziert, um sie aus der Welt zu schaffen. Der glaubende Blick auf Christus am Kreuz gibt mir die Freiheit, meine Verfehlungen und Sünden loszulassen. Was vorbei ist, ist vorbei. Ich muss mich nicht rechtfertigen. Die Vergebung gibt mir die Freiheit, im Vertrauen auf Gott nach vorne zu schauen. [...]

Dabei erleben wir heute als psychologisch geprägte Menschen Schuld nicht als Übertretung von Geboten, sondern als Lebensverweigerung, als Denkfaulheit, als Unehrlichkeit, als Blindheit. G, 203

BEBEN DER SEELE –

Sich verwunden lassen, trauern, lieben

Im Weinen lässt der Mensch Schmerz und Leid an sich heran, in sich hinein. Heute versucht man mit allen Mitteln, Unlust und Leid zu meiden. Man schirmt sich dagegen ab. Es wird als Bedrohung für das innere Gleichgewicht empfunden. Doch das führt »unweigerlich in die Gefühlsverflachung und Lebensverarmung« (Hildegund Fischle-Carl).

Der Mensch, der unfähig ist zu leiden, wird auch unfähig, sich zu freuen. »Wo nichts mehr erlitten wird, gibt es auch kein großes Glück. Langeweile und Leere sind die Folge, Surrogatsuche ist der nächste Schritt« (Fischle-Carl). Wer dem Schmerz aus dem Weg geht, wird auch unfähig zu lieben. Denn lieben kann nur, wer sich verwunden lässt. Im Weinen öffnet sich der Mensch dem Schmerz, nicht um ihn zu genießen, sondern um sich von ihm treffen zu lassen, um ihn in sich hineinzunehmen und zu verarbeiten. Die Psychologie spricht von Trauerarbeit und bedauert, dass die Menschen immer unfähiger werden zu trauern. Im Trauern wird der Schmerz verarbeitet, integriert, aufgelöst und so geheilt.

G, 151

Mich meinen Tränen überlassen

Jede therapeutische Behandlung kennt das Stadium des Weinens. Eine Analyse hilft dem Patienten nicht, wenn sie ihm nur die Ursachen für seine Neurose bloßlegt. Das reine Wissen kann der Patient wieder als Abwehr dagegen benutzen, sich dem eigentlichen Problem stellen zu müssen. Eine Einsicht, die ich habe, nützt mir nichts. Erst wenn sie über mich hereinbricht, kann sie mich heilen. Ohne emotionale Beteiligung ist keine Änderung des menschlichen Verhaltens möglich. Erst wenn der verdrängte Schmerz ins Herz darf, kann der Mensch auf die Ersatzschmerzen verzichten, die er sich zulegt, um sich vor dem eigentlichen Schmerz zu schützen. Jung sagt: »Die Neurose ist stets ein Ersatz für legitimes Leiden.« Wenn der Mensch dem ihm zugemuteten Leiden aus dem Weg geht, flüchtet er sich in die Krankheit. Die Heilung kann erst beginnen, wenn er den verdrängten Schmerz, das abgelehnte Leiden zulässt.

Dieses Zulassen ist zumeist mit heftigem Weinen verbunden. Weinen entlastet den Menschen von den angestauten Gefühlen, die nach außen drängen. Tränen lindern den Schmerz. Man weint sich frei von seinen Schmerzen. Weinen wird zur einzigen Möglichkeit, einen Schmerz, der einen zu überwältigen und zu überfordern scheint, auszuhalten und auf ihn zu antworten. Der Mensch weiß keine andere Antwort mehr, weder in Worten noch in Gebärden, als sich dem Weinen zu überlassen, sich weinend loszulassen und so den Schmerz zuzulassen und ihn zugleich aufzulösen, abzuleiten. Weinen erleichtert, lindert, heilt. Die Tränen werden auf einmal befreiende, erlösende, selige Tränen. Der Schmerz schlägt um in Freude. Der Mensch erfährt in seinem Innersten ein Heilsein, das auch durch den Schmerz nicht mehr bedroht werden kann, eine Freude, an die Enttäuschungen und Misserfolge nicht zu rühren vermögen. Es ist das Heil Gottes, das alles menschliche Unheil besiegt.

G, 150

12. MÄRZ

Beben der Seele –

Hoffnung

»Mein Leben ist ein Scherbenhaufen«, sagte der Besucher. »Meine Seele ist mit Sünde befleckt. Gibt es noch Hoffnung für mich?« – »Ja«, sagte der Meister. »Es gibt etwas, wodurch alles Zerbrochene wieder verbunden und jeder Makel weggewischt wird.«

»Was?«

»Vergebung.«

»Wem vergebe ich?«

»Jedem: dem Leben, Gott, deinem Nächsten – vor allem dir selbst.«

»Wie geschieht das?«

»Durch Verstehen, dass niemand zu beschuldigen ist«, sagte der Meister. »NIEMAND.«

~

Der Meister zitierte einmal den berühmten Satz aus der »Bhagavadgita«, in dem der Herr den Jünger anspornt, sich in die Schlacht zu stürzen und ein ruhiges Herz zu Füßen der Lotosblume des Herrn zu bewahren.

Ein Schüler fragte: »Wie kann ich das erreichen?«

Sagte der Meister: »Entschließe dich dazu, mit *jedem Ergebnis* deiner Anstrengungen zufrieden zu sein.« M, 394

Über jedem Leben hängt ein Kreuz

Warum so viel Leid, so viel unbegreifliches Leid? Vielleicht auch bei dir zu Hause, in deinem Herzen. Leid, über das du nicht sprechen magst, weil es schon seit Jahren in deinem Innersten nagt. Leid, das du nicht herausgefordert hast. Unglück, das dich verfolgt, Schicksalsschläge, die dich treffen. Eine gescheiterte oder erkaltete Ehe. Langwierige Krankheit ohne große Aussicht auf Heilung. Sorgen, Enttäuschungen, Verständnislosigkeit, Undankbarkeit, jahrelanger Streit in der Familie. Eine Beleidigung, ein böses Wort, eine Gemeinheit, weswegen du nachts nicht schlafen kannst. Vielleicht eine große Einsamkeit auf deine alten Tage.

Über jedem Leben hängt ein Kreuz. An jeder Tür warten Leid und Tod. Wenn du dich empörst, wächst die Verbitterung wie ein schreckliches Geschwür in deinem Herzen. Und das Kreuz wird noch schwerer. Wir haben keine Wahl. Wir müssen uns beugen vor dem Geheimnis des Leidens, vor Gott, dem Einzigen, der selbst in unseren dunkelsten Nächten noch Sterne scheinen lassen kann. B, 113

Unsere inneren Feinde als Freunde behandeln

Wie können wir unseren beiden inneren Feinden, dem Begehren und dem Groll, Freund sein? Indem wir uns anhören, was sie sagen. Das Begehren sagt: »Ich habe viele unerfüllte Wünsche«, und der Groll: »Wer liebt mich denn wirklich?« Statt unser Begehren und unseren Groll als unerwünschte Gäste abzuweisen, sollten wir zugeben, dass unser angstvolles, getriebenes Herz Heilung braucht. Unsere Ruhelosigkeit fordert uns auf, zu der wahren inneren Ruhe zu gelangen, in der Begehren und Groll in eine tiefere Form von Liebe umgewandelt werden können.

Begehren und Groll bergen viel ungenutzte Energie. Wird diese Energie wahrer, aufrichtiger Liebe zugeleitet, so können wir nicht nur uns selbst, sondern auch diejenigen umwandeln, die sonst die Opfer unseres Begehrens und unseres Grolls wären. Dazu bedarf es der Geduld, doch es ist möglich. N, 46

EINE KATASTROPHE

Der Meister hielt den Menschen immer wieder ihre roboterhafte Lebensweise vor Augen: »Wie kannst du dich Mensch nennen, wenn jedes Denken, jedes Fühlen und Handeln mechanisch vor sich gehen und nicht aus dir selbst kommen, sondern deiner Beeinflussung oder deinem Programmiert-Sein entspringen?«

»Kann etwas dieses Programmiert-Sein durchbrechen und uns davon loslösen?«, fragte ein Schüler.

»Ja, Bewusstheit.«

Und nach kurzem Nachdenken fügte er hinzu: »Und eine Katastrophe.«

»Eine Katastrophe?«

»Ja. Ein sehr englischer Engländer erzählte mir einmal, dass er nach einem Schiffbruch mitten im Ozean mit einem anderen Engländer eine ganze Stunde lang im Meer geschwommen war, bis es ihm endlich gelang, sich von seinem Programmiert-Sein zu befreien und ihn anzusprechen, ohne vorgestellt zu sein!«

»Was sagte er?«

»Er sagte: Entschuldigen Sie, dass ich Sie so anspreche, ohne vorgestellt worden zu sein, aber ist das die Richtung nach Southampton?«

M, 88

Bald kommt der Frühling

Jeden Morgen dankbar sein für den neuen Tag! Oder hast du Angst vor dem Leben? Fällt es dir zu schwer? Gehst du jeden Abend ins Bett mit einem Seufzer: »Gott sei Dank, wieder ein Tag vorbei!«? Vielleicht langweilst du dich zu Tode, alles kommt dir nutzlos und sinnlos vor. Vielleicht hat dir der Fernseher alle Phantasie, alle Unternehmungslust und Geselligkeit gestohlen. Vielleicht möchtest du dauernd Spaß und Unterhaltung, die dich doch nicht fröhlicher machen.

Du bist kein Mensch mehr, wenn du unter dem Druck der herrschenden Mentalität und Verhältnisse zu einem Wesen geschrumpft bist, das nur noch produziert, Geld verdient und Geld verbraucht. Es blühen keine Blumen mehr für dich, denn du siehst sie nicht. Es spielen keine Kinder mehr, dafür hast du kein Auge. Menschen lachen nicht mehr mit dir, weil du für sie tot bist. Es gibt keine Ruhe, keinen Frieden, keine Freude mehr, weil jegliche Liebe in deinem Herzen abgestorben ist.

Du suchst das Glück, wo es niemals zu finden ist: in leblosen, sinnlosen Dingen, die dich nie befriedigen. Verändere dich von innen her, kehr um! Werde wieder Mensch. Denn jeden Morgen geht die Sonne auf, bald kommt der Frühling. Und du merkst nichts davon? B, 72

Versöhne dich mit dem Leben

Wieder sah ich einen Mann schrecklich leiden unter dem unwiderruflichen Verlust seiner Frau. Er erinnerte mich an einen anderen, der vor einiger Zeit bei mir saß wie ein Granitblock, mit versteinertem Gesicht. Die Worte, die er mit Pausen hervorstieß, klangen wie ein Fluch: »Das darf nicht wahr sein: meine Frau – tot. Verunglückt. Es geht nicht ohne sie. Ich kann nicht. Ich mache Schluss.«

»Versuche dich zu versöhnen«, sagte ich leise. »Ich will nicht, ich kann nicht, ich mache Schluss.«

Manchmal kann Leben für Menschen entsetzlich sein. Arthur Miller schreibt in einem seiner Theaterstücke: »Ich träumte, dass mein Leben ein Kind von mir war. Aber es war verunstaltet, mongoloid, und ich lief weg. Immer wieder kroch es mir auf den Schoß, bis ich dachte: Wenn ich es küssen kann, kann ich vielleicht schlafen. Und ich bog meinen Kopf über sein verzerrtes Gesicht, es war schrecklich ... aber ich küsste es.«

Ja, ich glaube: Am Ende musst du dein Leben in die Arme nehmen, so wie dein Leben ist, und musst dich damit versöhnen, so hart und schwer das auch ist. Aber wenn du es geküsst hast, wird es anders, erträglicher. Mach dir keine Illusionen. Glück ist keine Dauervorstellung im Theater des Lebens. Tiefes Glück kommt und geht und dauert meist nicht lang. In der übrigen Zeit heißt es: daran denken und darauf warten! Versöhne dich mit dem Leben, so wie es ist. Heute. Jetzt. Um das bisschen Glück, das auf dich wartet, nicht zu verfehlen. B, 101

Beben der Seele –

STEH AUF – ICH WILL MIT DIR REDEN! (1)

Kartage in St. Ulrich ... mit vierzig Jugendlichen und jungen Erwachsenen der Landjugend erleben und feiern wir die Kar- und Ostertage. Am Vormittag des Karfreitags haben wir uns mit unserer eigenen Schuld konfrontiert: Wann habe ich Jesus ans Kreuz genagelt? Wo habe ich mich dem Leben gegenüber versündigt? An wem bin ich schuldig geworden?

In der Gruppe ist eine nachdenkliche Stimmung, jeder spricht ein wenig leiser als sonst, aber es wird ohnehin nicht mehr allzu viel gesprochen. Es ist nicht notwendig im Moment. Jeder ist bei sich und bei seinem Gott.

Auch in mir ist Trauer – ich trauere um nicht gelebtes Leben, trauere um verpasste Chancen, trauere um das, was ich falsch gemacht habe, um das, womit ich anderen nicht gerecht geworden bin.

Beim Klang der Holzratschen, die zur Karfreitagsliturgie rufen, läuft es mir kalt den Rücken hinunter. Die Hände in den Anoraktaschen vergraben, gehe ich einige Schritte seitwärts – ich mag jetzt nicht reden und mag jetzt nicht angesprochen werden.

Das Kircheninnere wirkt dunkel, dunkler als sonst an einem wolkenverhangenen Tag, der Altar ist schmucklos, die Orgel schweigt. Ich fühle mich einsam, obwohl Freunde neben mir stehen. Zu genau sind mir die Situationen bewusst, in denen ich meinen Gott verlassen habe.

Beten und bitten – das kommt tief aus mir heraus. Und ich beneide den Priester, der vor dem Altar auf dem Boden liegt, weil ich ahne, dass dies die Körperhaltung wäre, die dem, was ich jetzt meinem Gott sagen möchte, am ehesten entspricht. Doch ich bin in meiner Bank eingezwängt, stehe und knie – und spüre, mir fehlt etwas.

S3, 21f

STEH AUF – ICH WILL MIT DIR REDEN! (2)

Es ist Nacht geworden. Drüben im Haus werden noch Beichtgespräche geführt. Ich ziehe mir einen dicken Pullover über, hole die Taschenlampe aus dem Auto und gehe in die Kirche, die dunkel und ruhig dasteht. Im Schein der Lampe taste ich mich durch den Altarraum, die Stufen hinunter und setze mich in eine der Kirchenbänke. Ich knipse die Lampe aus ... Dunkelheit umfängt mich, nur langsam gewöhnen sich die Augen, erkennen Fenster und Altar. Das ewige Licht flackert, ein kleiner verlässlicher Lichtpunkt. Geräusche dringen an mein Ohr, das Knacken der Heizung, das Schlagen der Uhr, Autotüren knallen zu. In mir wird es ruhiger, ich denke »Gott« und »du, hier bin ich«, lege mein Gesicht in die Hände. Und »sprich – ich bin bereit zu hören«.

Nach einigen Minuten stehe ich auf, trete auf den Mittelgang hinaus. Ich versuche, bewusst zu stehen, in Kontakt mit dem Boden zu kommen. Aufrecht stehen ... vor meinem Gott. Ich spüre, es geht noch nicht. Ich kann noch nicht vor diesem Gott stehen.

Zögernd kauere ich mich auf den Boden. Flüchtig geht mir der Gedanke an den Schmutz durch den Kopf, aber schließlich liege ich auf dem kalten Steinfußboden, den Kopf in den Armen vergraben. In mir ist Aufruhr und Ruhe zugleich. Und nur langsam und mühsam finde ich Worte an diesen Gott. Vielleicht fühle ich diese Worte auch nur ... aber dieser Gott, diese Kraft des Lebens, ist mir ganz nahe. In mir wird es ruhig, die angespannten Muskeln entspannen sich – ich anerkenne die Größe dieses Gottes, vor dem ich auf dem Boden liege. S3, 22f

Steh auf – ich will mit dir reden! (3)

Das Wort fällt mir ein, das Gott zu dem Propheten Ezechiel sagte: »Steh auf, ich will mit dir reden!« Gott ist nicht darauf angewiesen, dass die Menschen vor ihm im Dreck liegen. Er will nicht von oben herab Befehle erteilen, will keinen blinden Gehorsam, keine Menschen, die sich klein machen. »Steh auf, ich will mit dir reden!« Gott will den Menschen als Partner, und wenn er mit ihm spricht, will er ihm in die Augen schauen dabei. Kann ich mich anschauen lassen von diesem Gott? Hält mein Blick stand?

Mühsam stehe ich auf, die Knochen schmerzen, der Boden war hart und kalt. Ich versuche, gerade zu stehen, meinen Standpunkt zu finden. Mich von Gott anschauen zu lassen, fällt schwer. Und doch spüre ich zugleich etwas von der Freude in mir, dass dieser Gott mich ernst nimmt, dass dieser Gott auch mich meint, dass er mich so meint, dass er mir in die Augen sehen will. Vor meinem Gott stehen, zu meinem Gott stehen – denn dieser Gott steht zu mir. Langsam gehe ich dem Altar entgegen, bleibe stehen, fühle ein ganz tiefes »Danke« in mir. Eigene Worte habe ich nicht in diesem Moment ... so nehme ich Zuflucht zu den Worten, die Jesus schon seine Jünger gelehrt hat: »Vater unser ...«

In dieser Nacht bin ich in meiner Trauer getröstet worden ...

S3, 23f

In Kontakt zur Quelle des Lebens

Das Geheimnis seines Leidens und Sterbens und seines Hinübergangs zum Vater im Tod und in der Auferstehung deutet Johannes zuerst in den Kapiteln 13–17, bevor er es dann in den Kapiteln 18–21 beschreibt. Leiden und Tod Jesu sind die letzte Konsequenz seiner Menschwerdung. Gottes Herrlichkeit hat sich so tief zu den Menschen herabgelassen, dass sie sich selbst in seinen Tod hineinbegibt. Die Fußwaschung zeigt, dass sich Jesus im Tod bis zu den schmutzigen Füßen des Menschen hinabbeugt, um ihn von Grund auf rein zu machen. Er beugt sich bis zu seiner Sünde hinab, um auch sie durch seine Liebe abzuwaschen. In den Abschiedsreden lässt uns Jesus noch einmal in das Geheimnis seines Wesens schauen.

Da entfaltet er das neue Sein, das er uns durch seinen Tod und seine Auferstehung geschenkt hat. In seinem Tod ist Jesus leibhaft von uns gegangen. Aber er lässt uns nicht als Waisen zurück. Er schenkt uns seinen Geist. Und in diesem Geist werden wir ihn sehen. »Ihr aber seht mich, weil ich lebe und weil auch ihr leben werdet. An jenem Tage werdet ihr erkennen: Ich bin in meinem Vater, ihr seid in mir, und ich bin in euch« (14,9). In diesem Wort sagt uns Jesus, wer wir durch ihn geworden sind. Wir sind lebendig geworden. Leben war ein Schlüsselwort der Gnosis. Nach Leben haben sie sich gesehnt, nicht nach dem reduzierten Leben, nach dem Scheinleben, sondern nach echtem Leben, nach Leben in Fülle. Dieses Leben Jesu ist in uns. Wir werden leben durch seinen Geist. Wenn ich dieses Wort in mich hineinfallen lasse, dann erfahre ich mich neu, dann entdecke ich erst meine innere Lebendigkeit. Ich komme in Kontakt zur Quelle des Lebens in mir. Und der Kern dieser Lebendigkeit ist das: »Ihr seid in mir, und ich bin in euch.« Dieses Wort kann man nicht mehr erklären. Man muss es zu schmecken versuchen, wie es die Mönche in der »Lectio divina« empfehlen, dann erlebt man sich neu, dann geht einem das Geheimnis des eigenen Seins auf.

G, 73

Beben der Seele –

Du wirst sterben und neu leben

»Du wirst auferstehen!« Das ist Ostern. Eine unglaubliche Botschaft, eine phantastische Freude. Moderne Philosophen sagen: »Du wirst sterben.« Dein Äußeres bricht zusammen. Der Tod ist ein absolutes Ende, das Leben darum sinnlos, absurd. Aufstehen, essen, Bus, vier Stunden arbeiten, essen, vier Stunden arbeiten, Bus, essen, schlafen, Montag bis Freitag, immer derselbe Rhythmus. Farblos, freudlos, hoffnungslos. Letztlich wäre das einzige Lebensproblem der Selbstmord.

Und doch ist man im Innersten nicht einverstanden mit der grausamen Sinnlosigkeit eines endgültigen Totseins. Biologisch betrachtet, ist Sterben das natürliche Ende eines natürlichen Lebensprozesses. Aber du spürst, dass im Innern deines Lebens etwas gegenwärtig ist, das dir anders und tiefer zu eigen ist als dein Leib.

Du wirst sterben, aber du wirst wieder leben. Du wirst auferstehen. Wenn du das glauben kannst, wird es dich so überwältigen, dass du vor Freude tanzen und springen möchtest. Deine Tage werden neu werden. Die Sonne wird scheinen. Die Menschen werden lachen und froh sein. Du hast ein Stück wieder gefunden vom verlorenen Paradies. B, 123

Ohne Fallen kein Auferstehen

Kennst du ein einziges Leben, das niemals von Kreuz und Leid gezeichnet wurde? Einen Menschen, der nicht Schmerz erfahren hätte? In jedem Leben gibt es Zeiten der Last und Sorge, der Nacht und Finsternis, der Angst und Verzweiflung, aber auch Zeiten voll Freude und Sonnenschein, voll Frieden und Ruhe, Augenblicke voller Seligkeit. In jedem Menschenleben gibt es dunkle Tage, Karfreitage, Tage des Kreuzes, ob du gläubig bist oder nicht.

Wenn du in solchen Tagen nicht in Verbitterung versinkst, in Wut und Verzweiflung, wirst du Licht von Ostern erleben. Tage der Auferstehung, neues, erfüllteres, freieres Leben. Ich bin überzeugt, dass Kreuz und Leid tiefen Sinn haben. Sie machen reifer, geläutert, frei von vielem Wertlosen. Meist ist es so: Was zuerst wie eine Katastrophe aussah, hat sich später, oft sehr viel später, als Gnade herausgestellt.

Mit dem Menschen ist es wie mit der Natur: Auf und Ab, Tag und Nacht, Frühling und Herbst, Ebbe und Flut. Wer nie Kummer erlebt, wird nie tiefere Freude erfahren. Am Boden, am Ende sein – wer das nicht kennt, weiß nichts von Aufstehen, ohne Fallen kein Auferstehen. Wenn du gläubig bist, sage ich dir noch dies: Alles erhält seinen tiefsten Sinn dadurch, dass Jesus von Nazaret diesen Weg selbst gegangen ist: den Weg von Karfreitag nach Ostern. B, 122

Passionszeit – oder: Wir dürfen Probleme haben

In den letzten beiden Wochen vor Ostern tritt die Passion Jesu in den Blickpunkt. Drei Gründe sind es, die die Kirche bewegt, uns einzuladen, das Leiden Jesu zu betrachten. Der erste Grund liegt darin, dass der Mensch gerne vor dem Leiden flieht. Doch zum Menschsein gehört notwendigerweise das Leiden an seiner endlichen Existenz, an seinen Grenzen und Schwächen, an seiner Sterblichkeit. Doch viele wollen nicht wahrhaben, dass sie endlich sind. Sie gebärden sich wie Gott. Darin besteht die Ursünde, sein zu wollen wie Gott, allmächtig, sich selbst genug, unangefochten. Aus dieser Ursünde entsteht alles Unheil. Jetzt muss sich einer vor dem anderen verstecken, weil er doch nicht Gott ist, sondern nackt. Jetzt muss einer auf den andern neidisch werden und ihn aus dem Weg räumen, um an seiner eigenen Größe festhalten zu können wie Kain. Die Kirche führt uns in der Passionszeit den leidenden Gott vor Augen, damit wir von unserem Größenwahn lassen, sein zu wollen wie Gott. Dieser Größenwahn führt nicht bloß zu immer neuer Sünde, sondern auch in die Krankheit. [...]

In eine Angstneurose gerät einer, der meint, immer der Beste und Größte sein und alles perfekt machen zu müssen. Es lassen sich heute viele Ersatzleiden beobachten. Einer leidet an Magengeschwüren, weil er es nicht aushalten kann, dass die Welt sich nicht nach seinen Vorstellungen richtet und weil er den Ärger über diese Enttäuschung in sich hineinfrißt. Ein anderer erleidet einen Herzinfarkt, weil er vor sich selbst davonläuft und sich in ständige Aktivität flüchtet. Alle Fluchtwege vor dem Leiden führen nur zu neuen Leiden, zu Ersatzleiden. In der Passionszeit schauen wir auf das Leiden Jesu, um uns damit auszusöhnen, dass wir endlich und schwach sind, von anderen angefeindet und bedroht, dass unser Leben auf den Tod zuläuft. G, 122

Das Geheimnis des Todes Jesu

Wenn Jesus selbst daran gedacht hätte, dass er die Menschen durch seinen Tod erlösen müsse, dann wäre es ja sinnlos gewesen, weiter die Umkehr zu predigen und weiterhin die Vergebung der Sünden zu verkünden und auch selbst den Menschen zuzusprechen.

Dennoch muss sich Jesus auch Gedanken über seinen Tod gemacht haben. Denn als die herrschenden Kreise ihn ablehnten und als er Zeuge für die Ermordung Johannes des Täufers wurde, musste er damit rechnen, dass auch er ein solches Schicksal erleiden werde. Manche tun sich mit solchen Gedanken schwer. Sie meinen, Jesus als Gottessohn habe immer und zu jeder Zeit genau gewusst, wie sein Leben verlaufen und dass er für die Sünden der Menschen sterben werde. Doch Jesus war Gott und Mensch zugleich, und er war als Gottes Sohn ganz Mensch. Und mit dem Verständnis des Konzils von Chalzedon von der Verbindung der beiden Naturen Gott und Mensch ist es nicht zu vereinbaren, dass Jesus als Mensch den menschlichen Gesetzen wachsender Bewusstwerdung enthoben gewesen wäre. Es ist letztlich immer ein Geheimnis, Gott und Mensch in Jesus zusammenzudenken. Aber wir müssen ernst nehmen, dass er ganz Mensch war. Als dieser Mensch, der sich menschlich entwickelt hat, der als Kind noch nicht wusste, was ihm am Ende seines Lebens blühen würde, ist Jesus zugleich wahrer Gott.

Wir werden nie eindeutig klären können, wie Jesus seinen Tod verstanden hat. Da steht das Urteil von H. Patsch, dass Jesus seinen Tod als Selbsthingabe für die Völkerwelt verstanden habe, der Meinung von Kurt Niederwimmer gegenüber, »dass man sich die Möglichkeit nicht verschleiern dürfe, dass Jesus in der Verzweiflung gestorben sei« (in: Joachim Gnilka, Wie urteilte Jesus über seinen Tod?, in: Karl Kertelge [Hg.], Der Tod Jesu. Deutungen im NT. Freiburg i. Br. [2]1982, 14).

G, 130

Jesu Kreuz und Tod – Klarstellungen (1)

Die Frage ist, wie wir die Erlösung von der Schuld verstehen sollen. Was hat die Vergebung mit Jesu Tod am Kreuz zu tun? Wie kann ein vergangenes Ereignis uns Vergebung vermitteln? Gott ist – so sagt uns das Matthäusevangelium – immer der Barmherzige, der uns die Schuld vergibt. Er wendet sich in Jesus, seinem Sohn, auf besondere Weise den Sündern zu. Diese Zuwendung zu den Sündern erreicht im Tod Jesu ihren Gipfelpunkt. Gott braucht nicht den Tod Jesu, um uns vergeben zu können. Er vergibt, weil er uns liebt. Warum aber verbindet dann Matthäus und nach ihm die westliche Theologie die Vergebung der Sünden mit dem Tod Jesu?

Für mich geht es am Kreuz nicht um die Frage, wie Gott vergibt, sondern wie ich als einer, der sich schuldig fühlt, an Gottes Vergebung glauben kann. Der Tod Jesu am Kreuz ermöglicht es mir, an die Vergebung zu glauben. Wenn ich auf Jesus sehe, der selbst seinen Mördern noch vergibt, dann darf auch ich vertrauen, dass Gott mir meine Schuld nicht anrechnet. Dabei ist das Kreuz jedoch mehr als nur die psychologische Ermöglichung, an die Erlösung zu glauben. Im Kreuz drückt Gott vielmehr seine bedingungslose Liebe zu uns aus. Wir können nicht sagen, dass das Kreuz die Vergebung erst bewirkt, denn Gott vergibt immer und überall, aber das Kreuz drückt die Vergebung Gottes so aus, dass sie uns erreicht. Karl Rahner spricht hier von der Selbstmitteilung Gottes. Gott teilt sich in seiner vergebenden Liebe im Tod seines Sohnes am Kreuz uns mit. In einem geschichtlichen Ereignis, in dem Tod auf Golgota, lässt Gott seine vergebende Liebe sichtbar für alle Menschen erscheinen und vermittelt durch dieses Geschehen den Menschen die Vergebung ihrer Sünden.

G, 131

Jesu Kreuz und Tod – Klarstellungen (2)

Wir müssen uns vor dem magischen Missverständnis hüten, als ob der Tod Jesu notwendig war, damit Gott uns vergeben könne. Gottes vergebende Liebe ist absolut. Sie hat nichts nötig, schon gar nicht den Tod seines geliebten Sohnes. Gott hat schon vor dem Tod Jesu am Kreuz Menschen ihre Sünden vergeben. Gott braucht den Tod seines Sohnes nicht, aber offensichtlich braucht der Mensch das Bild des Kreuzes, um an die Vergebung durch Gott glauben zu können. Er hat von seiner leibseelischen Struktur her die Vermittlung der Vergebung durch den Tod Jesu nötig. Seine Selbstverurteilung hindert ihn daran, an die Vergebung zu glauben. Es genügt ihm nicht, wenn wir ihm sagen, Gott sei barmherzig, er würde ihm schon vergeben. Das hört er zwar, aber es dringt nicht in sein schulderfülltes Herz. Und vor allem hebt es nicht die unbewusste Selbstablehnung auf und befreit ihn nicht von der Selbstzerfleischung durch Schuldgefühle.

Der Psychologe Paul Tournier erzählt einmal, dass er bei einem Patienten seine falschen, durch zu strenge Erziehung verursachten Schuldgefühle aufgearbeitet hat. Doch dann stieß er auf wirkliche Schuld. Er wies den Patienten auf die Barmherzigkeit Gottes hin. Doch der rief aus: »Alles muss bezahlt werden!« Offensichtlich ist tief in der menschlichen Seele dieses Gesetz eingeschrieben, dass die Schuld nicht einfach durch einen äußeren Spruch vergeben werden kann, sondern dass sie bezahlt werden muss. Die Frage ist, woher dieses unbewusste Gesetz kommt. Wir dürfen daraus kein theologisches Prinzip machen, als ob Gott die Schuld nur vergeben könne, wenn sie bezahlt würde, wie das die mittelalterliche Theologie gemeint hat. Aber wir können darin Gottes Weisheit entdecken. [...] Der Blick auf Jesus, der selbst seine Mörder noch liebt, kann uns von der tief in uns sitzenden Selbstverurteilung befreien und uns einen Glauben an die Vergebung ermöglichen, den nicht nur der Verstand, sondern auch das Herz, ja sogar das Unbewusste noch mit vollziehen kann.

G, 132

Beben der Seele –

Das Kreuz – Zeichen der Sehnsucht, der Erinnerung und des Segens

Der Drang der Menschen, an vielen wichtigen Orten, wie auf dem Gipfel der Berge, wie an Wegkreuzungen, an Kirchtürmen, Häusern und an den Unfallstellen entlang der Autobahnen und Landstraßen Kreuze zu errichten, ist nicht immer Ausdruck kirchlicher Frömmigkeit. Offensichtlich steckt dahinter eine tiefer liegende Sehnsucht, sich immer und überall an Gott zu erinnern, dem diese Welt gehört und der allein sie menschlich werden lässt. Wird die Welt sich selbst überlassen, so hat sie die Tendenz, sich absolut zu gebärden, brutal und grausam zu werden.

Das Kreuz will uns daran erinnern, dass uns überall Gottes liebende und heilende Gegenwart umgibt, dass wir nicht allein auf uns gestellt sind und auf Menschen, die über uns Macht ausüben wollen, sondern dass wir überall den Raum Gottes erfahren können. Dort, wo Gott uns nahe ist, kann uns die oft aggressive Nähe von Menschen nicht bestimmen. Das Kreuz ist zugleich Symbol dafür, dass wir unter dem Schutz Gottes stehen. Denn das Kreuz war für die frühen Christen immer auch ein Bild dafür, dass die Dämonen, Mächte dieser Welt, uns nicht mehr schaden können, dass wir unter dem Schutz Christi stehen, der die Macht der Dämonen gebrochen hat.

Und das Kreuz ist ein Zeichen des Segens. Mit dem Kreuz segnet man Menschen und Gegenstände. Das Kreuz zeigt uns, dass unsere Welt und dass wir selbst unter dem Segen Gottes stehen, dass Gott seine segnende und Leben spendende Hand über uns hält. G, 85

Karfreitag –
Heilung unserer inneren Wunden

Ein wahres Mysterienspiel ist die Liturgie des Karfreitags. Da wird nicht gepredigt, nicht mit Worten gedeutet und erklärt, sondern da werden Riten vollzogen, die so dicht sind, dass sie keine redselige Predigt vertragen. Das Psychodrama beginnt mit einem tiefen Schweigen. Der Priester wirft sich zu Boden. Er muss sich vor dem Geheimnis beugen. Wir können nur betroffen, sprachlos staunend das Geheimnis unserer Erlösung feiern. Das Schweigen bereitet uns auf das Hören der geheimnisvollen Worte aus dem Propheten Jesaja vor: »Er hat unsere Krankheit getragen, unsere Schmerzen auf sich geladen, durch seine Wunden sind wir geheilt« (53,4f).

Damit ist der Schlüssel angegeben, wie wir Jesu Passion zu sehen haben: seine Verachtung und Verspottung, seine Schwäche und sein Scheitern, seine Verlassenheit und Verzweiflung, das sind unsere Wunden. Das sind aber zugleich auch die Wunden, durch die wir geheilt werden. Die Passionsgeschichte ist eine einzige Heilungsgeschichte, die Geschichte der Heilung unserer inneren Wunden. Und daher werden diese Wunden erst einmal schonungslos aufgedeckt, unsere eigenen Wunden, aber auch das Krankheitsbild unserer Welt, in der einer dem anderen die Schuld zuschiebt, in der einer den anderen verrät, in der Menschen in den Mühlen der Sachzwänge zerquetscht werden, in der einer den anderen lächerlich macht, verspottet und schließlich schadenfroh zuschaut, wie er qualvoll stirbt. In der Passionsgeschichte schildert uns Johannes diese Welt. Aber zugleich schildert er ihre Erlösung. Er will uns zeigen, dass in all diese unheilvollen Situationen Christus hineingestiegen ist und sie erlöst hat. Er hat unsere und unserer Welt Wunden auf das Kreuz hinauf- und sie dort aus unserer Welt herausgetragen.

G, 123

Beben der Seele –

KARSAMSTAG – BEGEGNUNG MIT UNSEREM SCHATTEN

Auch der Karsamstag hat eine wichtige Funktion auf dem Weg unserer Ganzwerdung. Die Liturgie mutet uns zu, uns einen ganzen Tag lang dem toten Christus am Grab zu stellen. Und sie fordert uns auf, in das eigene Grab zu steigen, in die eigene Tiefe, und darin eins zu werden mit dem Grund unseres Seins, mit den Wurzeln unseres Lebens. Christus ist nicht nur unseren Tod gestorben, sondern er war drei Tage lang tot. Er konnte nichts mehr tun, nichts mehr fühlen, er war leblos, von jeder Kommunikation abgeschnitten. Im Grab hat Christus den Tod erfahren als radikale Einsamkeit, in die kein Wort der Liebe mehr dringt. Der Karsamstag will uns sagen: In unsere Einsamkeit, in unsere Kälte, in unsere Starre, da ist Christus eingedrungen. Und dort, wo sonst der Tod herrscht, da wohnt nun seine Liebe. Da, wo wir abgeschnitten sind vom Leben, da erreicht er uns mit seinem Wort der Liebe.

Christus ist in das Reich des Todes hinabgestiegen, in den Hades, in die Scheol, wie die Juden sagen. Die Scheol ist das Reich des Schattenhaften. Von der Psychologie her können wir dieses Bild daher so deuten: Christus ist in unseren Schatten hineingestiegen, in unser Unbewusstes, um all das zu erlösen, was in unserem Schatten begraben liegt. Jung spricht vom kollektiven Unbewussten. Dort sind viele positive Kräfte, aber auch zerstörerische und chaotische, die einen verschlingen können. Christus ist nicht nur dem Bösen begegnet, das offen zu Tage tritt, sondern er ist auch in das Böse hineingestiegen, das unter der Oberfläche verborgen ist. Und das ist noch wesentlich chaotischer, zerstörerischer als das, was sich offen als böse zeigt. Wir erschrecken ja selbst oft vor unseren gemeinen und unmenschlichen Gedanken und Wünschen, die in uns aufsteigen, wir erschrecken vor der Destruktivität, zu der wir fähig sind. Auch da hinein ist Christus gestiegen. G, 124

Ostern – Barrieren überspringen, miteinander gehen

Ostern ist die Feier des Lebens. Wir feiern die Überwindung des Todes durch das Leben. Christus hat den Tod besiegt. Aber das heißt nun auch: in uns ist das Leben stärker als der Tod. Es ist nicht mehr totzukriegen. In der Eucharistie essen und trinken wir uns in das neue Leben der Auferstehung hinein. In uns ist nun das Leben, das alle Fesseln sprengt. Dieses Leben muss auch Ausdruck finden. Eine Möglichkeit wäre, es auszutanzen. Im Mittelalter veranstaltete man an Ostern Ball- und Tanzspiele, entweder im Kreuzgang oder auch in der Mitte des Kirchenschiffes. Bei unseren Osterkursen in Münsterschwarzach feiern die Jugendlichen nach der Osternacht noch weiter. Dabei drängt es sie immer wieder, die Osterfreude in den Leib zu lassen und sie im Tanzen auszudrücken. Sie führen Reigentänze auf, sie tanzen miteinander um das Osterfeuer. Tanzen kann man nicht allein. Doch Ostern kann man eben auch nicht alleine feiern. Das kann man nur miteinander. Und so wäre es gut, wenn auch eine Pfarrgemeinde nach der Osternacht noch miteinander feiert, ein Ostermahl miteinander hält oder ein Osterfeuer entzündet und um es herumtanzt. Das Leben des Auferstandenen, das alle Grenzen überspringt, sollte an Ostern auch die Barrieren zwischen uns überspringen und uns miteinander im gemeinsamen Feiern verbinden.

Eine andere Möglichkeit, Ostern in einem eigenen Ritual fortzusetzen, wäre der Emmausgang, der in manchen Gegenden am Ostermontag noch üblich ist. Man geht miteinander zu einer abgelegenen Kapelle oder zu einem Wallfahrtsort und hält zum Abschluss miteinander Mahl. Es ist ein Ritual, das die Emmausgeschichte in das Leben hinein übersetzt. Im Miteinandergehen kann man erfahren, dass der Auferstandene mit uns geht und uns unser bisheriges Leben deutet als Weg in die Herrlichkeit. Und im gemeinsamen Mahl bezeugt man, dass jedes Mahl uns mit dem Auferstandenen verbindet.

G, 125

Beben der Seele –

APRIL

Jeder Nacht folgt eine Morgenröte – Österliche Lebensspuren

Geh in dein Herz

Bist du schon mal bei dir im Innern gewesen? Hast du schon mal in dein eigenes Herz geschaut? Wenn du immer nur an der Außenseite lebst und immer nur Interesse hast für die Fassade, für dein Aussehen und deinen guten Ruf, dann hängt dein Glück am Pendel von Äußerlichkeiten. Dann bist du heute glücklich und morgen unglücklich, heute gut aufgelegt und morgen ganz niedergeschlagen.

Geh mal in dich hinein, tu etwas für dein Inneres, für das Innere deines Herzens. Du kannst stundenlang deinem Hobby frönen. Du hast alle Zeit, Kleider auszusuchen. Beim Frisör unter der Haube wirst du nicht nervös. Warum hast du so wenig Zeit, für dein Herz zu sorgen? Du weißt doch, die Gefühle, die da geboren werden, sind bestimmend für dein ganzes Leben. Ist dein Herz leer, dunkel, verwirrt, verwahrlost, dann wachsen dort Gefühle von Enttäuschung, Verbitterung, Neid, Sinnlosigkeit, Ekel, Verzweiflung.

Geh in das Innere deines Herzens. Tu das in einer Stunde der Stille, der Sammlung, des Gebets. Du wirst von der Wirkung überrascht sein.

B, 118

Ich hacke Holz!

Als der Zen-Meister Erleuchtung erlangte, schrieb er zur Feier der Stunde: »Welch außerordentliches Wunder: Ich hacke Holz! Ich schöpfe Wasser aus dem Brunnen!«

Für die meisten Menschen ist nichts Wunderbares an so prosaischen Tätigkeiten wie dem Schöpfen des Wassers aus einem Brunnen oder dem Holzhacken. Nach der Erleuchtung ändert sich im Grunde nichts. Alles bleibt dasselbe. Nur das eigene Herz ist jetzt voller Staunen. Der Baum ist derselbe Baum; und die Menschen sind die gleichen wie zuvor; und du selbst auch; und das Leben verläuft nicht anders als vorher. Du bist vielleicht genauso übellaunig oder gelassen, genauso weise oder töricht wie zuvor. Es gibt nur einen entscheidenden Unterschied: Du siehst nun alle Dinge mit anderen Augen an. Du stehst darüber. Und dein Herz ist voller Staunen.

Das ist die Essenz der Kontemplation: das Gefühl des Staunens.

Kontemplation unterscheidet sich von Ekstase insofern, als Ekstase zum Rückzug auf sich selbst führt. Der erleuchtete Kontemplative hackt weiter Holz und schöpft Wasser aus dem Brunnen. Kontemplation unterscheidet sich von der Wahrnehmung des Schönen dadurch, dass Letzteres ästhetisches Entzücken hervorruft (bei der Betrachtung eines Gemäldes oder eines Sonnenunterganges), während Kontemplation Staunen bewirkt – gleichgültig, ob es sich um einen Sonnenuntergang oder die Betrachtung eines Steines handelt.

Das ist das Vorrecht des Kindes. Es ist immer wieder von neuem erstaunt. Also fühlt es sich wie selbstverständlich im himmlischen Königreich zu Hause.

M, 294

MANGEL

Es gibt zu selten Bewusstheit. An diesem Mangel leidet die Welt, nicht an einem Mangel an Religion. Religion soll Mangel an Bewusstheit und Erwachen beheben ... Alle Offenbarungen, wie göttlich sie auch sein mögen, können nie mehr sein als ein Fingerzeig zum Mond. So wie wir im Orient sagen: »Wenn der Weise auf den Mond zeigt, sieht der Tor nur den Finger.«

Jean Guitton, ein frommer und strenggläubiger französischer Schriftsteller, fügte dem noch einen erschreckenden Kommentar hinzu: »Wir gebrauchen unsere Finger oft, um Augen auszustechen.« Ist das nicht schrecklich? Bewusstwerden, Bewusstwerden und noch einmal Bewusstwerden! Darin sind Heilung, Wahrheit, Rettung; im Bewusstwerden sind Spiritualität, Wachstum, Liebe; im Bewusstwerden geschieht das Erwachen.

Ich muss hier über Worte und Begriffe sprechen, denn ich muss Ihnen erklären, warum wir, wenn wir einen Baum betrachten, ihn noch lange nicht sehen. Wir *denken*, dass wir es tun, aber wir tun es nicht. Betrachten wir einen Menschen, sehen wir ihn in Wirklichkeit nicht, wir meinen nur, wir sehen ihn. Wir sehen nur das, was wir uns vorher eingeprägt haben. Wir haben einen Eindruck und betrachten diesen Menschen mit diesem Eindruck. So machen wir es mit beinahe allem.

Wenn Sie das verstehen, verstehen Sie auch, wie schön es ist, sich all dessen bewusst zu sein, was Sie umgibt. Denn dort ist die Wirklichkeit. »Gott«, was auch immer das ist, ist dort. Alles ist *dort*.

Der kleine Fisch im Ozean sagt: »Entschuldigen Sie, ich suche den Ozean. Können Sie mir sagen, wo ich ihn finde?« Man kann Mitleid mit ihm haben, nicht wahr?

M, 285

WEIL GOTT MICH LIEBT ...

Als Christen glauben wir nicht nur an die Unsterblichkeit der Seele, sondern daran, dass Gott selbst in der Auferstehung der Toten an uns wirkt und uns verwandelt und erneuert. Deshalb sprechen wir nicht einfach vom Fortleben nach dem Tod, als ob das ganz natürlich sei, sondern von der Auferstehung bzw. Auferweckung der Toten. Aber wir dürfen uns die Auferstehung der Toten auch nicht so abstrakt vorstellen, wie es manche evangelischen Theologen getan haben, die vom »Ganztod« sprechen. Sie glauben, dass der Mensch ganz und gar stirbt und dass es keine Kontinuität zwischen dem Tod und der Auferstehung gebe. Sie setzen die biblische Auferstehung dem griechischen Glauben an die unsterbliche Seele gegenüber.

Das Anliegen, dass wir den biblischen Begriff der Auferweckung nicht einfach mit Fortleben nach dem Tod verwechseln, kann ich akzeptieren. Aber für mich gibt es durchaus eine Verbindung der griechischen Unsterblichkeitshoffnung mit dem biblischen Glauben an die Auferstehung der Toten. Ich glaube daran, dass ich als Person auch im Tod nicht aus der Liebe Gottes herausfallen werde, dass Gott mich im Tod auferweckt und verwandelt zu der Gestalt, die er uns in der Bibel verheißen hat. Für mich ist die Auferstehungshoffnung begründet in der Gewissheit des Paulus: »Weder Tod noch Leben, weder Engel noch Mächte ... können uns scheiden von der Liebe Gottes, die in Christus Jesus ist, unserem Herrn« (Römer 8,38f).

Weil Gott mich liebt, bin ich als Person, und weil die Liebe Gottes den Tod übersteigt, werde ich als Person auch im Tod nicht vernichtet. Es gibt in mir etwas den Tod Überdauerndes, das einmalige Bild, das Gott sich von mir gemacht hat, den inneren, vom Lärm dieser Welt unberührten Raum der Stille, in dem Gott in mir wohnt. G, 336

IN EINER ANDEREN KRAFT

Karlfried Graf Dürckheim, der sich der Jungschen Psychologie verpflichtet wusste, sprach vom Weg des Mündigwerdens als von einem Weg wachsender Seinserfahrung. Dieser Weg führt nach Dürckheim über den Mut, in die eigene Dunkelheit, Einsamkeit und Traurigkeit hinabzusteigen. Das Ziel des Reifungsweges ist, dass das Bild Gottes in einem hervortritt, dass der Mensch mit seinem wahren Wesen in Berührung kommt. Es ist ein Wandlungsweg, in dem das »Inbild« des Menschen immer mehr hervortritt. Dürckheim meint nun, dass der Mensch Seinserfahrungen gerade in Stunden größter Not machen kann: »Es sind Stunden, in denen wir an die Grenze unserer menschlichen Macht und Weisheit gelangten, scheiterten, dann aber fähig waren, uns zu unterwerfen. Und im Augenblick des Loslassens und Eingehens des alten Ich und seiner Welt verspürten wir in uns das Aufgehen einer anderen Wirklichkeit. So mancher hat es erfahren, wenn der Tod ganz nah war, in Bombennächten, in schwerer Krankheit oder anderen Weisen drohender Vernichtung, wie gerade in dem Augenblick, in dem die Angst ihren Höhepunkt erreichte und die innere Abwehr zusammenbrach, wenn er sich jetzt unterwarf und die Situation annahm ... schlagartig ganz ruhig wurde, unversehens ohne Angst war und spürte, dass etwas in ihm lebendig ist, an das kein Tod und keine Vernichtung herankommt. Für einen Moment wusste er dann: ›Wenn ich hier wieder herauskomme, dann weiß ich ein für alle Mal, von woher und auf was hin ich zu leben habe.‹ Der Mensch weiß nicht, was es ist, aber er fühlt sich plötzlich in einer anderen Kraft« (in: Ders., Überweltliches Leben in der Welt. Der Sinn der Mündigkeit. Weilheim 1968, 20). G, 82

6. APRIL

JEDER NACHT FOLGT EINE MORGENRÖTE –

Im Zeichen des Kreuzes

Das Christentum hat das Kreuz nicht entdeckt. Vielmehr ist das Kreuz in allen Religionen ein wichtiges Symbol. Im alten Ägypten war das Henkelkreuz Zeichen für »Leben«. Weit verbreitet ist auch das Radkreuz. Es gilt als Bild der Sonnenscheibe. Es findet sich sowohl in Asien als auch in Europa. Viele Städte sind nach diesem Muster des Radkreuzes gebaut, vor allem Rom, das als »Roma quadrata«, als viergeteilte Stadt geplant worden ist. Im nordgermanischen Bereich gibt es das Hammer-Kreuz. Es gilt als Waffe des nordischen Gottes Thor. In Indien finden wir das Hakenkreuz, das »Glückszeichen« bedeutet. Bei den Indianern in Lateinamerika finden wir das Kreuz in chi-förmiger Gestalt (= X), das bei uns als Andreas-Kreuz bekannt ist. In allen Kulturen ist das Kreuz also ein kosmisches Symbol und ein Symbol für den Segen, den die Götter dem Menschen schenken, für Leben und Glück.

Unabhängig vom Tod Jesu am Kreuz ist es schon ein Heilszeichen, ein Zeichen, das uns hinweist auf das wahre Leben, das uns zeigen möchte, wie menschliches Leben gelingt. In Israel ist das »T« ein Heils- und Schutzzeichen. So heißt es bei Ezechiel 9,4: »Der Herr sagte zu ihm: Geh' mitten durch die Stadt Jerusalem und schreib ein T auf die Stirn aller Männer, die über die in der Stadt begangenen Greueltaten seufzen und stöhnen.« Wer mit dem »T« besiegelt ist, der wird vor Vernichtung bewahrt. Die frühen Christen beziehen sich auf diese Stelle, um die Stirnsignierung mit dem Zeichen des Kreuzes zu begründen. Das Kreuzzeichen, das sich die Christen auf die Stirne zeichnen, ist ein eschatologisches Siegel, ein Zeichen der Rettung, wenn die Welt zu Ende geht, und ein Eigentums-, Schutz- und Weihezeichen. Wer sich mit dem Kreuz bezeichnet, der gehört ganz und gar Christus an, er weiht sich ihm und erfährt von ihm her Schutz in allen Bedrängnissen dieser Zeit.

G, 72

Macht und Ohnmacht (1)

Ein seltsames Ende eines Festes: Die kleine Gruppe hat das Haus verlassen, in dem sie miteinander gefeiert haben. Die meisten von ihnen sind müde geworden und eingeschlafen in einem kleinen Wald im Dunkel der Nacht. Nur einer von ihnen wacht, etwas abseits von den anderen – und kämpft den Kampf seines Lebens: Jesus am Ölberg, in tiefster Todesangst, in der Auseinandersetzung mit seinem Gott, den er immer noch Vater nennt. »Lass diesen Kelch an mir vorübergehen!« Lass nicht zu, dass ich sterben muss! Ein Schrei mag es gewesen sein.

Jesus, der einsame Mann am Ölberg, spürt, dass er mit seiner Kraft am Ende ist. Und so bittet er die Freunde: »Wachet und betet mit mir!«, um nicht der Versuchung zu erliegen, sich einfach zu entziehen, so zu tun, als ob nichts gewesen sei. Die Freunde aber, vielleicht noch in angenehmer Feststimmung, müde vielleicht, bekommen von seinem Kampf nichts mit. Sie hören seine Worte, um dann doch wieder einzuschlafen.

Es mag eine der einsamsten Stunden im Leben Jesu gewesen sein – von den Freunden verlassen, den Tod vor Augen, ein Gott, der schweigt. Noch einsamer kann ein Mensch nicht sein.

Er flüchtet nicht vor dieser Stunde, indem er das Fest einfach weiterfeiert oder neue Vorhaben angeht, sondern er hält die Einsamkeit aus. In der abgrundtief erlebten Verlassenheit bleibt er treu, begibt sich in die absolute Machtlosigkeit hinein.

S1, 76

MACHT UND OHNMACHT (2)

Mag sein, dass es diese nächtlichen Stunden der Einsamkeit gebraucht hat, um den kommenden Tag aushalten zu können, sich nicht zu entziehen: Gefangennahme, Folterung, Verurteilung, Ermordung. Brutal ans Kreuz geschlagen muss er erkennen, dass die meisten Freunde ihn verlassen haben.

Ich kann sie verstehen, diese Freunde. Alle Hoffnungen hatten sie auf ihn gesetzt, Haus und Hof verlassen, die eigene Familie vor lauter Begeisterung vergessen. Er würde alles wenden, alles gutmachen, ihm konnten sie glauben. Und jetzt – ihre Hoffnungen und Träume ans Kreuz geschlagen, brutal gemordet von den Mächtigen des Landes.

Der Weg Jesu ist ein anderer Weg. Er sprengt den herkömmlichen Rahmen, er verlässt die Muster unseres normalen Denkens. Jesus begibt sich in die Ohnmacht, er erleidet die scheinbare Niederlage, schlägt sich auf die Seite der Verlierer. Und gerade dadurch entlarvt er die Sieger und demaskiert die Macht. Durch seinen Tod, seine scheinbare Niederlage, konnte sich eine Bewegung bilden, die bis heute, zweitausend Jahre später, von diesem Mann erzählt und versucht, ihm nachzufolgen.

Gott wird oft nur im Schönen und Guten gesucht. Man will ihn als Objekt der Anbetung, an den man bestimmte Dinge delegieren kann. Gott zu suchen in der Niederlage, im Scheitern – auf die Idee kommen wir nicht. Gott aber entfaltet seine Macht gerade in der Machtlosigkeit.

Es ist vielleicht gar nicht so entscheidend, ob wir »gewinnen« oder »verlieren«. Es könnte sein, dass dies Worte sind, die zu einem Denken gehören, das Gott nicht zu eigen ist, falls man überhaupt als Bild davon sprechen darf, dass »Gott denkt«. Vielleicht ist es viel entscheidender, die Stunde am Ölberg nicht zu fliehen, Einsamkeit, Verlassenheit, Ratlosigkeit zuzulassen, sich in sie hineinzubegeben – um vielleicht im Scheitern leben zu lernen trotz und wegen des Todes. Mag sein, dass wir uns in solchen Stunden von ihm verlassen fühlen. Möglicherweise aber begleitet er uns gerade dann. S1, 77f

Mit Ängsten leben (1)

Angst ist heute eine Grunderfahrung des Menschen. Es sind viele Ängste, die uns bedrängen, Angst vor der Zukunft, Angst vor Krieg und Zerstörung, Angst vor Arbeitslosigkeit, Angst vor Versagen, Angst vor Krankheit und Tod, Angst vor der Sinnlosigkeit des Daseins. [...]

Mit der Existenz des Menschen ist eine Grundangst verbunden, die auch von der Psychologie nicht aufgelöst werden kann. Es ist die Angst, die durch seine Endlichkeit gegeben ist, die Angst, kein Recht für sein Dasein zu haben, nicht in sich zu ruhen, sondern angewiesen zu sein auf einen anderen. Diese Grundangst des Menschen kann keine Psychologie aufheben, sie kann nur in einem abgrundtiefen Vertrauen auf Gott überwunden werden, der uns den Grund unseres Daseins schenkt, der uns aus Liebe geschaffen hat und uns aus Gnade leben lässt.

Fritz Riemann hat vier Grundformen menschlicher Angst beschrieben. Und Eugen Drewermann hat gezeigt, dass diese Grundängste letztlich nur im Glauben überwunden werden können (vgl.: Ders., Grundformen menschlicher Angst; und: Eugen Drewermann, Psychoanalyse und Moraltheologie, Bd. I, Mainz 1982, 145ff). Die erste Angst ist die Angst des hysterischen Menschen. Es ist die Angst vor der Haltlosigkeit des Daseins. Und diese Angst versucht der Mensch zu überwinden, indem er sich an vielem festhält, am Besitz, am Erfolg, vor allem aber an Menschen. Er klammert sich an einen geliebten Menschen und erwartet von ihm absolute Geborgenheit, absoluten Halt. Aber dadurch gerät er nur noch mehr in Angst, weil er spürt, dass kein Mensch ihm absoluten Halt geben kann. Jeder ist sterblich, jeder hat seine Schwächen. Absolute Geborgenheit kann uns nur Gott schenken. Er trägt uns und hält uns. Aus seinen schützenden und liebenden Armen werden wir niemals fallen. Er erfüllt uns unsere Sehnsucht nach absolutem Halt. Ein Mensch kann uns Zeichen sein für diese absolute Geborgenheit. G, 35

Mit Ängsten leben (2)

Die zweite Angst ist die Angst des zwanghaften Menschen. Es ist die Angst vor der Wertlosigkeit des Daseins. Und diese Angst versucht man zu überwinden, indem man sich seinen Wert selbst beweisen will, durch viel Arbeit, durch immer höhere Leistung, aber auch durch peinlich genaue Erfüllung aller religiösen Pflichten. Man will sich selbst, den anderen und auch Gott seinen Wert beweisen. Man will so auf sich aufmerksam machen, dass einen keiner mehr übersehen kann. Man will Gott gegenüber so gewissenhaft seine Pflicht tun, dass ihm gar nichts anderes übrig bleibt, als einen zu belohnen. Doch auch mit dem größten Ehrgeiz können wir die Angst vor unserer Wertlosigkeit nicht überwinden. Im Gegenteil, wir spüren, dass uns unsere Leistung den anderen nicht näher bringt. Und wir merken, dass wir den Anspruch, immer perfekt und immer besser als die anderen sein zu müssen, nie erfüllen können. So treiben wir uns zu Höchstleistungen an und setzen uns dauernd unter Druck. Wir verspannen und verkrampfen uns. Die Angst vor der eigenen Wertlosigkeit können wir nur durch den Glauben überwinden. Im Glauben erfahren wir, dass wir vor Gott wertvoll sind, bevor wir etwas geleistet haben, wertvoll einfach durch unser Sein, so wertvoll, dass Christus für uns gestorben ist, dass Gott sich um uns kümmert, ja dass er sogar Wohnung in uns nimmt. G, 36

Mit Ängsten leben (3)

Die dritte Angst ist die Angst des depressiven Menschen. Es ist die Angst vor der Schuldhaftigkeit des Daseins. Man hat das Gefühl, allein durch sein Dasein schon Schuld auf sich geladen zu haben. Und man entschuldigt sich dann ständig, dass man überhaupt am Leben ist, dass man den anderen die Zeit stiehlt, den Raum zum Leben, die Luft zum Atmen wegnimmt. Oder man versucht, diese Angst durch Übernützlichkeit zu ersticken. Aber auch das gelingt nicht. Man verausgabt sich, und irgendwann kann man nicht mehr und spürt, dass man das ganze Leben versäumt hat. Um die Schuld für sein Dasein abzutragen, hat man am Leben vorbei gelebt. Und so steht man völlig leer und ausgepumpt da. Auch diese Angst kann uns nur der Glaube nehmen, der Glaube, dass wir aus Gnade leben, dass wir leben, weil Gott uns gewollt und uns aus Liebe, aus seinem Wohlgefallen heraus geschaffen hat. Wir glauben, dass Gott uns liebt, dass er Zeit für uns hat, dass er froh ist über unser Dasein. Diese Erfahrung des Glaubens befreit uns von aller Angst und von den unnützen Schuldgefühlen, mit denen wir uns oft genug zerfleischen. Wenn in mir manchmal solche lähmenden Schuldgefühle auftauchen, dann hilft mir der Satz aus dem 1. Johannesbrief: »Wenn das Herz uns auch verurteilt – Gott ist größer als unser Herz, und er weiß alles« (3,20).

G, 37

Mit Ängsten leben (4)

Die letzte Angst ist die des schizoiden Menschen, der Angst hat vor tausend Dingen, die ihn bedrohen. Er hat Angst vor dem dunklen Keller, Platzangst, Angst vor vergifteter Nahrung, Angst vor Einbrechern, Angst vor einem Unfall. Ein Stück weit sind diese Ängste normal. Aber viele steigern sich in solche Ängste hinein. Der Glaube befreit uns auch von dieser Angst. Er zeigt uns, dass uns im Grunde nichts passieren kann. Der Glaube zeigt uns, dass wir den Tod, der hinter all diesen Bedrohungen letztlich steckt, schon überwunden haben, dass wir schon jenseits der Schwelle leben. Weil wir durch die Taufe schon teilhaben am ewigen Leben, kann uns auch der Tod nicht mehr von Gott trennen. Er kann uns nur noch tiefer in ihn hineintauchen. Weil wir schon in Gott wohnen, kann uns niemand mehr unser Haus zerstören.

Die Frage ist, wie wir einen solchen Glauben, ein solches Vertrauen gewinnen können. Kann man sich das einfach vornehmen? Sicher nicht. Das Vertrauen kann jedoch wachsen, wenn wir uns bewusst immer wieder in die Begegnung mit Jesus hinein meditieren. Man kann sich den Glauben nicht einreden. Aber wir alle haben eine Ahnung in uns, dass solch ein Glaube befreien könnte. Die Meditation der biblischen Heilungsgeschichten lässt in uns diesen Glauben wachsen. Wir müssen uns nur mit den Kranken identifizieren und uns immer wieder sagen: Das bin ich, und dieser Jesus ist heute lebendig, er begegnet mir in der Eucharistie leibhaftig. Er schaut mich an, er traut mir etwas zu. Ich lasse ihn an mir handeln, ich lasse mich auf die Begegnung mit ihm ein. Ich lasse zu, dass er mich annimmt, dass er mich berührt und seine Kraft und seine Lebendigkeit in mich einströmen lässt. G, 38

VERWANDLUNG DES TODES (1)

Gehen wir der Auferstehungsgeschichte nach, wie sie uns der Evangelist Lukas überliefert (24,1–12). Da gehen Frauen frühmorgens mit wohlriechenden Salben zum Grab. Sie möchten den geliebten Toten einbalsamieren. Sie möchten ihn für immer schön herrichten, für immer in guter Erinnerung halten. Doch Jesus lässt sich nicht einbalsamieren, er lässt sich nicht festhalten. Er ist auferstanden. Das erste Zeichen seiner Auferstehung ist der Stein, der vom Grab weggewälzt ist.

Der Stein, der das Grab behütet, ist ein Bild für die vielen Steine, die auf uns liegen. Da liegt gerade dort ein Stein auf uns, wo etwas in uns leben und aufblühen möchte, und er hindert uns am Leben. Er verhindert, dass unsere Ahnungen von Leben, die immer wieder in uns auftauchen, Wirklichkeit werden. Er blockiert uns, hält uns davon ab aufzustehen, aus uns herauszugehen, auf andere zuzugehen.

So ein Stein kann die Sorge für unsere Zukunft sein oder auch für die Zukunft dieser Erde. Es kann die Angst sein, die auf uns lastet, die Angst vor dem Versagen, die Angst, das zu sagen, was wir spüren, weil wir uns blamieren könnten, weil wir die Zuwendung und Bestätigung der anderen verlieren könnten. Der Stein kann die Unsicherheit und Hemmung sein, die uns nicht ausbrechen lassen. Aber auch andere Menschen können als Stein auf uns liegen. Sie können uns im Weg liegen als Stolpersteine, sie können uns aber auch das Tor zum Leben versperren. Wenn ein Stein auf unserem Grab liegt, vermodern und verwesen wir darin. Solange wir unsere tiefsten Gefühle und Bedürfnisse im Grab verschließen, solange werden wir vom Leben ausgeschlossen. Was da aber in unserem Grab verfault, das wirkt sich mehr und mehr auch in unserem bewussten Leben aus, das verbreitet einen üblen Geruch bis in unseren Leib hinein.

G, 216

Verwandlung des Todes (2)

Der erste Schritt, wie wir selbst die Verwandlung der Auferstehung an uns erfahren können, besteht darin, in das Grab einzutreten. Wie die Frauen müssen wir in das Grab unserer Angst und unserer Traurigkeit hineinsteigen, in das Grab unserer verdrängten Wünsche und Bedürfnisse, unserer Dunkelheit, unserer Resignation und unseres Selbstmitleids, in das Grab unseres Schattens, in dem wir alles vergraben haben, was wir vom Leben abgeschnitten haben. Wir können aber nur deshalb in unser Grab hineinsteigen, weil es Gott in der Auferstehung Jesu bereits geöffnet hat. Es ist nicht mehr der Ort des Schreckens und der Angst. In unserem Grab, so sagt uns Lukas, finden wir mit den Frauen zwei Männer in leuchtenden Gewändern. Sie verkünden uns, dass der Herr auferstanden ist, dass er unser Grab verwandelt hat. Wenn wir tief genug in unser Grab hineingehen, werden wir auf seinem Grund diese lichtvollen Boten entdecken, die uns auf das göttliche Leben hinweisen, das aus dem Grab emporgestiegen ist.

Grab meint alles, was wir vom Leben ausgeschlossen haben, was wir verdrängt haben, weil es uns zu unangenehm war oder mit unserem Selbstbild nicht zusammengepasst hat. In unserem Grab liegen unsere verdrängten Aggressionen und Bedürfnisse, unsere unterdrückten Gefühle und Wünsche. Wenn wir mit den Frauen hineinsteigen in das Grab unserer Traurigkeit und Angst, unserer verdrängten Lebensimpulse, und wenn wir mit unserer Traurigkeit, mit unserer Angst, mit unseren verdrängten Gefühlen und Antrieben sprechen, dann werden sie sich in leuchtende Boten verwandeln, die uns den Weg zum wahren Leben weisen, die uns auf den Schatz hinweisen, der in uns vergraben liegt.

G, 217

Auferstehung erfahren

Geistliche Übungen wollen uns einüben in eine neue Sichtweise, mit der wir den Alltag bestehen sollen. Sie wollen uns neue Augen schenken, damit wir in allem, was wir tun, Christus selbst entdecken als den, der hineintritt in unser Leben und unseren grauen Morgen in die milde Wärme seiner Gegenwart verwandelt und der auch am Ufer der Ewigkeit steht, am Morgen, der keinen Abend mehr kennt, und uns dort erwartet.

So gehen Sie in einer Meditation konkret Ihren Alltag durch. Fangen Sie morgens an, wenn der Wecker schellt, und gehen dann jede Stunde durch. Sie waschen sich, ziehen sich an, beten, frühstücken und gehen zur Arbeit. Und stellen Sie sich vor, dass in jedem Augenblick der Auferstandene bei Ihnen ist. »Es ist der Herr«, können Sie sich in jede Situation hineinhalten.

Dann werden Sie vielleicht erstaunt entdecken, wie sehr Sie normalerweise ohne Beziehung zu Christus leben, wie sich der Alltag verselbstständigt hat. Aber wenn Sie alles achtsam und bewusst, im Bewusstsein der Gegenwart Christi tun, dann wird sich ihr Alltag wandeln.

Auferstehung ist nicht etwas Fremdes und Unverständliches. Was Auferstehung heißt, das kann jeder in seinem Leben erfahren. Es geht nicht darum, sich zu streiten, ob das Grab Christi leer war oder nicht. Es geht vielmehr darum zu glauben, dass der Auferstandene mich heute aufrichten möchte, dass für mich heute Auferstehung Wirklichkeit wird, wenn ich aufstehe aus meiner Angst, wenn ich den Schritt zu einem Gespräch wage, das ich schon lange vor mir hergeschoben habe, wenn ich ausbreche aus der Enge einer Beziehung, die nicht mehr stimmt, wenn ich aufstehe aus dem Grab meines Selbstmitleids, wenn ich aufstehe und zu mir selbst stehe, weil Christus als der Auferstandene neben mir steht.

G, 291

Erleuchtet

Und so erklärte der Meister, wie Erleuchtung sich einstellt, nicht durch Anstrengung, sondern durch Verstehen: »Stellt euch vor, ihr werdet hypnotisiert und sollt glauben, ein Tiger befinde sich in diesem Raum. In eurer Angst werdet ihr versuchen, ihm entgegenzutreten, euch vor ihm zu schützen, ihn zu besänftigen. Aber wenn dann der Bann gebrochen wird, muss nichts mehr getan werden. Und ihr seid alle von Grund auf verändert.

Also bricht Verstehen den Bann,
der gebrochene Bann führt zu Veränderung,
Veränderung zu Ruhe,
Ruhe ist Macht: Ihr könnt tun, was immer ihr wollt,
denn ihr seid nicht mehr dieselben.«

~

»Wie ist der Mensch, der erleuchtet wurde?«

Sagte der Meister: »Er hat Gemeinsinn und gehört zu keiner Partei, er bewegt sich fort, ohne einem vorgeschriebenen Kurs zu folgen, er nimmt die Dinge, wie sie kommen, er bereut nicht die Vergangenheit, hat keine Furcht vor der Zukunft, er folgt einem Anstoß und gibt dem Drängen nach, er ist wie der Sturmwind und wie eine Feder im Wind, er lässt sich treiben wie Gräser im Fluss und ist wie ein Mühlstein, der geduldig mahlt, er liebt die Schöpfung ohne Unterschied, da Himmel und Erde gleich sind für alle. So ist der Mensch, der erleuchtet wurde.«

Als er diese Worte vernahm, rief einer der jüngeren Schüler: »Eine solche Lehre ist nicht für die Lebenden, sondern für die Toten«, und ging davon auf Nimmerwiedersehen. M, 295

In meinen Wunden wachsen Perlen

»Verwundete Austern lassen aus blutigen Wunden eine Perle entstehen. Den Schmerz, der sie zerreißt, verwandeln sie in einen Juwel« (Richard Shanon). In meinen Wunden wachsen die Perlen. Sie können in mir aber nur entstehen, wenn ich mich mit meinen Wunden aussöhne. Wenn ich die Zähne zusammenbeiße, um meine Wunden krampfhaft zu verschließen, kann darin nichts wachsen. Es tut oft weh, mit meiner Wunde in Berührung zu sein. Da spüre ich die Ohnmacht, sie loszuwerden. Sie wird immer in mir sein, selbst wenn sie vernarbt ist. Aber wenn ich meine Wunde annehme, dann kann sie sich zu einer Quelle von Leben und Liebe verwandeln.

Dort, wo ich verwundet bin, bin ich auch lebendig, dort spüre ich mich, dort spüre ich die anderen. Da kann ich die anderen eintreten lassen in meine Wunde, da wird Begegnung und Berührung möglich, die auch den anderen zu heilen vermag. Nur der verwundete Arzt kann heilen, so sagen die Griechen. Wo ich stark bin, dort kann ein anderer nicht in mich eindringen. Dort wo ich gebrochen bin, kann Gott in mich einbrechen, können Menschen bei mir eintreten. Dort komme ich in Berührung mit dem wahren Selbst, dem Bild, das Gott sich von mir gemacht hat.

Wir leben oft in der Illusion, dass all unsere Wunden heilen können. Wir benutzen dann Gott dazu, dass er unsere Wunden heilen soll. Unter Heilung verstehen wir, dass die Wunden sich schließen und wir sie nicht mehr spüren. Solange sie nicht vernarben, kreisen wir um unsere Wunden und bohren uns immer tiefer in sie ein. Wir werfen Gott vor, dass er diese Wunde zuließ. Erst wenn wir bereit sind, uns mit unserer Wunde auszusöhnen, kann sie für uns zum Tor nach innen werden, zum Tor in den unverwundeten und heilen Raum, in dem Gott selbst in uns wohnt.

G, 91

Enttäuschungen als Chance wahrnehmen

Immer wieder enttäuscht uns das Leben. Wir sind enttäuscht über uns selbst, über unser Versagen und Scheitern. Wir sind enttäuscht von unserem Beruf, von unserem Ehepartner, von der Familie, vom Kloster, von der Pfarrei. Manche reagieren resigniert auf die Enttäuschung. Sie finden sich halt ab mit dem Leben, wie es ist. Aber in ihrem Herzen stirbt jede Lebendigkeit ab, jede Hoffnung. Die Träume vom Leben werden begraben. Auch die Enttäuschung könnte mich zum Schatz führen. Vielleicht will sie mich von den Illusionen befreien, die ich mir über mich und meine Zukunft gemacht habe. Vielleicht habe ich alles mit einer rosaroten Brille angeschaut, und jetzt reißt mir die Enttäuschung die Brille aus dem Gesicht und zeigt mir die Wahrheit meines Lebens.

Die Enttäuschung entlarvt die Täuschung, der ich bisher verfallen war, und hebt sie auf. Sie zeigt mir, dass mein Selbstbild nicht gestimmt hat, dass ich mich falsch eingeschätzt habe. So ist die Enttäuschung die Chance, das wahre Selbst zu entdecken, das Bild, das Gott sich von mir gemacht hat. Natürlich tut die Enttäuschung erst einmal weh. Aber durch den Schmerz hindurch kann ich lernen, mich mit der Realität auszusöhnen und so realistisch und angemessen zu leben. G, 90

Zeichen der Herrlichkeit

Die Auferstehung Jesu Christi ist die Grundlage unseres Glaubens an die Auferstehung unseres Leibes. Oft wurde und wird gesagt, dass unser Leib das Gefängnis unserer Seele ist und das geistliche Leben der Weg, der aus diesem Gefängnis herausführt. Durch unseren Glauben an die Auferstehung des Leibes verkünden wir aber, dass das geistliche Leben und das leibliche Leben nicht getrennt werden können. Unser Leib, sagt der heilige Paulus, »ist ein Tempel des Heiligen Geistes« (1. Korintherbrief 6,19) und deshalb geheiligt.

Die Auferstehung des Leibes bedeutet, dass alles, was wir im Leib gelebt haben, nicht vergehen, sondern in unser ewiges Leben mit Gott erhöht werden wird. Wie Christus die Male seines Leidens an seinem auferstandenen Leib trägt, werden auch unsere Leiber bei der Auferstehung die Male unseres Leidens tragen. Bei der Auferstehung werden unsere Wunden Zeichen der Herrlichkeit sein. N, 355

Die verborgene Auferstehung

Die Auferstehung Jesu war ein verborgenes Geschehen. Jesus Christus ist nicht dem Grab erstanden, um seine Gegner zu verblüffen, um eine Siegeserklärung abzugeben oder denjenigen, die ihn ans Kreuz geliefert hatten, zu beweisen, dass er doch Recht hatte. Jesus Christus ist von den Toten auferstanden als Zeichen für alle, die ihn geliebt hatten und ihm gefolgt waren; ein Zeichen dafür, dass die Liebe Gottes stärker ist als der Tod. Den Frauen und Männern, die sich ihm anvertraut hatten, offenbarte er, dass seine Sendung erfüllt war. Denen, die an seiner Sendung teilgenommen hatten, übertrug er die heilige Aufgabe, alle Menschen zu neuem Leben mit ihm aufzurufen.

Die Welt hat davon keine Notiz genommen. Nur diejenigen, die er beim Namen gerufen hatte, mit denen er das Brot brach und denen er Worte des Friedens gesagt hatte, erkannten, was geschah. Es war jedoch ein verborgenes Geschehen, das die Menschen von den Fesseln des Todes befreite.

N, 354

VERSTANDEN

Ein Schüler sagte zu seinem Guru, dass er einen fernen Ort aufsuchen wolle, um zu meditieren und, wie er hoffte, Erleuchtung zu erlangen. Alle sechs Monate schickte er dem Guru eine Nachricht, um ihn über seine Fortschritte zu unterrichten. So schrieb er im ersten Brief: »Nun verstehe ich, was es heißt, das Selbst aufzugeben.« Der Guru zerriss den Brief und warf ihn in den Papierkorb.

Nach sechs Monaten erhielt er die nächste Nachricht, in der es hieß: »Nun besitze ich das Empfinden für alles Lebendige.« Auch diesen Brief zerriss er.

Die dritte Nachricht lautete: »Jetzt kenne ich das Geheimnis des Einen und des Vielen.« Der Brief wurde zerrissen. So ging es mehrere Jahre, bis schließlich keine Nachricht mehr kam. Nach einiger Zeit regte sich beim Guru die Neugier. Als eines Tages ein Reisender auf dem Weg zu dem fernen Ort war, an dem sich sein Schüler aufhielt, bat der Guru ihn: »Könntest du nicht herausfinden, was aus diesem Mann geworden ist?« Endlich erhielt er einen Brief von seinem Schüler, darin stand: *»Was macht das schon aus?«* Als der Guru das las, rief er laut: »Er hat es geschafft! Er hat es geschafft! Endlich hat er verstanden! Er hat es verstanden!«

~

Einem Schüler, der seine Grenzen beklagte, sagte der Meister: »Du hast in der Tat deine Grenzen. Aber hast du bemerkt, dass du heute Dinge tun kannst, die du vor fünfzehn Jahren für unmöglich gehalten hättest? Was hat sich geändert?«

»Meine Begabungen haben sich geändert.«

»Nein, du hast dich geändert.«

»Ist das nicht dasselbe?«

»Nein. Du bist das, wofür du dich hältst. Als sich dein Denken änderte, hast du dich geändert.« M, 284

Wo Dienen wichtiger ist als Verdienen

Wenn man mit Menschen und ihren Nöten zusammenkommt, hat man oft das Gefühl, in einen Dschungel zu geraten, wo Menschen zerbrochen, wo sie einfach plattgemacht werden. Die modernen Barbaren können in feinen Büros sitzen. Sie unterschreiben, ihre Hände werden nicht schmutzig. Sie haben ihre Waffen im Panzerschrank. In der Geschäfts- und Finanzwelt gibt es geradezu Gangster, die Unwissende, Wehrlose, Schwache gnadenlos ausnehmen.

In der Welt der Kranken, Behinderten, Pflegebedürftigen, in der Welt der Menschen, die einen Fehltritt begingen, in der Welt der Menschen, die sich selbst nicht helfen können und anderen Menschen völlig ausgeliefert sind, auch in dieser Welt kann eine Ausbeutung vorkommen, die genauso widerlich wie in der Welt der Wirtschaft ist.

Menschen in großer Hilflosigkeit sind äußerst empfindlich. Darum ist ihnen gegenüber Habgier besonders ekelhaft. Sich an der Not anderer zu bereichern, ist unmenschlich. Wenn du mit einem schwachen Menschen umgehst, muss Liebe den Vorrang haben und nicht das Geld.

Wenn dein Beruf die Sorge für leidende Mitmenschen ist, musst du zuerst ihr Leid und ihre Not sehen und sie gern haben. Dienen ist hier unendlich viel wichtiger als Verdienen. Wer hier ausschließlich ans Verdienen denkt, versündigt sich durch eine besonders scheußliche Form der Ausbeutung. B, 345

UMDENKEN

Viele Menschen haben negative Gefühle und sind sich dessen nicht bewusst. Viele Leute sind frustriert und sind sich ihrer Frustration nicht bewusst. Erst wenn sie die Freude kennen gelernt haben, geht ihnen auf, wie frustriert sie waren. Unentdeckten Krebs kann man nicht behandeln. Kornwürmer lassen sich nicht aus einer Scheune vertreiben, wenn nicht bekannt ist, dass es sie dort gibt.

Zuerst muss man sich also seiner negativen Gefühle bewusst werden. Was sind das für negative Gefühle? Schwermütigkeit zum Beispiel. Sie sind verzweifelt und niedergeschlagen; Sie können sich selbst nicht mehr leiden oder fühlen sich schuldig. Sie meinen, das Leben sei witzlos, es habe einfach keinen Sinn; Ihre Gefühle wurden verletzt, Sie fühlen sich nervös und angespannt ...

Diese negativen Gefühle gibt es nur in Ihnen, nicht in der Wirklichkeit. Hören Sie ruhig damit auf, die Wirklichkeit ändern zu wollen. Hören Sie damit auf, andere ändern zu wollen. Wir verwenden unsere ganze Zeit und Kraft auf den Versuch, äußere Umstände verändern zu wollen; unsere Ehefrauen, Chefs, Freunde, Feinde – eben die anderen umzukrempeln. Wir müssen nichts ändern. Niemand und nichts auf der Welt hat die Macht, Sie unglücklich zu machen, Ihnen zu schaden oder Sie zu verletzen: kein Ereignis, keine Umstände, keine Situation, auch kein anderer Mensch. Aber niemand hat es Ihnen gesagt; vielmehr erzählte man Ihnen das Gegenteil. Vergessen Sie diesen Unsinn. Deswegen haben Sie jetzt diese Probleme; deswegen schlafen Sie. Man hat Sie über diese Selbstverständlichkeit im Unklaren gelassen. M, 281

Durch eine gefärbte Brille

In meiner Heimat Indien wuchsen viele Männer in dem Glauben auf, Frauen seien wie Kühe. »Ich habe sie geheiratet«, sagen sie, »sie gehört mir.« Kann man diesen Männern einen Vorwurf machen? Machen Sie sich auf einen Schock gefasst: nein, kann man nicht. Ebenso wenig wie vielen Amerikanern vorzuwerfen ist, wie sie über Russen denken. Ihre Brillen wurden einfach getönt, und in diesem Farbton sehen sie jetzt die Welt. Sobald Sie die Welt aus der Sicht einer Ideologie betrachten, sind Sie am Ende. Keine Wirklichkeit passt in eine Ideologie, das Leben ist mehr als das. Darum suchen die Menschen immer nach einem Sinn des Lebens. Aber das Leben kann keinen Sinn haben, denn Sinn ist eine Formel; Sinn ist etwas, was unserem Verstand vernünftig erscheint. Immer, wenn Sie meinen, in der Wirklichkeit einen Sinn zu sehen, stoßen Sie auf etwas, was den Sinn wieder zunichte macht. Sinn ist nur zu finden, wenn Sie über den Sinn hinausgehen. Das Leben hat nur Sinn, wenn Sie es als Mysterium verstehen.

~

Der Meister lehnte Ideologien aus dem einfachen Grund ab, da sich ihre Theorien zwar einsichtig anhören, aber mit der Wirklichkeit nie übereinstimmen. Er erzählte von einem Ideologen, der einmal sagte: Das ist doch eine verrückte Welt! Die Reichen kaufen auf Kredit, obwohl sie im Geld schwimmen, aber die Armen, die keinen Pfennig haben, müssen in bar zahlen.«

»Was schlägst du also vor?«, fragte jemand.

»Das Ganze umkehren. Lass die Reichen bar zahlen und gib den Armen Kredit.«

»Aber wenn ein Kaufmann den Armen Kredit gibt, wird er bald selbst arm enden.«

»Großartig!«, sagte der Ideologe, »dann kann er auch auf Kredit kaufen.« M, 218

Wer an die Auferstehung glaubt

Ostern ist das Fest der Auferstehung, das Fest des Jungseins, das Fest des ewigen Lebens. Wer an die Auferstehung glaubt, wird niemals alt, kann immer neu anfangen, findet nach der schwärzesten Nacht immer einen leuchtenden Morgen. Wer an die Auferstehung glaubt, braucht keine Angst vor dem Leben zu haben, braucht vor Leid und Tod nicht zu verzweifeln.

Wer an die Auferstehung glaubt, vermiest und versauert und vergiftet nicht sein Leben und verfängt sich nicht im fein gesponnenen Netz unlösbarer Probleme, die nur noch unlösbarer werden, wenn man den Menschen total begraben will, mit Seele und Geist und mit allem.

Ich glaube an die Auferstehung. Ich glaube an das Leben. Ich glaube an die Vergebung der Sünden und dass schlechte Menschen, wenn es die gibt, wieder gute Menschen werden. Ich glaube an die Liebe als die absolute Macht, die alle Menschen und die Welt und den ganzen Kosmos bewegt. Ich glaube an Gott, der Liebe ist. B, 125

Leben und sterben lernen

Viele Menschen kennst du mehr oder weniger oberflächlich. Aber einen Menschen musst du gründlich kennen lernen, und selbst dann wirst du nicht immer durchschauen, warum er so fühlt und warum seine Leidenschaften manchmal so ausbrechen wie ein Vulkan. Einen Menschen gibt es, mit dem du täglich leben musst und von dem du dich nicht leicht lösen kannst. Dieser Mensch sitzt in deiner eigenen Haut. Dieser Mensch bist du selbst.

Und nun sage ich etwas ganz Seltsames: Um leben zu lernen, musst du sterben lernen. Um glücklich zu sein, musst du eine Menge Dinge loswerden. Unter anderem musst du dich lösen von deiner Selbstsucht, von deinem krankhaften Starrsinn, von deiner Gier.

Aber wie? Du musst keine verrückten Dinge machen. Das gewöhnliche tägliche Leben ist dein bester Lehrmeister. Immer dasselbe, dieselben Gesichter, dieselben Arbeiten. Derselbe tägliche Ärger, die unvermeidlichen Reibereien. Immer wieder Wünsche, die nicht in Erfüllung gehen. Immer wieder Missverständnisse und Misserfolge. Das alles wird dich schleifen wie einen Diamanten. Es tut weh, ich weiß es, und manchmal geht es nicht. Aber es gibt keinen anderen Weg zum inneren Frieden als den Weg, der im Schatten des Kreuzes verläuft. Es ist der österliche Weg zur Auferstehung, zur Freude. B, 111

Entwicklungsstufen

Der Meister war in mitteilsamer Stimmung, also versuchten seine Schüler von ihm zu erfahren, welche Entwicklungsstufen er auf seiner Suche nach dem Göttlichen durchgemacht hatte.

»Zuerst nahm mich Gott an der Hand und führte mich in das Land der Tat, und dort blieb ich mehrere Jahre. Dann kehrte Er zu mir zurück und führte mich in das Land des Leidens; dort lebte ich, bis mein Herz von jeder übermäßigen Bindung gereinigt war. Darauf fand ich mich wieder im Land der Liebe, dessen Flamme alles verzehrte, was von meinem Selbst übrig geblieben war. Und das brachte mich in das Land der Stille, wo die Geheimnisse von Leben und Tod vor meinen staunenden Augen enthüllt wurden.«

»War das die letzte Stufe Eurer Suche?«, fragten sie.

»Nein«, sagte der Meister, »eines Tages sagte Gott: ›Heute werde ich dich in das innerste Heiligtum des Tempels mitnehmen, in das Herz von Gott selbst.‹ Und ich wurde in das Land des Lachens geführt.«

~

Als der Meister das Bildwort Jesu erklärte, in dem von Menschen die Rede ist, die »Mücken aussieben und Kamele verschlucken«, erzählte er, wie während des Krieges bei einem Luftangriff alle im Keller des Klosters Schutz suchen mussten. Den ganzen Tag saßen sie im Dunkeln und hörten, wie draußen die Bomben detonierten. Als der Abend kam, konnten zwei das Warten nicht länger ertragen.

»Wir haben genug«, sagten sie. »Bomben hin, Bomben her, wir gehen nach Hause.« Sie verließen den Keller, kamen aber keine drei Minuten später wieder zurück.

»Wie ich sehe, habt ihr euere Meinung geändert«, sagte der Meister lächelnd.

»Ja«, sagten sie verärgert. »Es hat angefangen zu regnen.« M, 382

Seltsames Menschenleben

Das Menschenleben ist so seltsam, so unbegreiflich. Es gibt Tage, da scheint die Sonne. Du weißt nicht warum. Du bist zufrieden. Du siehst die schönen Seiten des Lebens. Du freust dich, du bist dankbar. Deine Arbeit läuft gut. Alle sind freundlich zu dir. Du weißt nicht warum. Vielleicht hast du gut geschlafen, Anerkennung erlebt, Erfolg, Geborgenheit. Wenn diese Zeit doch nie aufhörte!

Aber auf einmal verändert sich alles. Es ist, als ob eine übergroße Sonne die Wolken anzieht. Eine unerklärliche Traurigkeit kommt über dich. Dir fällt alles schwer, du siehst alles schwarz. Du meinst, dass die anderen dich nicht mehr mögen. Du beklagst dich über Kleinigkeiten, machst Vorwürfe. Du denkst, das bleibt so und wird nie mehr anders. Und wieder weißt du nicht, warum das so ist. Vielleicht bist du müde? Du weißt es nicht. Warum ist das so?

Weil der Mensch ein Stück Natur ist: mit Frühling und Herbst, mit der Wärme des Sommers und der Kälte des Winters, mit Ebbe und Flut, wie der Rhythmus des Meeres. Weil sich in unserem Dasein fortwährend Leben und Sterben wiederholt. Wenn du das begreifst, kannst du voll Mut und Vertrauen weiter, denn dann weißt du: Nach jeder Nacht kommt wieder ein neuer Morgen. Wenn du glauben kannst, wirst du selbst erfahren, dass dieses regelmäßige Sterben notwendig ist, um wieder neu und tiefer und voller Freude zu leben. B, 100

KEINE ANTWORT

»Sag mir«, wandte sich der Atheist an den Meister, »gibt es wirklich einen Gott?«

Sagte der Meister: »Wenn du willst, dass ich vollkommen ehrlich zu dir bin, möchte ich nicht antworten.«

Daraufhin fragten die Schüler den Meister, warum er keine Antwort geben wollte.

»Weil seine Frage nicht zu beantworten ist«, erwiderte er.

»Also bist du ein Atheist?«

»Ganz bestimmt nicht. Der Atheist macht den Fehler, das zu leugnen, wovon nichts gesagt werden kann.«

Und nach einer Pause, in der seine Worte sich gleichsam setzen konnten, fuhr der Meister fort:

»Und der Theist macht den Fehler, es zu behaupten.«

Zu einem Schüler, der ständig am Beten war, sagte der Meister: »Wann wirst du aufhören, dich auf Gott zu stützen, und lernen, auf eigenen Füßen zu stehen?«

Der Schüler war erstaunt: »Aber gerade Ihr habt uns gelehrt, Gott als unseren Vater anzusehen!«

»Wann wirst du lernen, dass ein Vater nicht jemand ist, auf den man sich stützen kann, sondern jemand, der dich von deinem Anlehnungsbedürfnis befreit?«

Der Prediger diskutierte mit dem Meister über die Frage, inwieweit der Mensch von Gott abhängig ist.

»Gott ist unser Vater«, sagte er, »und immer werden wir auf seine Hilfe angewiesen sein.«

Sagte der Meister: »Hilft der Vater seinem minderjährigen Kind, lächelt alle Welt. Hilft ein Vater seinem erwachsenen Kind, weint alle Welt.«

M, 309

Segenswunsch

Dein Friede
möge auf uns herabkommen

dein Friede möge uns
erfüllen

dein Friede
möge uns
unruhig machen

dein Friede
möge uns
sehnsüchtig machen

dein Friede
möge uns
Mut zum Dunkel geben

dein Friede
möge uns
Lust am Leben machen

dein Friede
möge uns
Vertrauen lehren

dein Friede
möge uns
auf die Suche schicken

Österliche Lebensspuren

dein Friede
möge Antwort
auf meine Fragen sein

dein Friede
sei mit uns

S4, 115f

MAI

Was wirklich zählt und trägt – Klänge der Lebenstiefe

Gott hat die Sehnsucht ausgegossen in unsere Herzen (1)

Es gibt Tage in meinem Leben, da steckt eine geheimnisvolle Kraft in mir. Da ist es, als ob alles Verhärtete plötzlich weich wird. Da fließt es in mir, ich bin in der Bewegung, die Bewegung ist in mir. Das sind Tage, an denen mein Lächeln ansteckt, meine Augen offen sind für Dinge, die ich sonst übersehe, da hören meine Ohren plötzlich Melodien – das sind Tage, an denen einfach alles rund läuft und rund ist. Ich gebe zu, sie sind selten, diese Tage – und ich empfinde sie wohl auch nur deshalb als so hell, weil es einen dunklen Hintergrund dazu gibt, von dem das Helle absticht.

Vielleicht muss es so sein: das Helle und das Dunkle, Licht und Schatten, Tag und Nacht bedingen einander, ja brauchen sich, um das jeweils Eigene zu sein. Der Frühling wird erst durch Sommer, Herbst und Winter zum Frühling. Es braucht das Durchleben der Wochen und Monate, in denen ich vom morgendlichen Autoscheiben-Freikratzen geweckt werde und weiß, ich muss zehn Minuten früher die Wohnung verlassen; es braucht die kurzen Tage, an denen ich, durch Arbeitszeiten bestimmt, morgens im Dunkeln weggehe, abends im Dunkeln heimkomme; es braucht die eiskalten Hände und den eingefrorenen Wasserhahn und die Sehnsucht nach lauen Sommernächten, um den Frühling wirklich begrüßen und willkommen heißen zu können.

Immer nur Helle, immer nur Frühling, immer nur Sonntag, immer nur Hefezopf – wie langweilig ... Dunkelheit, Herbst, Alltag und Schwarzbrot sind notwendig, um das jeweils andere beschreiben und begreifen zu können. Dabei lassen sich die einzelnen Begriffe solcher Unterschiedspaare nicht bewerten. Wenn es den Herbst braucht, damit es Frühling werden kann und umgekehrt, dann ist nicht automatisch das eine besser als das andere. Der Tag braucht die Nacht – ohne das Ausruhen, das Träumen, das Lassen in der Nacht kann ein Handeln, ein Werden nicht sein. Eins braucht das andere. *S3, 79f*

GOTT HAT DIE SEHNSUCHT AUSGEGOSSEN IN UNSERE HERZEN (2)

Solche Gegensatzpaare sind uns Menschen oft unbequem. Wir können und wollen vielleicht auch nicht verstehen, dass es eben Gegensätzliches im Leben gibt. Viel lieber hätten wir es harmonisch, friedvoll, zusammenpassend. Gegensätze – das bedeutet unterschiedliche Meinungen, Konflikte, Streit, ist die alte Frage: wer gewinnt?

Unsere Vorlieben scheinen dabei zum Hellen, zum Tag, zum Hefezopf hin zu tendieren. Dieser Pol scheint uns einfacher lebbar zu sein. Man will sich das Angenehmere holen – und das auf den ersten Blick weniger Schöne wegfallen lassen. So freue ich mich auf das freie Wochenende – und mag den Montag nicht, denn da fängt die Arbeit wieder an. Krankheit, Siechtum, Alter, Tod werden verdrängt, abgeschoben – sicher, irgendwann einmal, aber jetzt doch nicht. Die Jahreszeiten werden egalisiert – im Januar werden Erdbeeren und neue Kartoffeln angeboten, die nach nichts schmecken. Ich lasse Liebe und Zärtlichkeit als Gefühle zu, ersticke aber meinen Hass und meine Wut. Ich lebe mein Glück und will die Trauer nicht kennen. Ich will das Schöne und Angenehme – am liebsten dauernd und sofort.

Ich glaube, das kann so nicht gut gehen. Das ist, als wenn ich meinen Schatten verkaufen wollte – ich gebe etwas her, das zu mir gehört, das mir aber doch sinnlos erscheint, mit dem ich im Moment nichts anfangen kann und will. Mit meinem Schatten mag ich mich nicht auseinander setzen – und auch nicht mit Tod, Krankheit, Behinderung, den dunklen Mächten der Nacht und was weiß ich sonst noch alles. Damit aber verarme ich auch. Ich verkaufe dem scheinbaren Glück meinen Schatten und merke nicht, dass es der Teufel selbst ist, dem ich mich verkaufe.

S3, 80f

Gott hat die Sehnsucht ausgegossen in unsere Herzen (3)

Schatten können nur da sein, wo Licht ist – es braucht den Gegensatz, um das jeweils andere zu erkennen. Ohne Herbst kein Frühling ... der Frühling lässt sich nicht dadurch erzwingen, dass ich den Herbst verkaufe. Leben ohne Tod ist kein Leben.

Es mag schwer sein, diese Gegensätze in mir und in anderen auszuhalten. Mir jedenfalls fällt es schwer, an diesen Tagen der Trauer, der Dunkelheit mich nicht nur in die Hoffnung des Lichtes zu flüchten, sondern diese Dunkelheiten anzunehmen und zu er-leben.

Aber möglicherweise bedeutet der Ausdruck »ganzheitlich leben« – oder biblisch gesagt »das Leben in Fülle« – genau dies: nicht einseitig zu leben, sondern den Gegensätzen und Widersprüchlichkeiten in mir Raum und auch Zeit geben, um in einen Rhythmus zu finden von Tag und Nacht, Sein und Werden, Tun und Lassen. Oder in Regeln als Lebensform beschrieben: Bete und arbeite, Widerstand und Ergebung, Kampf und Kontemplation.

Versöhnung ist angesagt, eine Versöhnung aber, die die Gegensätze nicht verleugnet, sondern ihnen ihren Platz lässt. Eine Versöhnung, die zulässt, dass es Schwarz und Weiß, Mann und Frau, Bewegung und Ruhe gibt; eine Versöhnung, die die Gegensätze auf einer anderen Ebene aufhebt und integriert – wenn sie gelebt werden. Der Gott, an den wir glauben, ist auch zuallererst Gegensatz, bevor wir ihn auf einer neuen anderen Stufe des Erlebens als überraschend neue Einheit erleben. Gott ist Tag und Nacht – ist Mann und Frau – Sonntag und Alltag – Frieden und Konflikt – Geborgenheit und Wüste – Aufbruch und Ankommen. Er ist all dies, und gleichzeitig doch mehr, eben weil in ihm diese Gegensätze zu einer neuen Einheit verschmelzen – einer Einheit, die aber erst durch die Anerkennung der Gegensätze möglich ist.

S3, 81f

Gott hat die Sehnsucht ausgegossen in unsere Herzen (4)

Tief in unserer Seele wissen wir um die Einheit, um diese unstillbare Sehnsucht, die in unserem Leben nie befriedigt werden kann. Unser Gott hat diese Sehnsucht ausgegossen in unsere Herzen, wir kommen aus dieser Sehnsucht und werden in diese Sehnsucht heimkehren – und vielleicht heißt Leben ganz einfach sehnsüchtig sein nach dem, was nicht ist.

Wir haben ein Recht auf eine solche Sehnsucht – Gott selbst hat sie uns immer wieder zugesagt. Das Reich Gottes, das Land, in dem diese Sehnsucht erfüllt wird, ist nahe, ist in uns schon angebrochen. Und Reich Gottes heißt eben nicht, Harmonisierung um des lieben Friedens willen, ist nicht nur das sanft vor sich hin glimmende Licht, das leuchtet und wärmt, sondern ist eben auch das Feuer, das brennt und versengt – und das einen neuen Frieden mit sich bringt. Dieser neue Friede ist es, wenn Wolf und Lamm nebeneinander liegen, wenn sich die Gegensätze auf unverständliche Art miteinander versöhnen – das ist Reich Gottes.

Und mir wird immer klarer, dass Reich Gottes kein Zustand, sondern ein Weg ist, ein Weg, der die Sehnsucht zum Ziel hat, vielleicht selbst schon Sehnsucht ist. Und es gibt solche Tage, an denen ich ahne, wie die Erfüllung dieser Sehnsucht sein könnte – das sind die Tage, an denen sich überraschenderweise alles zum Guten auflöst. Da spüre ich etwas von diesem Geist, von dem es beim Propheten Ezechiel heißt: »Ich hauche euch meinen Geist ein, dann werdet ihr lebendig, und ich bringe euch wieder in euer Land« (Ez 37,14). Das ist unbedingte Zusage – keine Vertröstung. Das ist Geschenk – und nicht »Numerus clausus«. Das ist der neue Friede, das Land, in dem die Erfüllung der Sehnsucht wohnt.

S3, 82f

Morgengebet

»Herr, gib mir Sonne, eine Blume, ein Lächeln, die Augen eines Kindes. Herr, gib mir Freude.«

Steig mit diesem Gebet jeden Morgen aus deinem Bett. Mach kein so schrecklich ernstes, zerfurchtes Gesicht. Ich weiß, du hast eine ganze Menge Probleme. Aber blase sie nicht noch weiter auf zu riesigen, schicksalsschweren schwarzen Wolken, die dir den ganzen Himmel verdunkeln. Du brauchst kein Superoptimist zu sein, aber für einen, der alles schwarz sieht, geht die Sonne schon am Morgen unter. Wer materiell überfüllt ist, wird geistig untergehen. Wer ständig unter Hochspannung steht, wer immer gehetzt und überdreht lebt, dem hilft keine kommerzielle Entspannung. Im Gegenteil, sie macht alles nur noch schlimmer.

Bitte um die Augen und das Herz eines Kindes, das über den Rasen jauchzend zu einer Blume läuft, das einen kleinen Fisch im Wasser anstaunt und fragen kann, wer die Sterne am Himmel anzündet. Du musst wieder staunen können, begeistert sein über tausend gute Dinge, die dich jeden Tag umgeben. Dann wird in dir wie von selbst Freude aufkommen, und viele moderne Krankheiten bleiben dir erspart. B, 106

DEIN TIEFSTES WESEN

Ein älterer Herr betrieb in einer größeren Stadt ein Antiquitätengeschäft. Eines Tages betrat ein Tourist den Laden und unterhielt sich mit dem alten Mann über die vielen Dinge, die hier aufgestapelt waren.

Sagte der Tourist: »Welches ist für Sie der seltsamste und geheimnisvollste Gegenstand, den Sie hier haben?«

Der alte Mann warf einen Blick auf die unzähligen Kuriositäten, Antiquitäten, ausgestopften Tiere, Schrumpfköpfe, präparierten Fische und Vögel, archäologischen Fundstücke, Hirschköpfe ... wandte sich dann dem Touristen zu und sagte: »Das seltsamste Ding in diesem Land bin zweifellos ich selbst.«

~

Sagte der Meister:
»Als du noch im Mutterleib warst,
hast du geschwiegen.
Dann wurdest du geboren
und fingst an zu sprechen, sprechen, sprechen –
bis der Tag kommt, da man dich ins Grab legt.
Dann wirst du wieder still sein.
Fange dieses Schweigen ein,
das im Mutterleib war
und im Grab sein wird
und selbst jetzt dieses Intervall von Lärm
unterläuft, das Leben heißt.
Dieses Schweigen ist dein tiefstes Wesen.« M, 135

Unterwegs nach Hause

Wenn man sich fragt, warum in allen Religionen der Weg als Bild für das menschliche Leben genommen wird, so wird man darauf stoßen, dass die Erfahrungen, die Menschen auf dem Wege gemacht haben und immer noch machen, so tief gehen, dass sie für die menschliche Existenz schlechthin gelten. Es geht also beim Wandern nicht bloß um eine Fortbewegung, nicht bloß um körperliche Ertüchtigung, sondern es werden beim Gehen die tiefsten Schichten des menschlichen Bewusstseins angesprochen. Der Mensch erfährt sich selbst als einen, der wesentlich auf dem Weg ist. Er hat hier keine letzte Bleibe. Der Tod stellt jede Heimat in Frage. Der Tod zeigt dem Menschen, dass er in der Welt im Grund ein Fremdling ist, der nach einer ewigen Heimat sucht, wo er sich endgültig niederlassen kann. Und der Mensch spürt, dass er auf dem Wege immer weiter muss, dass er nicht stehen bleiben kann, ohne mit sich selbst uneins zu werden. Wenn er sich treu bleiben will, so muss er gehen. Wenn er Mensch werden will, muss er wandernd sich wandeln, um im Tod als der letzten Wandlung vom Leben ganz durchdrungen und verwandelt zu werden. Dann hat er seine Bestimmung erfüllt, dann ist er angekommen daheim.

Der Mensch ist nicht bei sich zu Hause, sondern er ist auf dem Weg nach Hause. Und er wird dort nur ankommen, wenn er aus sich selbst auszieht und sich auf den Weg zu Gott macht, der ihn anzieht und so lange auf den Weg schickt, bis er sich nicht mehr bei Vorläufigem aufhält, sondern bei Gott selbst ankommt und bei ihm für ewig daheim ist. Im Wandern übt er sich in die Bestimmung seiner Existenz ein. Und eine Theologie des Wanderns lässt ihn bewusster erfahren, was er wandernd tut, dass er letztlich immer auf dem Wege ist, auf dem Wege nach Hause: Wohin denn gehen wir – immer nach Hause. G, 234

Gut von Menschen reden

Es ist eine Erfahrungstatsache, dass wir mit Loben bei vielen Menschen oft weiterkommen als mit ständiger Kritik. Wer Kinder zu erziehen hat, der weiß, wie viel ein lobendes Wort bewirken kann. Wenn ich im Lob das Gute am andern benenne, wecke ich es zum Leben, ich locke das Gute in ihm hervor. Das Lob vergisst nicht, dass im andern auch negative Seiten sind, die keineswegs gelobt werden können. Aber das Loben spricht bewusst das Gute an. Es hebt das Gute ins Wort und damit zum Leben. Denn auch hier gilt, was ausgesprochen wird, wird wirksam. Das Aussprechen schafft etwas von dem, was ausgesprochen wird. Zumindest wird es für den Hörer bewusster, und dadurch kann es in ihm etwas bewirken.

Wer das Loben allerdings nur als pädagogischen Trick einsetzt, wird vom andern bald durchschaut werden. Und dann wirkt das Lob nicht mehr. Im Wesen des Lobes liegt es, dass der Lobende von sich selbst absieht, dass er es nicht verzweckt. Im Loben sollen wir von unseren Absichten absehen und auf den anderen sehen, ihn in den Mittelpunkt stellen. Das kommt schon in der sprachlichen Form zum Ausdruck. Ich sage zwar zu jemandem: »Ich danke dir«, aber nie: »Ich lobe dich«, sondern ich kleide das Lob immer in einen Satz, in dem der andere Subjekt ist: »Du hast das gut gemacht, du siehst schön aus, du hast einen guten Eindruck gemacht« (Claus Westermann, Das Loben Gottes in den Psalmen. Göttingen [4]1968, 22).

Im Loben vergesse ich mich, vergesse ich auch die Wirkung des Wortes auf den anderen. Ich lobe, weil ich das so sehe und weil der andere in mir das Lob hervorruft. Im Loben lasse ich dem anderen Raum. Er wächst durch das Lob. Er kann sich entfalten. Das Gute in ihm wird durch mein Ansprechen verstärkt. Und er kann nun selbst ein Stück mehr an das Gute in sich glauben, es zulassen und so sein Wachsen fördern.

G, 101

Christi Himmelfahrt – Christus in uns

Das Fest Christi Himmelfahrt will unseren Blick auf unser Ziel richten, auf den Himmel. Wir sollen nicht aufgehen in den irdischen Geschäften, sondern aufschauen zu Christus, der schon beim Vater ist. Was auf den ersten Blick wie ein moralischer Appell aussieht, ist in Wirklichkeit eine befreiende Botschaft. Denn wer vom Himmel als von seiner Heimat her leben kann, für den relativieren sich viele Dinge seines Lebens, für den haben Erfolg und Besitz und Gesundheit nicht mehr den höchsten Stellenwert, er kann allem gelassener und ohne Angst gegenübertreten. Wenn er im Herzen schon am Ziel ist, dann ist der Weg nicht mehr so beschwerlich, dann hat er einen inneren Abstand zu dem, was ihm auf dem Weg begegnet. Er klammert sich nicht daran fest. Er ist in seinem Herzen schon woanders. C. G. Jung meint, dass der Blick auf Christus, der die Schwelle des Todes bereits überschritten hat, dem Menschen guttut und ihn psychisch gesund hält. Nun kann er im Tod ein positives Ziel sehen. Das hält ihn lebendig.

Für Jung ist die Religion eine Schule, die uns auf die zweite Lebenshälfte hin erzieht. Christi Himmelfahrt ist innerhalb dieser Lebensschule das Fest, das uns über die Selbstbehauptung in der Welt hinausführt in einen Bereich, wo wir erst wahrhaft zum Menschen werden. [...]

Wir berühren nicht mehr den historischen Jesus, sondern den Christus im Geist. Aber ihn berühren wir wirklich, er ist in uns. Ja, er ist uns sogar näher gekommen als damals. Denn damals stand er neben und zwischen den Menschen. Aber jetzt ist er in uns. Solange ein Mensch neben uns lebt, sind wir fixiert auf das, was wir sehen. Aber sein eigentliches Geheimnis übersehen wir oft. Christus musste zum Vater gehen, damit wir nicht an seiner historischen Gestalt hängen bleiben. Wenn er geht, können wir alles verinnerlichen, was er gelebt hat. Christus kann nun in uns Gestalt annehmen. So ginge es am Fest Christi Himmelfahrt darum, dass wir Christus nicht oben im Himmel suchen, sondern in uns.

G, 126

Visionen – Träume (1)

In den Träumen spricht Gott mit uns, aber es ist eine dunkle Sprache, eine Sprache in Rätseln. Wir sind jedoch darauf angewiesen, auf die Träume zu hören, wenn wir Gottes Wort für uns vernehmen wollen, wenn wir wissen wollen, wie wir richtig leben können. In unserem bewussten Leben sind wir oft blind und taub gegenüber Gott. Wir übersehen, was er uns sagen will. Wir hören nur auf unsere eigenen Gedanken oder auf die der Menschen um uns herum. Aber wir überhören Gottes Stimme. Da muss Gott sich in unseren Träumen vernehmbar machen. So sind die Träume für die Israeliten etwas Heiliges, da Gott uns darin berührt und anspricht. Aber er spricht nicht nur, er erscheint auch in Visionen. Wenn die Bibel von Visionen spricht, dann meint sie nicht außergewöhnliche Ereignisse, Geschehnisse, die wir im Film festhalten könnten. Es sind immer Erscheinungen für Menschen gemeint, Erscheinungen, die sich in unserer Psyche bemerkbar machen und die wir mit unserem inneren Auge wahrnehmen können. Es sind keine Einbildungen, sondern Widerfahrnisse, genauso wie die Träume, die uns ja auch widerfahren, die wir uns nicht selbst einbilden. [...]

Zu Samuel spricht Gott mitten in der Nacht. Er wacht dreimal auf, weil Gott ihn ruft. Dreimal versteht er die Stimme nicht. Das letzte Mal antwortet er: »Rede, Herr, dein Diener hört« (1 Samuel 3,9). Diese Stelle wurde für einen amerikanischen Geistlichen zum Schlüsselerlebnis. Er litt an Schlafstörungen und suchte deshalb einen Therapeuten auf, um davon befreit zu werden. Doch der fragte ihn, ob er schon einmal überlegt habe, dass Gott mit ihm reden möchte, wenn er nicht schlafen kann.

Und er erinnerte an Samuel.

G, 266

Visionen – Träume (2)

Im Neuen Testament spielt der Traum vor allem bei Matthäus eine große Rolle. Die Geburt Jesu wird von Träumen begleitet. Joseph erfährt im Traum, dass seine Verlobte vom Heiligen Geist schwanger ist. Der Traum enthüllt ihm, was geschehen ist und was er zu tun hat. Und Joseph gehorcht. Er nimmt Maria zu sich. Der Traum ist für ihn nicht ein unverbindliches Wissen, sondern er verpflichtet ihn zum Handeln. [...]

Als das göttliche Kind geboren war, machten sich Sterndeuter aus dem Osten auf den Weg, um das Kind anzubeten. Auch sie hören auf Träume. Aber sie verbinden ihre Träume mit der Wissenschaft von den Sternen und mit ihrem geschichtlichen Wissen. So erreichen sie ihr Ziel. Der Stern weist ihnen den Weg, sie forschen in Jerusalem nach dem Kind. Und als sie es gefunden haben, fallen sie nieder und beten es an. Im Traum erfahren sie von Gott, dass sie auf einem anderen Weg heimziehen sollen. Und sie gehorchen, genau wie Joseph, dem nun wieder ein Engel im Traum erscheint, um ihn zur Flucht nach Ägypten aufzufordern. Und auf einen Traum hin kehrt Joseph wieder nach Israel zurück. So ist die Geburt Jesu von lauter Träumen umgeben. Im Traum erkennt Joseph das Geheimnis Marias und das Geheimnis des göttlichen Kindes. Und der Traum weist ihm den Weg, den er gehorsam zu gehen hat. Die Träume sind also verpflichtend. Sie wollen sich in die Realität des Lebens hinein auswirken.

Joseph gehorcht seinen Träumen, doch Pilatus hört nicht auf den Traum seiner Frau, die ihm bezeugt, dass Jesus unschuldig ist und ihn auffordert, seine Hände von diesem Mann zu lassen. Die Gerichtsverhandlung kann nicht erweisen, ob Jesus schuldig ist oder nicht. Doch der Traum zeigt es deutlich.

G, 267

Visionen – Träume (3)

Bei Lukas spielen die Träume vor allem in der Apostelgeschichte eine große Rolle. Petrus erfährt im Traum, dass er die Heiden zur christlichen Gemeinde zulassen solle und dass die jüdischen Gesetze keine absolute Geltung für sie haben. Sein Traum »kennzeichnet einen Wendepunkt in der frühen Missionsgeschichte der Urgemeinde« (H. Hark: Der Traum als Gottes vergessene Sprache. Olten ^{2}1984, 128). Von sich aus ist Petrus streng dem jüdischen Denken verpflichtet. Und er weigert sich, mit den Heiden Gemeinschaft zu pflegen. Da spricht Gott ihn im Traum an. Er zeigt ihm eine Schale voll von vierfüßigen Tieren, die den Juden als unrein gelten. Und er sagt zu ihm: »Steh auf, Petrus, schlachte und iss!« Und auf den Widerstand des Petrus antwortet die Traumstimme: »Was Gott für rein erklärt, nenne du nicht unrein« (Apostelgeschichte 10,3–15). Der Traum bricht seinen Widerstand. Petrus steht auf und geht mit den Boten des heidnischen Hauptmanns Cornelius nach Caesarea und tauft ihn dort. Als Begründung für sein Tun gibt er den Traum an. Diese Begebenheit zeigt, welch eminente Bedeutung man dem Traum in der Urkirche zumaß. Der Traum entscheidet über den Gang der Mission. Der Traum durchbricht menschliche Widerstände und gibt dem göttlichen Wirken Raum in Menschen, die von sich aus sehr eng sind. Er weitet ihren Horizont und treibt sie zu ungewohntem Tun an.

Das zeigt sich auch in der nächtlichen Vision des Paulus. Im Traum erscheint ihm ein Makedonier und bittet ihn: »Komm herüber nach Makedonien und hilf uns!« (Apostelgeschichte 16,9). Und Paulus folgt der Einladung, weil er überzeugt ist, dass Gott ihn berufen hat, dort das Evangelium zu verkünden. So nahm auf einen Traum hin die Mission in Europa ihren Anfang. Solch weitreichende Entscheidung in der Missionsgeschichte wurde nicht aufgrund von bewussten strategischen Überlegungen gefällt, sondern aufgrund eines Traumes. G, 268

Visionen – Träume (4)

So hat der Traum in der Bibel eine zweifache Bedeutung. Einmal enthüllt er mir die Wahrheit über mich und über andere Menschen, über meinen persönlichen Zustand und über das Geheimnis meines Lebens, aber auch über die politische und religiöse Situation des Volkes oder eines einzelnen Menschen. Der Traum korrigiert und ergänzt meine bewusste Sicht, aber er eröffnet auch ganz neue Horizonte. Er lässt die Wirklichkeit in ihrem wahren Licht erscheinen. Gott zeigt mir dann im Traum die Wahrheit, er zieht den Schleier weg, der über der Wirklichkeit liegt. Aber der Traum ist auch Ort direkter Gottesbegegnung. Gott sendet nicht nur Botschaften über die Wirklichkeit, sondern er tritt uns entgegen, er kämpft mit uns wie im nächtlichen Ringen mit Jakob (Genesis 32,23–33) und gibt sich selbst zu erkennen, er erscheint in Visionen und lässt sich in den Bildern des Traumes schauen.

Die zweite Bedeutung der biblischen Träume ist die konkrete Weisung. Gott gibt uns im Traum an, was wir tun und welchen Weg wir einschlagen sollen. Er zeigt uns, wie wir uns entscheiden sollen, und hilft uns so, eine Orientierung in unserem Leben zu finden. In der klaren Weisung liegt etwas Befreiendes, Eindeutiges. Wenn Gott im Traum einen Befehl erteilt, dann bleibt uns nichts übrig als zu gehorchen, selbst wenn wir den Sinn der Weisung nicht einsehen. Der Traum ist keine Gedankenspielerei, sondern er geht uns unbedingt an. Er hat Auswirkungen auf unser Tun, er verwirklicht sich in konkreten Taten in dieser Welt, ja er bestimmt wichtige historische Entscheidungen und Entwicklungen. Er setzt ein Geschehen in Gang, das weitreichende Folgen für alle Menschen hat. Gott selbst greift im Traum in die Geschichte ein und lenkt sie nach seinem Ratschluss und Willen. G, 269

Wach werden

Spiritualität bedeutet wach werden. Die meisten Leute schlafen, ohne es zu wissen. Sie wurden schlafend geboren, sie leben schlafend, sie heiraten im Schlaf, erziehen im Schlaf ihre Kinder und sterben im Schlaf, ohne jemals wach geworden zu sein. Niemals verstehen sie den Reiz und die Schönheit dessen, was wir menschliches Leben nennen. Bekanntlich sind sich alle Mystiker – ob christlich oder nichtchristlich und egal, welcher theologischen Richtung oder Religion sie angehören – in diesem einen Punkt einig: dass alles gut, alles in Ordnung ist. Obwohl gar nichts in Ordnung ist, ist alles gut. Ein wirklich seltsamer Widerspruch. Aber tragischerweise kommen die meisten Leute gar nicht dazu, zu erkennen, dass tatsächlich alles gut ist, denn sie schlafen. Sie haben einen Albtraum.

Vor einiger Zeit hörte ich im Radio die Geschichte von einem Mann, der an die Zimmertür seines Sohnes klopft und ruft: »Jim, wach auf!«

Jim ruft zurück: »Ich mag nicht aufstehen, Papa.«

Darauf der Vater noch lauter: »Steh auf, du musst in die Schule!«

»Ich will nicht zur Schule gehen.«

»Warum denn nicht?«, fragt der Vater.

»Aus drei Gründen«, sagt Jim. »Erstens ist es so langweilig, zweitens ärgern mich die Kinder, und drittens kann ich die Schule nicht ausstehen.«

Der Vater erwidert: »So, dann sag ich dir drei Gründe, wieso du in die Schule musst: Erstens ist es deine Pflicht, zweitens bist du 45 Jahre alt, und drittens bist du der Klassenlehrer.«

Also aufwachen, aufwachen! Du bist erwachsen geworden, du bist zu groß, um zu schlafen. Wach auf! Hör auf, mit deinem Spielzeug zu spielen.

M, 12

Geistliche Dürre

Es gibt Zeiten, in denen wir eine zerstörende Trockenheit in unserem geistlichen Leben erfahren. Das Verlangen zu beten erlischt, Erfahrungen der Gegenwart Gottes verblassen, Gottesdienste langweilen, und selbst das, was wir von Gott, Jesus Christus und dem Heiligen Geist glaubten, erscheint fast wie ein Märchen.

In solch einer Situation müssen wir uns zu Bewusstsein bringen, dass fast alle diese Gefühle und Gedanken nichts weiter als eben Gefühle und Gedanken sind und der Geist Gottes jenseits unserer Gefühle und Gedanken wohnt. Es ist ein großes Geschenk, Gottes Gegenwart in unseren Gefühlen und Gedanken erfahren zu können. Sind wir dazu aber nicht fähig, so muss das nicht heißen, dass Gott abwesend ist. Vielmehr bedeutet dies oft, dass Gott uns zu großer Glaubenstreue aufruft.

Gerade in Zeiten geistlicher Trockenheit sollten wir an unseren gewohnten geistlichen Pflichten und Übungen festhalten, damit wir zu einer neuen Vertrautheit mit Gott finden. N, 230

Zusage

Du brauchst nicht
das Unmögliche
möglich zu machen
du brauchst nicht
über deine Möglichkeiten
zu leben
du brauchst dich nicht
zu ängstigen
du brauchst nicht
alles zu tun
du brauchst
keine Wunder zu vollbringen
du brauchst dich nicht
zu schämen
du brauchst nicht zu genügen
du brauchst Erwartungen an dich
nicht zu entsprechen
du brauchst
keine Rolle zu spielen
du brauchst
nicht immer kraftvoll zu sein

und du brauchst nicht
alleine zu gehen

S2, 26

Unser Leben anderen erschliessen

Werden wir gefragt, warum wir eigentlich nicht schreiben, sagen wir meist: »Ich habe nichts wirklich Neues zu sagen. Was ich auch sagen möchte, hat jemand anderer schon gesagt, und dies viel besser, als ich es je könnte.« So zu antworten ist aber kein stichhaltiges Argument, nicht zu schreiben. Jeder Mensch ist einzigartig und mit besonderen Fähigkeiten ausgestattet. Auch hat kein anderer das erlebt, was wir erlebt haben. Darüber hinaus haben wir das, was wir erlebt haben, nicht nur für uns, sondern ebenso für andere erlebt. Schreiben kann ein sehr schöpferischer und anregender Weg sein, unser Leben uns selbst und anderen zu erschließen.

Wir dürfen darauf vertrauen, dass unsere Geschichten, Erfahrungen und Erlebnisse wert sind, erzählt zu werden. Dabei werden wir vielleicht entdecken, dass je besser wir sie erzählen, umso besser wir sie auch leben möchten. N, 134

Vom Mass der Dinge ...

In der Regel ist es erst das Maß, die Menge, die Intensität einer Sache, die darüber entscheidet, ob sich etwas als heilsam auswirkt oder lebensbedrohend wird. Freiheit ist ein wichtiger Lebenswert für den Menschen – solange sie nicht in Zügellosigkeit ausartet. Sensibilität ist hilfreich, solange sie nicht zur Überempfindlichkeit wird. Sparsamkeit kann zum Geiz werden, Treue zur Abhängigkeit, Wut kann zur sinnlosen Zerstörung führen.

In Maßen ist alles sinnvoll – es kommt auf die »Dosis« an. Erst das »Zuviel« ist schädlich, das »Zuviel«, das das andere nicht mehr zum Zug kommen lässt.

Manchmal kann ich »das Maß« erst erkennen, wenn ich es überschritten habe. Ich habe über meine Kräfte hinaus gearbeitet, habe zugehört, Außenkontakte gehabt, jetzt brauche ich Stunden, Tage, an denen ich nichts mehr von außen an mich herankommen lassen darf. Oder ich war einem Menschen so nah, dass es jetzt wieder einen Schritt in die Distanz braucht.

Lebe ich zu lange und zu intensiv nur in eine Richtung des Lebens, dann zieht das oft die Gegenbewegung nach sich. Bedingungslose Liebe kann zu Hass werden, Konsum kann plötzlich in absolute Askese, den totalen Verzicht umschlagen, Karrieretypen steigen aus.

Ich denke, dass die Balance wichtig ist, die Balance zwischen den beiden Polen. Es mag Zeiten geben, in denen es notwendig ist, das »Äußerste« zu leben. Dann aber muss ich auch wieder den Gegenpol in meinem Leben wahrnehmen und ihn stärken. Für meine eigene Entwicklung finde ich es hilfreich, darauf hinzuschauen, was lebe ich in welchem Maß – und was ist mir im Moment gerade aus dem »Blick« geraten? Um das Gleichgewicht wieder zu finden, kann es wichtig sein, den Pol zu leben, der bisher bei mir zu wenig vorkommt. S1, 20f

PFINGSTEN – LEBENDIGKEIT, LIEBE, FREUDE ...

Um an Pfingsten etwas vom Heiligen Geist in sich zu spüren, könnte es hilfreich sein, sich einfach einmal in den Wind zu stellen, die Augen zu schließen und mit allen Sinnen den Wind wahrzunehmen, wie er zärtlich über die Wangen streicht, wie er einen kräftig durchweht, wie er einen in Bewegung bringt. Wer den Wind als Symbol für den Gottesgeist versteht, der kann unmittelbar im Wehen des Windes Gottes Geist spüren. Es ist nicht bloß Einbildung, sondern Realität. Der Geist Gottes ist ja im Wind, er ist in diesem Augenblick, da der Wind mich durchweht, in mir, er reinigt und belebt mich, er streichelt und liebkost mich. Im Wind spüre ich das Leben der Natur, aber zugleich erfahre ich in ihm auch das Leben des Heiligen Geistes, ja den Heiligen Geist selbst.

Ein anderes Bild für den Heiligen Geist ist das Feuer, die Glut. Der Geist lässt sich in Feuerzungen auf die Jünger nieder. Feuer ist Symbol für die Lebendigkeit. Wenn wir von einem Menschen sagen, in ihm brenne ein Feuer, so meinen wir, er sei lebendig, voller Kraft, aus seinen Augen funkelt es, da geht etwas von ihm aus: Leben, Liebe, Freude. Pfingsten ist das Fest unserer eigenen Lebendigkeit. Wir sehnen uns danach, wirklich lebendig zu sein, wirklich lieben zu können. Oft genug fühlen wir uns ausgebrannt, leer, langweilig, ohne Gefühle, ohne Schwung. Und wir fühlen, dass wir in uns nicht genügend Kraft haben, die uns antreibt. Wenn wir diese Erfahrung zulassen, spüren wir auch in uns eine Sehnsucht nach einer Lebensquelle, die nicht versiegt, nach einer Kraft, die nicht erlahmt, und nach einer Glut, die nicht ausgeht. Wir ahnen darin schon, dass es doch so etwas wie den Heiligen Geist geben müsse, einen Geist, der von Gott kommt und doch in uns ist, der teilhat an der Fülle des Lebens und uns davon mitteilt. G, 127

Ins Gerede gekommen (1)

Pfingstmontag, der Feiertag, der ins Gerede gekommen ist – noch vor einigen Wochen hätte man wohl kaum einen Pfifferling für die Zukunft dieses Feiertages gegeben. Neben Fronleichnam und dem Buß- und Bettag war der Pfingstmontag lange Zeit dazu »auserkoren«, durch seine Abschaffung als staatlicher Feiertag die kommende Pflegeversicherung mit zu finanzieren.

Bei den Überlegungen dürften eher pragmatische als religiöse Überlegungen eine Rolle gespielt haben, der Pfingstmontag, die Pfingstferien, haben einfach einen höheren Freizeitwert als ein Feiertag mitten im November, der zudem so liegt, dass er sich kaum für einen Kurzurlaub eignet.

Der Pfingstmontag ist ins Gerede gekommen – schade, dass es dazu erst die Diskussion um die Pflegeversicherung brauchte. Ins Gerede zu kommen – das ist so pfingstlich, wie es denn pfingstlicher fast nicht mehr sein kann. Als der Geist Gottes in Jerusalem die Jünger und Jüngerinnen erfüllt, geben sie ihre selbst gewählte Zurückgezogenheit auf, gehen in die Öffentlichkeit, sprechen in fremden Sprachen, bezeugen Gott. Sie reden und kommen damit ins Gerede – »betrunken werden sie sein!«, so lautet ein Urteil der Menge.

In unserer Gesellschaft ist die Radikalität der christlichen Weihnachts- und Osterbotschaft zu einem netten Familienfest domestiziert worden, die Radikalität des Pfingstfestes dagegen wird vielleicht gerade auch von unseren Kirchen nicht mehr gesehen. S2, 63

Ins Gerede gekommen (2)

Pfingsten – das ist das Fest der Konsequenzen, das Fest mit der Botschaft, die zum Reden und Handeln einlädt, ja regelrecht dazu auffordert. Und vielleicht ist gerade das eine Erklärung dafür, warum wir dieses Fest so gerne aus unserem Bewusstsein verdrängen.

Pfingsten – das ist die Konstituierung von Kirche und damit der Auftrag Gottes an uns Menschen, seine Ideen, seine Botschaft, seine Werte und sein Verständnis von Leben in diese Welt hineinzutragen und hineinzusagen. Kirche existiert nicht um ihrer selbst willen – sie will und soll dieser Botschaft Gottes dienen. Sie soll zum Leben befreien überall dort, wo Menschen mit dem Tod konfrontiert sind, wo Leben verkürzt wird, wo Menschen das Recht auf Leben abgesprochen wird, sie soll Menschen aus fremden und selbst gebauten Gefängnissen herausholen. »Ich bin gekommen, damit sie das Leben haben und es in Fülle haben!« – Diese Botschaft Jesu ist eindeutig. Und hier gilt es, die Zurückgezogenheit aufzugeben, aus den Kirchen herauszukommen, auf die Straßen und Plätze zu gehen, die Dinge beim Namen zu nennen, zu handeln und zu tun – auch auf die Gefahr hin, dabei ins Gerede zu kommen. Wer sich für das Leben einsetzt, der wird und muss ins Gerede kommen.

Sich für das Leben einsetzen – konkrete Menschen, konkrete Situationen fallen mir ein: ein junger Mann, HIV-positiv, die Kräfte reichen zum Arbeiten nicht mehr aus, isoliert von der Gesellschaft und von seinen Freunden, alleine, einsam; die junge Frau, die keinen anderen Ausweg mehr sieht, als ihr Kind abzutreiben, weil durch die Schwangerschaft ihr eigenes Leben gefährdet ist; der Mann, dem mit 55 gekündigt wurde und in die Depression verfällt, weil er keinen Sinn mehr im Leben sieht; der Priester, der eine Frau liebt – und diese Liebe vor der Öffentlichkeit verstecken muss ...

S2, 64f

Ins Gerede gekommen (3)

Die junge Frau in der Psychiatrie, die etliche Selbstmordversuche hinter sich hat; das kleine Mädchen mit dem Gehirntumor, das aufgrund der Chemotherapie blind geworden ist; die geschiedene Frau, die wieder geheiratet hat und sich in dieser Kirche nicht angenommen fühlt; die junge Familie, die den Versprechungen der Werbung erlegen und jetzt hoffnungslos überschuldet ist; die junge Studentin aus Ruanda, die seit Wochen ohne Nachricht von ihren Eltern ist – Beispiele über Beispiele, und die Liste wäre fortzuführen.

Hier ist Kirche gefragt, sind Christen und Christinnen gefragt, ihre Zurückhaltung aufzugeben, sich einzumischen, in die Öffentlichkeit zu gehen, sich kundig zu machen, Rede und Antwort zu stehen – und zu handeln. Auf die Gefahr hin, damit ins Gerede zu kommen ...

Es geht darum, Menschen zu ihrem Mensch-Sein zu befreien, sie dabei zu unterstützen, ihr Mensch-Sein leben zu können. Überall dort, wo der Zweck solchen Tuns ein anderer ist, wird er sich schnell entlarven. Dies gilt für Missionierungsversuche ebenso wie für das Interesse, einseitig gesetzte Definitionen, was dem Leben dient, durchzusetzen. Es gilt hinzuschauen, zuzuhören, mitzugehen, aktiv zu werden – ohne dabei den anderen zu entmündigen oder ihm sein Leben vorzuschreiben.

Pfingsten ist das Fest, an dem es eigentlich konkret wird. Sind die Hirten und Könige anlässlich der Geburt Jesu noch eher Zuschauer, so sind die Jüngerinnen und Jünger staunend-sprachlose Beteiligte beim Tod und der Auferstehung Jesu. Pfingsten aber, der Geist Gottes, bringt sie zum Handeln, sie brechen auf, gehen los, reden zu den Menschen, sie wirken Wunder, heilen ... S2, 65f

Ins Gerede gekommen (4)

Damals und heute – das war die Geburtsstunde von Kirche – und das Pfingstfest heute wäre eigentlich Grund und Anlass, sich neu diesem Auftrag und Sinn von Kirche zu vergewissern. Es ist eben nicht nur ein »individuelles« Fest, sondern es ist auch ein »strukturelles«, ein Gemeinschaft stiftendes Fest, verbunden mit einem Auftrag für die Welt und in dieser Welt. Und nicht umsonst mag das Pfingstfest genau an der Schaltstelle zwischen dem 50-tägigen österlichen Festkreis und dem »normalen Kirchenjahr« stehen. Jetzt geht es auch vom Kirchenjahr her gesehen wieder in den Alltag hinein.

Solche radikalen Gedanken und Aufforderungen mögen Angst machen – schaffe ich das überhaupt? Kann ich das? Was will dieser Gott da von mir? Solche Fragen sind durchaus berechtigt und haben eine wachhaltende Funktion. Aber: Auch das ist Pfingsten – die Zusage Gottes, seinen Geist ausströmen zu lassen in uns, uns die Kraft für das zu geben, was zu tun ist. Es gilt, Abschied zu nehmen von der Angst, nicht zu genügen, zu versagen, sondern sich vertrauensvoll zu öffnen, loszulassen, sich liebend dem Leben hinzugeben.

Das ist die Einladung von Pfingsten – das ist radikal, und man kann fast sicher sein, dass man ins Gerede kommt, wenn man das tut. Aber vielleicht wäre es für uns und unsere Kirchen gar nicht so schlecht, wenn wir endlich mal wieder ins Gerede kämen ... S2, 66

Von welchem Geist bist du beseelt?

Verschmutzung von Geist ist für das Glück der Menschen noch viel tödlicher als Verschmutzung von Wasser und Luft. Wenn der menschliche Geist verpestet und zerfressen ist von Habgier, Profitjagd, Machthunger, Prestigesucht, dann ist es ihm auch völlig gleichgültig, ob auch in Zukunft diese Welt noch zu bewohnen ist, ob auch in Zukunft noch Menschen hier leben können. Alles, selbst Wasser und Luft und die ganze Schöpfung, wird der Gier und dem Größenwahn einiger weniger geopfert.

Der Geist des Menschen ist die stärkste Kraft auf Erden, unglaublich schöpferisch oder unheimlich zerstörerisch. Auch in deinem eigenen Leben wird alles durch den Geist bestimmt, von dem du beseelt bist. Wirst du beherrscht vom Geist hemmungsloser Kritik, vom Geist der Unverträglichkeit und Unzufriedenheit, des Neides, der Hartherzigkeit, der Selbstbemitleidung, dann werden deine Tage grauer und grauer. Dann machst du dir selbst und anderen das Leben grauenvoll, ein Stückchen Hölle auf Erden.

Ich wünsche dir in dieser Pfingstzeit einen Geist der Güte und Liebe, des Optimismus und der Hoffnung, den Geist Gottes, der die steinernen Herzen wegnimmt und der dir die schönste Frucht in den Schoß fallen lässt: wahre, tiefe Lebensfreude, die sich die reichsten Menschen mit allem Geld der Welt nie und nimmer kaufen können. B, 178

Krankheit als Weg ...

Die häufigsten Ursachen für das Entstehen von Krankheit sind die Aggressionshemmung sowie die Lust- und Bedürfnishemmung. Weil man nicht gut umgeht mit seinen Aggressionen, seinem Wunsch nach Lust und mit seinen Bedürfnissen, wird man krank. Ein falscher Asketismus, der bei Christen weit verbreitet ist, ist oft Schuld an diesen Hemmungen. Man verbietet sich Lust und Bedürfnisse. Wenn ein Bedürfnis aber nicht eingestanden wird, kann es sich in der Krankheit auf eher heimliche Weise sein Recht verschaffen. Wenn sich z. B. eine Frau ständig für die Familie aufopfert und ihr Bedürfnis nach Zuwendung und Zärtlichkeit nicht zulässt, dann kann sie sich durch eine Krankheit unbewusst die Befriedigung ihres Bedürfnisses erzwingen. Da muss sich der Mann um sie kümmern, und die Kinder können nicht mehr nur von ihr fordern. Sie wird umsorgt, und man nimmt auf sie Rücksicht. In verschlüsselter Form hat sie der Familie ihr Bedürfnis nach Zuwendung und zugleich nach Ruhe vor den Erwartungen der anderen mitgeteilt. Manchen Menschen bleibt nur die Krankheit als Weg, ihren Wunsch nach Zuwendung oder auch nach Abgrenzung auszudrücken. Insofern kann die Krankheit auch eine Hilfe sein. [...]

Und gerade bei psychosomatischen Krankheiten sollte man nicht nur beim Kranken die Schuld suchen und überlegen, wo er psychische Probleme hat, sondern sollte seine Krankheit als Anlass zur Gewissenserforschung nehmen. Wo bin ich schuld an seiner Krankheit? Habe ich mich ihm gegenüber so verhalten, dass ihm keine andere Lösung übrig blieb, als krank zu werden und mit seiner Krankheit mir seine wahren Bedürfnisse zu zeigen, die ich bisher übersehen habe? Und ich muss mir die ernste Frage stellen, ob und warum Menschen um mich herum krank werden. In einer Familie wird die Frau oft krank, wenn sie keine Möglichkeit hat, ihre Bedürfnisse zu leben. Aber auch die Krankheit des Mannes kann oft etwas aussagen über die Beziehung der Partner oder über die Situation in der Familie.

G, 356

Die Sonntage im Jahreskreis – Widerschein des Lebens

Nach Pfingsten werden die Sonntage im Jahreskreis fortgesetzt, die zwischen Weihnachtszeit und Fastenzeit begonnen wurden. Die Sonntage im Jahreskreis entfalten in ihren Lesungen den Reichtum der Heiligen Schrift. Im Licht der Bibel sollen wir uns selbst neu sehen und verstehen lernen. Da werden uns in den Evangelien Heilungsgeschichten erzählt. Indem wir sie hören, entdecken wir unsere Krankheiten, die Beeinträchtigungen unseres Lebens: Wir sind oft gelähmt, können nicht aus uns heraus, fühlen uns blockiert. Wir sind die Blinden, die keinen Blick für den anderen haben, die den eigenen Weg nicht kennen. Wir sind taub und stumm, wir haben kein Ohr, die Not des anderen zu hören, kein Wort, das uns mit dem anderen verbindet, das Leben in ihm weckt. Wir sind aussätzig, wir können uns selbst nicht leiden mit unseren Schwächen und schließen uns von der menschlichen Gemeinschaft aus. Wir finden uns in den Kranken wieder. Aber wir dürfen Jesus auch zutrauen, dass er uns heilt. In der Eucharistie begegnen wir wie die Kranken damals Jesus. In der Kommunion kommen wir in körperlichen Kontakt zu ihm. Wenn wir das gleiche Vertrauen haben wie die Kranken damals, dann können auch wir in dieser Begegnung gesund werden.

Wir hören in den Evangelien die Gleichnisse Jesu. Die Gleichnisse vom Himmelreich wollen uns Wege zeigen, wie wir zu uns selbst kommen, wie wir das eigentliche Leben, den Schatz im Acker, die kostbare Perle finden können, wie unser Leben intensiver und reicher werden könnte. In die gleiche Richtung zielen auch die Weisungen und Forderungen Jesu, die uns oft als Überforderungen erscheinen. Aber auch sie wollen uns nur die Möglichkeiten aufzeigen, wie frei und wie menschlich wir leben könnten, wenn wir von unserem eigenen Ego ließen, wenn wir uns nicht krampfhaft an uns festhalten müssten, sondern uns einlassen würden auf Christus. Die Bergpredigt schildert uns den neuen Menschen, der in Gott seinen Grund gefunden hat.

G, 133

Optimismus

Schau nicht immer nach unten, auf die dunklen Seiten des Lebens. Sei kein Schwarzseher. Sonst hast du keine Lust mehr zu essen, kannst nicht mehr schlafen, bist bedrückt, wirst blass und krank. Schau auf die sonnigen Seiten des Lebens und sei optimistisch.

Optimismus: das wunderbarste, billigste Vitamin, um lange, gesund und glücklich zu leben. Zum Optimismus brauchst du einen gesunden Geist, nicht einen Geist, der immer fragt: Was bringt mir das, was habe ich davon? Gift für den inneren Frieden ist die rastlose Jagd nach immer neuen, raffinierteren Genüssen, nach immer mehr Spaß und Unterhaltung. Ein Vergnügen, das mit der Flasche am Ende ist, mit der letzten Station des Freizeitcenters, mit Rausch und Kick, ist keine wahre Freude. Die liegt viel tiefer.

Wahre Freude kommt aus dem Geist der Liebe, der wie eine Flamme von Herz zu Herz überspringt, aus dem Geist Gottes. Ich wünsche dir diesen Geist, damit dir Glückseligkeit zuteil wird, ein Stück vom Paradies.

B, 175

Das Geschenk der Elternschaft

Kinder sind kein Eigentum, das man als Besitzer verwaltet, sondern Gaben, die man hegt und pflegt. Kinder sind die wichtigsten Gäste ihrer Eltern. Sie betreten den Raum, der für sie geschaffen wurde und in dem sie zu Hause sind, verweilen darin eine Zeit lang – fünfzehn, zwanzig oder auch fünfundzwanzig Jahre – und nehmen dann Abschied, um sich ihren eigenen Raum zu schaffen und ihren eigenen Weg zu suchen.

Wenngleich Eltern von »unserem Sohn« und »unserer Tochter« sprechen, gehören die Kinder ihnen nicht. Eltern müssen ihre Kinder kennen lernen, deren Stärken und Schwächen entdecken, sie zu Reife und Verantwortung führen, um sie später eigene Entscheidungen treffen zu lassen.

Das größte Geschenk, das Eltern ihren Kindern machen können, ist die Liebe zueinander. Durch diese Liebe schaffen sie einen Raum, in dem sie ohne Angst aufwachsen können, Vertrauen zu sich selbst entwickeln und zu der Freiheit finden, einmal von zu Hause fort- und ihren eigenen Lebensweg zu gehen. N, 80

Das Herz jeder Familie

Der Mai ist der Monat aller Mütter. Geschäfte animieren uns, zum Muttertag etwas zu kaufen. Vergessen wir aber niemals: Das schönste Geschenk sind unsere Hochachtung, Sorge und kindliche Liebe für sie.

Trag' die Mutter auf Händen. Wahre Mütter sind etwas Wunderbares. Sie verstehen uns, arbeiten für uns, sorgen für uns, lieben uns, beten für uns. Das einzig Schlimme, was sie uns antun: sterben und uns verlassen. Wenn du noch eine Mutter hast, halte sie in Ehren. Warte nicht, bis sie tot ist, um ihr Blumen zu bringen. Sei gut zu ihr, und das nicht nur am Muttertag.

Wenn deine Mutter alt ist und sich vielleicht mit ihrer Gesundheit abplagt, sorge doppelt für sie. Sie trug dich durch den Morgen des Lebens, trage du sie voll Liebe durch den Abend des Lebens. Die Mutter ist das Herz jeder Familie, das Band, das alles zusammenhält, das Feuer im Herzen, das alle wärmt. Wie alt du auch wirst und was du auch angestellt haben magst, für die Mutter bleibst du immer ihr Kind. Wahre Mütter sind zu den unmöglichsten und wunderbarsten Dingen der Liebe imstande. Mütter sind einmalig, unersetzlich. B, 137

Hast du den Vogel singen hören?

Das hinduistische Indien schuf ein schönes Bild, um die Beziehung zwischen Gott und seiner Schöpfung zu beschreiben. Gott »tanzt« seine Schöpfung. Er ist der Tänzer, die Schöpfung der Tanz. Der Tanz ist etwas anderes als der Tänzer, und doch gäbe es keinen Tanz ohne ihn.

Auf seiner Suche nach Gott denkt der Mensch zu viel, redet zu viel. Selbst wenn er diesen Tanz betrachtet, den wir Schöpfung nennen, grübelt er die ganze Zeit, spricht, überlegt, analysiert und philosophiert: Worte, Lärm.

Sei still und sieh dem Tanz zu. Nur hinschauen: ein Stern, eine Blume, ein welkendes Blatt, ein Vogel, ein Stein. Jeder Teil des Tanzes ist geeignet. Schauen, lauschen, riechen, berühren, schmecken. Und sicher wird es nicht lange dauern, bis du Ihn siehst, den Tänzer selbst!

~

Der Schüler beklagte sich ständig gegenüber seinem Zen-Meister: »Ihr verbergt das letzte Geheimnis des Zen vor mir.« Und er wollte es nicht glauben, als der Meister verneinte. Eines Tages machte der Meister mit ihm einen Spaziergang in der hügeligen Landschaft. Unterwegs hörten sie einen Vogel singen. »Hast du den Vogel singen hören?«, fragte der Meister. »Ja«, sagte der Schüler.

»Also, nun weißt du, dass ich nichts vor dir verborgen habe.«

Wenn du wirklich einen Vogel singen hörtest, wenn du wirklich einen Baum sähest, wüsstest du – jenseits aller Worte und Begriffe.

Du sagst, du hättest Dutzende von Vögeln singen hören und Hunderte von Bäumen gesehen? Nun, sahst du den Baum oder den Begriff? Wenn du einen Baum betrachtest und einen Baum siehst, hast du in Wirklichkeit nicht den Baum gesehen. Wenn du einen Baum betrachtest und ein Wunder siehst, dann hast du endlich einen Baum gesehen!

M, 308

Das Leben verlieren und gewinnen

Es ist ein großes Paradox des Lebens, dass derjenige, welcher sein Leben verliert, es gewinnen wird. Dieses Paradox bestätigt sich in vielen gewöhnlichen Situationen. Klammern wir uns an unsere Freunde, werden wir sie gewiss verlieren. Stellen wir hingegen in unseren Beziehungen keine Besitzansprüche, werden wir viele Freunde gewinnen. Suchen und verlangen wir nach Ansehen, wird es schwinden, sobald wir meinen, es erlangt zu haben. Streben wir aber nicht danach, angesehen und bekannt zu sein, kann die Erinnerung an uns den Tod überdauern. Möchten wir gern im Mittelpunkt stehen, werden wir vermutlich als Randfigur enden. Sind wir aber frei genug, dort zu sein, wo auch immer es sein muss, werden wir uns oft im Mittelpunkt finden.

Unser Leben für andere zu verschenken ist eine große, ja die größte menschliche Kunst. Diese Tat wird uns das Leben gewinnen. N, 135

JUNI

»Halt an, wo laufst du hin?« (A. Silesius) – Sich des himmlischen Ursprungs erinnern

Innewerden, dass ich lebe

Wenn wir uns vorstellen, dass wir morgen sterben würden, dann würden wir nochmals ganz bewusst und intensiv den heutigen Tag erleben. Wir würden jeden Augenblick auskosten. Wir würden uns auf die Begegnungen vorbehaltlos einlassen. Wir würden auf jedes Wort achten, das wir sprechen, und abwägen, was wir eigentlich sagen möchten. Wir wissen alle, dass wir eines Tages sterben werden. Aber das verdrängen wir lieber. Das prägt nicht unser Leben. Daher ist eine wichtige Übung des geistlichen Lebens für Benedikt, sich täglich den Tod vor Augen zu halten. Diese Übung empfiehlt Benedikt nicht, um mit traurigem Gesicht durch die Welt zu laufen, sondern um das Leben auszukosten, um »Lust am Leben« zu haben.

Sich vor Augen zu halten, dass wir sterben werden, das heißt menschlich leben, so leben, wie es unserer menschlichen Existenz entspricht, die ja sterblich ist. Und es heißt für mich, achtsam und wach zu leben, mir immer wieder des Geheimnisses innezuwerden, dass ich da bin, dass ich atme, dass ich fühle, dass ich lebe, dass ich einzigartig bin auf der Welt, dass es einen Aspekt von Gott gibt, den nur ich in dieser Welt ausdrücken kann. Das Denken an den Tod dient dem Leben. Ich spüre dem Geheimnis des Lebens nach. Was bedeutet es zu leben, zu sein? Wie fühlt sich das Leben an? Wie schmeckt Leben? Und was heißt es, einmalig zu sein, etwas vermitteln zu dürfen, das nur ich vermag? Was heißt es, dass die Welt auf mich wartet, dass ich das Wort sage, das mir allein vorbehalten ist?

G, 329

Die Mitte sprechen lassen

»Hab Mut!«, sagen wir oft zueinander. Mut ist eine geistliche Tugend und christliche Grundhaltung. Früher gebrauchte man für Mut häufig das französische Wort Courage und bezeichnete einen beherzten Menschen als couragiert. Courage leitet sich ab vom lateinischen »cor«, das heißt »Herz«. Eine couragierte, mutige Tat wie ein couragiertes, mutiges Wort entspringen dem Herzen, wenngleich das Herz nicht gerade der Ort ist, an dem unsere Emotionen ihren Platz haben. Das Herz, wohl das bedeutungsreichste menschliche »Urwort«, bezeichnet die innerste Mitte unserer leib-geistigen Person, den Quellort der Gedanken und Erwägungen, des Planens, Wollens und Handelns, aber auch des affektiven Lebens, der Leidenschaften und Entschlüsse.

Ein mutiges, ein beherztes Leben ist ein aus der Mitte heraus geführtes Leben. Es ist ein tief verwurzeltes, im Gegensatz zu einem oberflächlichen Leben. »Hab Mut!« bedeutet deshalb: »Lass deine Mitte sprechen!«

N, 195

Gute Nacht

Viele klagen: »Ich bin mit den Nerven fertig.« Wir leben zu gehetzt und gejagt. Wir haben den Sinn für Stille und Ruhe verloren, für die Nacht, die Gott uns zur Erholung gab. Gestörte Nächte machen gereizt, und Nervosität schafft neue Probleme.

Ärger schlägt auf den Magen. Verbitterung geht auf die Galle. Pessimismus legt sich aufs Gemüt. Über Nacht wirken diese Gifte weiter, bis man ganz und gar sauer ist, unleidlich, unausstehlich. Und der erquickende Schlaf ist dahin.

Versuch' es mal, warte bis zum anderen Tag, um dich aufzuregen. Du wirst sehen, wie wenig die ganze Wut wert ist. Eine Nacht gut schlafen löst manches Problem.

Geh nicht mit Gift im Herzen schlafen. Denk an die schönen Dinge des Tages. Fülle dein Herz mit Vertrauen, Verständnis, Güte und Vergebung. Leg dich nicht schlecht gelaunt ins Bett. Geh mit einem Herzen schlafen, das morgen wieder lieben kann. B, 366

Königlich

Wenn Ihnen nichts mehr etwas anhaben und niemand Sie mehr verletzen kann, Sie nichts und niemanden mehr fürchten werden: Ist das nicht wunderbar? Sie werden wie ein König oder eine Königin leben. Das heißt königlich zu leben und nicht so ein Unsinn wie Ihr Foto in der Zeitung zu sehen oder eine Menge Geld zu haben. Das ist es wirklich nicht. Sie fürchten niemanden, weil Sie vollkommen damit zufrieden sind, niemand zu sein. Erfolg oder Versagen berühren Sie nicht, sie bedeuten Ihnen nichts. Ansehen oder Schande bedeuten alles nichts! Wenn Sie sich lächerlich machen, bedeutet das ebenso wenig. Ist das nicht ein wunderbarer Zustand!

Manche erreichen dieses Ziel mit Mühe und Geduld Schritt für Schritt, über Wochen und Monate des Bewusstwerdens ihrer selbst. Aber etwas kann ich Ihnen versprechen: Ich habe noch niemanden gesehen, der sich dafür Zeit genommen hat und der nach ein paar Wochen keinen Unterschied bemerkt hätte. Die Lebensqualität ändert sich, und man ist nicht mehr auf Meinungen angewiesen. Man ist anders, man reagiert anders. Genauer gesagt: Man reagiert weniger und agiert mehr; man sieht tatsächlich Dinge, die man vorher nicht erkannt hat.

Man hat viel mehr Energie, viel mehr Leben.

~

Ehefrau zum Ehemann, dessen Gesicht in einer Zeitung vergraben ist: »Ist es dir je in den Sinn gekommen, dass mehr am Leben sein könnte als das, was in der Welt vorgeht?« M, 180

Wie und wovon ich rede

Wenn einer nichts für sich behalten kann, sondern alles herausreden muss, Gutes wie Schlechtes, dann hat man von ihm den Eindruck, er hat keinen Tiefgang. Er kennt keine Geheimnisse. Er kann nicht mit Geheimnissen leben, er kann sie nicht aushalten. Dann kann er aber auch nicht tiefer in ein Geheimnis eindringen. Er zerstört es, indem er sofort davon reden will. Letztlich äußert sich in diesem ständigen Reden eine Angst vor dem Geheimnis, eine Angst vielleicht vor Gott selbst. Im Reden will man alles benennen, alles durchschaubar, mitteilbar und damit beherrschbar machen. Worüber ich rede, das habe ich in der Hand. Ich werfe es einem anderen zu. Also kann es mich nicht umwerfen.

Die zweite Gefahr des Redens ist das Urteilen über andere. Wenn wir unser Reden genau beobachten, so ist ein großer Teil Reden über andere. Wir verbreiten uns ständig über andere. Die andern sind ja so interessant. Sie liefern stets neuen Gesprächsstoff. Auch wenn man positiv über andere reden will, man ertappt sich doch dabei, wie man urteilt, einstuft oder eben sich selbst mit ihnen vergleicht. Häufig ist das Reden über andere ein Reden über sich selbst, ohne dass es einem bewusst ist. Man redet über die Dinge, die man selbst gerne hätte, oder über Dinge, die einem auf die Nerven gehen oder einen verunsichern und provozieren. Doch im Reden über andere bin ich mir eben nicht bewusst, dass ich über mich selbst und meine Probleme spreche. Und so führt es meist nicht zu größerer Selbsterkenntnis, sondern im Gegenteil zu einer Abwehr ehrlicher Selbstbeobachtung. Man hält sich die eigene Wirklichkeit vom Leib, indem man vom anderen spricht. Und doch ist es unschwer für jeden Beobachter zu erkennen, dass man ständig sich selbst verrät. Unser Reden verrät einem aufmerksamen Zuhörer, wie es um uns steht, woran wir denken, womit wir uns beschäftigen, womit wir innerlich nicht fertig werden. G, 370

Wie gelingt mein Leben?

In vielen Gleichnissen geht es Jesus um die gleiche Frage: Wie gelingt mein Leben? Und gerade in den drastischen Gleichnissen will er uns warnen, einem falschen Lebensentwurf zu folgen. So ein falscher Lebensentwurf kann sich sogar hinter einem anständigen und korrekten Leben verstecken. [...]

Im Gleichnis vom königlichen Hochzeitsmahl (Matthäus 22,1–14) kümmern sich die Eingeladenen nicht um das Mahl. Der eine geht auf seinen Acker. Ihm sind sein Besitz und seine eigene Fruchtbarkeit wichtiger als das Hochzeitsmahl, das ja nicht nur für das ewige Leben nach dem Tod steht, sondern für das gelungene Leben hier, für ein Leben, das hier und jetzt schon eins wird mit Gott und hier schon, wie Athanasius sagte, ununterbrochen das Fest der Auferstehung feiert. Der andere geht in seinen Laden. Ihm ist sein Geschäft, seine Geschäftigkeit, seine Aktivität, wichtiger. Er möchte alles selber tun. Andere, so sagt das Gleichnis, »fielen über seine Diener her, misshandelten sie und brachten sie um« (Matthäus 22,6). Es sind offensichtlich Menschen damit gemeint, die die innere Einladung zum wirklichen Leben gewaltsam niederschlagen, weil sie sich davon nicht verunsichern lassen möchten. Sie spüren, dass da noch eine andere Stimme in ihnen ist, die sie zum authentischen Leben einlädt. Aber sie haben sich so eingerichtet in ihrer eigenen Welt, dass sie diese Stimme nicht nur totschweigen, sondern totschlagen müssen.

Gott lädt nun alle Menschen ein, ohne Rücksicht auf ihre Herkunft und auf ihren moralischen Zustand. Alle, Böse und Gute, dürfen zum Hochzeitsmahl kommen. [...] In der Fassung des Gleichnisses bei Lukas (14,15–24) sind es gerade »die Armen und die Krüppel, die Blinden und die Lahmen« (14,21), die zum Festmahl geladen sind. Also gerade die Verwundeten und Verletzten, die ihre eigenen Grenzen spüren, sind offen für die Verheißung des vollen Lebens, des Lebens mit Gott.

G, 328

DAS ALTE UND DIE ZUKUNFT

Alte Sachen entsorgen, die nichts mehr taugen. Sich freimachen vom Ballast des Alten, der das neue Leben erdrückt und sich nicht entfalten lässt. Sei progressiv, ein Mensch, der in die Zukunft denkt und lebt, der nicht am Alten klebt und nicht Vergangenes verhätschelt. Es muss aufgeräumt und Schimmel beseitigt werden.

Aber mach es bitte nicht wie jene modernen Fanatiker, die zuerst einmal alles niederreißen und heruntermachen. Ihnen fehlt alles überlegte Urteil, jedes Verantwortungsgefühl. Ihre Kritik ist nichts als krankhafter Widerspruchsgeist. Ihnen geht es gar nicht um Reform, sondern um ihre Person. Sie wollen um jeden Preis auffallen und Aufsehen erregen, in die Zeitung und ins Fernsehen kommen. Herr, befreie uns von den in ihr Ego verliebten Reformern, die sich in ihren verwickelten Hirnwindungen verheddern und uns die Freude am Leben verderben wollen.

Gib uns Menschen, die sich nicht so wichtig nehmen, die wissen, wie weit wir gekommen wären, wenn die Vorfahren nicht das Rad schon erfunden hätten, und die damit rechnen, dass auch gestern schon Blumen der Güte und der Schönheit blühten. Herr, gib uns zuversichtliche, liebenswürdige Menschen, die uns vorangehen auf einer Spur von Licht und Freude.

B, 347

Suchend sein (1)

Es scheint in der Natur des Menschen zu liegen, dass er Erwartungen hat – und dass er darauf hofft, darauf vertraut, dass diese Erwartungen in Erfüllung gehen. »Ich möchte eines Tages gerne heiraten und eine Familie haben«, so ein junger Mann. »Ich will eine gute berufliche Position mit einem entsprechenden Einkommen«, plant eine Studentin. »Nächstes Jahr um diese Zeit machen wir eine Kreuzfahrt!«, freut sich ein Ehepaar. »Das Grundstück haben wir schon – in zwei Jahren steht unser eigenes Haus!«, rechnet eine junge Familie vor. »Erst mal das Abi machen, dann Zivildienst – und dann ein halbes Jahr in Amerika umherreisen!«, träumt ein älterer Schüler.

Wenn Menschen nicht vollkommen die Lust am Leben verloren haben, in Depressionen versunken sind, dann haben sie in der Regel ein mehr oder weniger deutliches Bild von ihrer Zukunft, dann haben sie Erwartungen an das, was diese Zukunft ihnen bringen soll. Solche Erwartungen mögen aus vielen Quellen herauswachsen: Man schreibt die eigenen, bisher gemachten Erfahrungen einfach in die Zukunft fort und rechnet sie sozusagen hoch. Man mag auf das vertrauen, was schon immer so war, dann wird es wohl auch zukünftig so sein. Man sieht etwas bei den anderen und möchte dies gerne auch für sich haben, sei es nun das größere Auto, den noch exklusiveren Urlaub, die Lebensenergie oder auch eine harmonische Familiengeborgenheit. »Ich erwarte vom Leben ...« – so könnte der Satz anfangen, in dem solche Erwartungsbilder eingefangen werden.

Erwartungen an das Leben zu haben, das ist menschlich und deshalb auch nicht so arg schwer – und zudem tragen auch unsere Gesellschaft und eine konsumorientierte Werbung zu einem bestimmten Erwartungsbild an diese Welt bei. Das Scheitern und das Misslingen werden verdrängt, der Umgang mit Krankheit und Tod an Profis delegiert – »und alles geht, wenn man es nur will!« – lautet immer noch der gängige Tenor in dieser Gesellschaft. *S2, 38f*

SUCHEND SEIN (2)

Was aber, wenn das Leben mir einen Strich durch diese Erwartungen macht? Wenn Arbeitslosigkeit, Krankheit, Behinderung mir meine Pläne durchkreuzen? Was, wenn die junge Verliebtheit der Partner zueinander in Hass umschlägt oder gar zur Gleichgültigkeit wird? Was, wenn die Kinder so ganz anders geraten sind, als man sich das eigentlich vorgestellt hatte? Was, wenn der eigene Lebensentwurf scheitert, weil jemand keinen passenden Studienplatz findet, durch Unfruchtbarkeit keine Kinder bekommen kann, aufgrund von Pflegebedürftigkeit ans Bett gefesselt wird?

Erwartungen an das Leben können wie Glas zerbrechen – und es kann weh tun, Abschied nehmen zu müssen von bestimmten Ideen und Vorstellungen, von gedachten Plänen und unerfüllten Träumen. Schmerzhaft können die Krisen sein, die aus solchen Ent-täuschungen entstehen, und man kann tiefe Wunden und Narben davontragen. Und oft genug können auch Seelsorger und Seelsorgerinnen auf die bedrängenden Fragen nach dem »Warum?« keine Antwort geben, wenn sie ehrlich sind und nicht nur einfach vertrösten wollen.

Manchmal können solche Krisen, solche Einbrüche des Lebens aber auch einen Umbruch einleiten, der einen anderen, einen neuen Anfang möglich macht. Wenn die festen Bilder der Erwartungen von mir weggenommen, ja vielleicht sogar weggerissen wurden, wenn äußere Sicherheiten zerbrochen sind, die Zukunft für mich kein Gesicht mehr hat, wenn ich nackt und entblößt bin von all dem, was mich bisher getragen und gehalten hat – dann wird es existentiell. Und dann kann möglicherweise in mir etwas neu zum Leben kommen, was nichts mehr mit meinen früheren Erwartungen an das Leben zu tun hat, sondern sich einer Grundhaltung des »Erwartens« annähert. S2, 39f

SUCHEND SEIN (3)

»Erwartung« und »Erwarten« – beides mag sich ähnlich anhören – und doch liegen Krisen und Welten dazwischen. »Erwartungen zu haben«, das ist das statische Element, ich habe meine fixen Bilder von dem, wie etwas sein soll – und so möge es bitte auch in Erfüllung gehen. »Erwartend zu sein«, das ist das dynamische Element, offen und neugierig auf all das, was das Leben bereithält. Und die beiden Verben, die mit den jeweiligen Ausdrücken verbunden sind, sprechen schon für sich: »Erwartungen haben« – und »erwartend sein«. Und auch unsere Alltagssprache kennt durchaus diesen Unterschied: Auf ein eher strenges »Ich erwarte von dir ...« kommen in der Regel ganz genaue Vorstellungen, was denn der andere, bitte schön, zu tun und zu lassen habe. Ich erwarte von dir, dass du dein Kinderzimmer aufräumst, dass du die Zahnpastatube zudrehst, dass du auf mich Rücksicht nimmst. Wie anders dagegen klingt die Aussage eines jungen Mädchens am Telefon, wenn sie mit ihrem Freund spricht und sagt: »Du, ich erwarte dich!« Das eine geschlossen und die eigenen Vorstellungen, die eigenen Bilder und Forderungen zum Maßstab nehmend, das andere liebend, offen, dem anderen seine Freiheit gebend und doch zugleich die eigene Verfügbarkeit anbietend. S2, 40f

SUCHEND SEIN (4)

Abschied zu nehmen von Erwartungen kann die Chance sein, erwartend zu werden, seine Vorstellungen nicht mehr in feste Bilder zu pressen, sondern offen zu sein für das Unvorhergesehene, das Neue, das Andere. Das ist kein passives In-der-Ecke-Sitzen und schauen, was denn nun geschieht – das ist eine Lebenseinstellung, die durchaus ihre Vorbereitung braucht, die aktiv ist im Sinne von wahrnehmen, aufnehmen, verarbeiten, loslassen, sich einlassen. Das ist nichts, was einfach so nur an mir geschieht, sondern ich gebe mich in das Leben hinein – und stelle mich ihm nicht gegenüber. Eine solche Haltung ins Leben hinein löst nicht alle meine Probleme, sie wird zerrüttete Beziehungen nicht wieder kitten, wird Kinder nicht zu Abbildern meiner selbst machen, wird mir auch den erhofften Studienplatz nicht bescheren oder mich schlagartig aus dem Krankenhaus nach Hause entlassen. Aber sie kann mir helfen, anders mit dem Leben und dem, was es mit sich bringt, umzugehen und es neu zu gestalten, zu leben ins Leben hinein – und nicht dagegen. Und es ist die Chance, sich einzuklinken in den Rhythmus des Lebens von Auf und Ab, Höhen und Tiefen, Einatmen und Ausatmen, Leben und Sterben.

Es mag eine Lebenseinstellung sein, der das Suchen wichtiger ist als das »Gefundenhaben«, die Frage entscheidender als die Antwort. Und es mag die Lebenseinstellung sein, die Jesus seinen Jüngern mit auf den Weg gibt, wenn er sie auffordert: »Suchet und ihr werdet finden!« – Wer sucht, wird finden.

S2, 41

SUCHEND SEIN (5)

Jesus erklärt sich nicht näher dazu, was denn genau derjenige finden wird. Er wird vielleicht nicht gerade das finden, was er bei seiner Suche an Vorstellungen im Kopf gehabt hatte – aber das ist möglicherweise auch gar nicht so wichtig. Er wird etwas finden, er wird vielleicht etwas finden, was ihn ein wenig durcheinander bringt. Wichtig ist die Offenheit dafür, dass ich im Moment vielleicht etwas anderes finde, finden soll, als das, was ich gesucht habe. Fixe Erwartungen versperren oft den Blick auf dieses andere; wenn ich schon nicht bekomme, was ich will, gilt auch nichts anderes mehr – dann, und nur dann, fällt meine Suche ins Leere. Erwartend zu sein ist die Offenheit dem Leben gegenüber, dem Leben mit all seinen Kleinigkeiten und Großartigkeiten – um zu finden, was ich nicht suchte.

Suchend und erwartend zu sein ist eine christliche Grundhaltung. Und jeder, der eine solche Suche mit Antworten zu unterbinden sucht auf Fragen, die niemand gestellt hat, verführt in die falsche Sicherheit des »Gefundenhabens«.

Es gilt, Mut zu machen zum Suchen – gerade jetzt und heute in unserer Situation von Kirche und Gesellschaft. Und es gilt, offen dafür zu sein, wenn wir bei dieser Suche etwas ganz anderes finden werden als das, was wir eigentlich gesucht haben.

Das Jesus-Wort aus dem apokryphen Thomas-Evangelium mag seine ganz aktuelle Gültigkeit haben: »Nicht soll aufhören der, welcher sucht, zu suchen, bis er findet, und wenn er findet, wird er verwirrt sein, und wenn er verwirrt ist, wird er sich wundern und wird herrschen über das All.« S2, 41f

Echte Liebe

Jeder Mensch stellt sich die Frage: Was ist wirklich Liebe? Denn das Glück jedes Menschen hängt an der Liebe, die er kennt, die er sucht, die er erlebt und erfährt. Suche die Liebe nicht dort, wo sie als Sex zur Schau gestellt wird, wo sie die Fingerabdrücke gewissenloser Geschäftsleute trägt. Sie haben die Liebe wie einen Diamanten in die Kloake geworfen.

Echte Liebe hat mit Gabe und Hingabe zu tun. Sie hat ihre Freude daran, einander gegeben zu sein, ein Herz füreinander zu haben. Sie hat mit Zärtlichkeit zu tun, mit Freundlichkeit und Vergebungsbereitschaft. Sie hält Abstand zu Macht, Gewalt und Besitz, ja sie vermag Abstand zu nehmen von sich selbst. Vor zweitausend Jahren schrieb ein gewisser Paulus – vor allem durch die Christen gut bekannt – die Magna Charta der Liebe, die auch heute noch aktuell ist.

Wenn du wissen willst, wie viel du von dieser Liebe besitzt, dann brauchst du nur für das Wörtchen Liebe deinen eigenen Namen einzusetzen. Da heißt es: »Die Liebe sucht überall das Gute. Die Liebe ist nicht neidisch. Die Liebe bildet sich nichts ein. Die Liebe sucht nicht sich selbst. Die Liebe lässt sich nicht verbittern und rechnet das Böse nicht an. Die Liebe hat keine Freude an den Fehlern anderer. Sie freut sich am Guten, das getan wird. Sie erträgt alles. Sie glaubt alles. Sie hofft alles. Sie duldet alles.« Glaub mir, dies ist die einzige Liebe, die Bestand hat. Diese Liebe geht niemals in die Brüche. B, 124

Ein lebenslanger Dienst

Versöhnung ist kein einmaliges Geschehen, bei dem ein Konflikt gelöst und Friede gestiftet wird. Ein Dienst der Versöhnung reicht über die Suche nach einer Lösung, das Bedenken des Vorschlags und die Verständigung zum Frieden weit hinaus. Es gibt keinen Augenblick in unserem Leben, in dem nicht die Notwendigkeit zur Versöhnung besteht. Wenn wir in uns zu schauen wagen und einen Blick auf die Myriaden feindseliger Gefühle und Gedanken in unserem Herzen und in unserem Sinn werfen, werden wir bald die vielen kleinen und großen Kriege erkennen, in die wir verwickelt sind.

Unser Gegner, unser Feind können ein Elternteil sein, ein Kind, ein »freundlicher« Nachbar, Menschen mit anderen Lebensgewohnheiten, Leute, die nicht so denken, sprechen oder handeln wie wir. Sie alle können zu denjenigen gehören, von denen wir nur mit »ach, die!« sprechen. Genau an dieser Stelle ist Versöhnung notwendig.

Versöhnung rührt an die verborgensten Winkel unseres inneren Lebens. Gott schenke uns Versöhnung als einen nie endenden Dienst!

N, 391

WER MÖCHTE NICHT HEIL SEIN? (1)

Die tiefenpsychologische Auslegung eignet sich am besten für die Auslegung der Heilungsgeschichten. Die Exegeten sind sich heute darüber einig, dass Jesus Kranke geheilt hat. Aber die Frage ist, ob wir Jesus heute zutrauen, dass er uns zu heilen vermag. Eine heilende Bedeutung bekommen die Heilungsgeschichten der Bibel erst dann, wenn wir uns in den Kranken wiederfinden können und wenn wir als diese Kranken Jesus begegnen und uns mit unseren Wunden und Verletzungen ihm hinhalten. Die Krankheiten, die Jesus heilt, sind immer psychosomatische Krankheiten. Sie haben etwas mit unserer Seele zu tun. Bei den Kranken in der Bibel haben sich die seelischen Haltungen somatisiert.

Manchmal spüren wir die gleichen körperlichen Symptome wie die Menschen in den Heilungsgeschichten. Aber auch wenn wir körperlich gesund erscheinen, können wir die Haltungen in uns wahrnehmen, die die biblischen Krankheiten beschreiben. Wir brauchen nur wieder auf die Sprache des Volksmundes hören, die unseren Zustand in den Bildern der Krankheiten beschreibt, die Jesus heilt: Wir fühlen uns oft gelähmt, blockiert. Wir können nicht aus uns heraus. Wir sind gehemmt, die Lähmung fesselt uns. Oder wir sind blind, wir haben blinde Flecken, die wir einfach nicht wahrnehmen. Oder wir verschließen die Augen vor der eigenen Wahrheit und vor der Wahrheit unserer Welt, vor den Notleidenden, vor den Armen und Kranken um uns herum. Wir sind taub, wir wollen nicht hören, wir halten uns die Ohren zu vor dem Lärm um uns herum, aber auch vor Kritik und Zurechtweisung. Wir fühlen uns wie aussätzig, wir können uns nicht ausstehen, wir fühlen uns ausgeschlossen, den Blicken der anderen ausgesetzt. [...] Wir sind wie tot, vieles ist in uns abgestorben, starr und leblos geworden. G, 170

»HALT AN, WO LAUFST DU HIN?« –

Wer möchte nicht heil sein? (2)

Die Heilungsgeschichten beschreiben uns unseren Zustand, wie er unter der Oberfläche eines erfolgreichen Lebens schamhaft verborgen ist. Sie wollen uns ermutigen, ehrlich anzuschauen, wie es uns wirklich geht. Von alleine trauen wir uns oft nicht, der Wirklichkeit unseres Herzens ins Auge zu sehen. In den Heilungsgeschichten treffen wir auf Menschen, die genauso krank und verwundet sind wie wir. Und sie werden in der Begegnung mit Jesus geheilt. Nur von der Heilung ihrer Krankheiten her können wir es wagen, auch die eigenen Wunden zu betrachten und sie im Gebet und in der Meditation Christus hinzuhalten, damit er sie heile. Dabei ist es hilfreich, wenn wir genau die Schritte anschauen, mit denen Jesus die Kranken heilt. Sie beschreiben oft Prozesse des Heilwerdens, die bei uns wesentlich länger dauern. Und doch sind sie in ihrer Reihenfolge wichtig. Sie zeigen uns, wie auch bei uns Heilung geschehen kann.

Was für die Heilungsgeschichten gilt, können wir auch für die Totenerweckungen anwenden, die das NT berichtet. Auch da könnten wir etwa beim Jüngling von Nain (Lukas 7,11–17) fragen: Was ist der Jüngling in mir, der leben möchte und nicht leben kann? Was will in mir zum Leben kommen, was will aufblühen? Warum kann es nicht leben, warum ist der Jüngling in mir gestorben? Kann er nicht leben, weil er der einzige Sohn seiner Mutter ist? Wenn ich solche Fragen stelle, reduziere ich die Geschichte von der Totenerweckung nicht auf etwas rein Bildhaftes. Persönlich habe ich keine Schwierigkeiten, an die tatsächliche Erweckung toter Menschen durch Jesus zu glauben. Aber wenn ich nur beim Faktum stehen bleibe, ohne mich selbst in der Geschichte wiederzufinden, bleiben mir die Geschichten fremd. Deshalb ist es legitim, die Totenerweckung auch bildhaft zu verstehen, damit sie mich hier und heute angehen.

G, 171

WER MÖCHTE NICHT HEIL SEIN? (3)

Bei meinen Kursen über tiefenpsychologische Schriftauslegung lade ich die Teilnehmer ein, die Heilungsgeschichten mit folgenden Fragen zu bearbeiten:

1. Welche Krankheit wird hier beschrieben, wie wird sie beschrieben? Welche seelische Haltung drückt sich in der Krankheit aus? Was könnten die psychischen Ursachen sein? Versuche, zu den Bildern der Krankheit zu assoziieren! Welche Bilder und Assoziationen fallen dir ein?

2. Wie weit findest du dich im Kranken wieder? Welche Menschen kennst du, auf die die Beschreibung der Krankheit zutrifft? Was wird in dir selbst angesprochen, welche psychischen Haltungen, welche Erfahrungen?

3. Wie geschieht die Heilung in der Geschichte? Welche Schritte tut der/die Kranke, was tut Jesus? Versuche, die äußeren Schritte als innere zu verstehen!

4. Wie könnte für dich Heilung geschehen? Traust du Jesus zu, dass er dich heilt? Was bedeuten die Schritte der Heilung, wie sie die Geschichte erzählt, für den Prozess deiner Heilung? Wo geschieht für dich Heilung?

5. Versuche, dich mit dem/der Kranken zu identifizieren und mit ihm/ihr ein Gespräch zu beginnen! Und dann sprich mit Jesus über dich und deine Krankheit!

G, 172

WER MÖCHTE NICHT HEIL SEIN? (4)

Ich kann die Heilungsgeschichte bei Johannes 5,1–9 so anschauen, dass ich mich mit dem Kranken identifiziere und mich in der Meditation oder in der Eucharistiefeier Jesus hinhalte, damit er mich heilt.

Ich kann die Geschichte aber auch auf der Subjektstufe deuten. Dann wäre Jesus ein Bild für mein Selbst, für den Teil in mir, der gesund ist und ganz, der mit Gott eins ist. Mein Selbst muss erst in Beziehung kommen zu dem Verkrüppelten und Lahmen in mir, zu dem, was nicht leben möchte und nicht lebensfähig ist. Ich muss das Kranke anschauen und erkennen, was die Ursache meiner Krankheit ist. Ich muss ein Gespräch mit dem Kranken in mir führen. Der kranke Teil in mir darf jammern und seine Not artikulieren. Aber mein Selbst darf sich davon nicht mitreißen lassen. Es braucht den Abstand und muss aus dieser inneren Distanz zu dem Kranken in mir das kraftvolle Wort sagen: »Steh' auf, nimm deine Bahre und geh'!« Die Heilung wäre dann ein Geschehen in mir selbst. Und Jesus als der Archetyp des Selbst stünde dann für den inneren Heiler, für den Meister in mir, der genau weiß, was für mich richtig ist, für den Arzt in mir, der durch die Begegnung mit dem Arzt Jesus Christus in der Meditation und in der Eucharistiefeier immer wieder hervorgelockt und gestärkt wird.

Die dritte Weise, die Heilungsgeschichte anzuschauen, wäre, dass ich mich mit Jesus identifiziere. Jesus zeigt mir meine eigenen Möglichkeiten auf. Indem ich sein Bild betrachte, komme ich in Berührung mit meiner Fähigkeit, für andere der Mensch zu sein, der sie ins Wasser, ins Leben führt, der sie in die eigene Tiefe führt, hin zu den Quellen auf dem Grund der Seele.

G, 173

TRÄUME

Eine Frau träumte, sie beträte einen ganz neuen Laden am Markt, und zu ihrem Erstaunen stand Gott hinter dem Ladentisch.

»Was verkaufst du hier?«, fragte sie.

»Alles, was dein Herz begehrt«, sagte Gott.

Die Frau wagte kaum zu glauben, was sie hörte, beschloss aber, das Beste zu verlangen, was ein Mensch sich nur wünschen konnte. »Ich möchte Frieden für meine Seele und Liebe und Glück, und weise möchte ich sein und nie mehr Angst haben«, sagte sie. Nach kurzem Nachdenken fügte sie hinzu: »Nicht nur für mich allein, sondern für alle Menschen auf der Erde.«

Gott lächelte: »Ich glaube, du hast mich falsch verstanden, meine Liebe«, sagte er, »wir verkaufen hier keine Früchte, nur die Samen.«

~

Ein Mann in den Achtzigern wurde nach dem Geheimnis seines ungeheuren Durchhaltevermögens gefragt.

»Ja«, sagte er, »ich trinke nicht, ich rauche nicht, und ich schwimme täglich eine Meile.«

»Aber ich hatte einen Onkel, der genau das tat, und er starb mit sechzig.«

»Bei Ihrem Onkel lag es wohl daran, dass er nicht lange genug durchhielt.« M, 95

»HALT AN, WO LAUFST DU HIN?« –

Gar nicht vorhanden

Worte sind nicht nur begrenzt, es gibt auch einige Worte, denen nichts entspricht. Ich zeige es Ihnen an einem Beispiel.

Gehen wir davon aus, dass ich Inder bin, und nehmen wir einmal an, ich sei Kriegsgefangener in Pakistan, und man sagt mir: »Heute werden wir dich an die Grenze zu Indien bringen, wo du einen Blick in dein Heimatland werfen kannst.«

Ich werde also zur Grenze gebracht, schaue über die Grenze und denke: »O Indien! Meine wunderschöne Heimat. Ich sehe die Dörfer, Bäume und Berge. Das Land, in dem ich zu Hause bin!« Nach einer Weile sagt einer der Wächter: »Entschuldigung, wir haben uns geirrt. Die richtige Stelle liegt zehn Kilometer weiter.«

Worauf habe ich also reagiert? Auf nichts. Ich habe meine Aufmerksamkeit auf ein Wort gerichtet: Indien. Doch Bäume sind nicht Indien, Bäume sind Bäume. In Wirklichkeit gibt es keine Grenzen, sie wurden lediglich vom menschlichen Verstand gezogen, im Allgemeinen von engstirnigen, habgierigen Politikern. Früher war Indien ein einziges Land, jetzt sind es vier Länder, und vielleicht werden es bald sechs sein. Dann werden wir sechs Nationalflaggen haben und sechs Armeen. Deshalb werden Sie mich niemals dabei ertappen können, wie ich vor einer Flagge salutiere. Nationalflaggen als Götzen sind mir zuwider. Vor was salutieren wir bei einer Flagge? Ich salutiere vor den Menschen, nicht vor einer Flagge mit einer Armee.

Flaggen gibt es auch in den Köpfen der Menschen. Jedenfalls sind Tausende von Worten im Gebrauch, die überhaupt nicht der Wirklichkeit entsprechen, aber unsere Gefühle in Wallung bringen und uns Dinge sehen lassen, die gar nicht vorhanden sind. Wir *sehen* tatsächlich indische Berge, auch wenn es sie gar nicht gibt.

M, 94

Ein sicherer Ort für andere sein

Haben wir uns von dem Zwang befreit, über andere zu richten oder andere zu verurteilen, können wir zu einem sicheren Ort werden, an dem Menschen sich begegnen können, ohne einander zu kränken und zu verletzen und zwischen einander Trennwände zu errichten. Als Glaubende, die in der Liebe Gottes verwurzelt sind, können wir Menschen nicht zu lieben helfen, sie aber einladen, einander zu lieben. Wenn die Menschen merken, dass wir nicht auf eine Anweisung hin oder in versteckter Absicht zu ihnen kommen, dass wir für uns keinen Vorteil zu gewinnen suchen, sondern uns nur der Friede und die Versöhnung am Herzen liegen, werden sie die innere Freiheit und den Mut finden, ihre Waffen der Selbstverteidigung abzulegen und in ein Gespräch mit ihrem Gegner zu treten.

Es gelingt immer wieder, ohne dass wir es geplant haben. Unser Dienst der Versöhnung hat meist dann den größten Erfolg, wenn wir uns dieses Dienstes am wenigsten bewusst sind und einfach da sind, ohne zu richten. N, 390

Einfach aufgeben

Wie können Sie von einem Menschen, der an etwas krampfhaft festhält, erwarten, dass er sich auf das weite Meer des Glücks hinauswagt, das Reich Gottes heißt? Genauso gut kann man von einem Kamel erwarten, dass es durch ein Nadelöhr geht!

Das Tragische an solchem Festhalten ist freilich, dass es unglücklich macht, sobald man nicht bekommt, woran man sich klammert. Und bekommt man es, macht es ebenso wenig glücklich – es verschafft uns nur das schnelle Vergnügen, den Genuss, gefolgt vom Überdruss und seinem selbstverständlichen Begleiter: der Angst, es wieder zu verlieren.

Sie werden sagen: »Darf ich denn mein Herz nicht an ein Einziges hängen?« Selbstverständlich! An so vieles, wie Sie möchten. Doch jede einzelne Abhängigkeit kostet Sie ein Stück Ihres Glückes. Denken Sie daran: Abhängigkeiten sind von Natur aus so, dass noch so viele an einem einzigen Tag befriedigte Sie nicht glücklich machen können, wenn eine einzige offen bleibt, die Ihnen keine Ruhe lässt und Sie unglücklich macht. Es gibt keinen Weg, den Kampf gegen Abhängigkeiten zu gewinnen. Genauso gut können Sie nach trockenem Wasser suchen wie nach einer Abhängigkeit, die nicht unglücklich macht. Noch niemand hat jemals ein Patentrezept dafür gehabt, das, woran man hängt, ohne Kampf, Angst, Zittern und – früher oder später – ohne Niederlage zu behalten.

Nur so ist der Kampf gegen Abhängigkeiten zu gewinnen: Geben Sie sie einfach auf. Es ist – aller verbreiteten gegenteiligen Meinung zum Trotz – ganz einfach.

M, 67

Wahre Gastfreundschaft

Jede gute Beziehung zwischen zwei oder mehreren Menschen, ob in einer Freundschaft, Ehe oder Gemeinschaft, schafft Raum, in den Fremde eintreten und Freunde werden können. Gute Beziehungen sind gastfreundlich. Betreten wir das Heim eines anderen und fühlen uns freundlich empfangen, werden wir bald spüren, dass die hier herrschende Liebe den Ausschlag gab, so herzlich aufgenommen zu werden.

Bestehen Spannungen, wird sich der Gast in kürzester Zeit in sie einbezogen sehen und gezwungen sein, für die eine oder andere Seite Partei zu ergreifen. »Bist du für ihn oder für sie?« – »Vertrittst du deren oder unseren Standpunkt?« – »Magst du ihn oder mich lieber?«

Solche Fragen verhindern wahre Gastfreundschaft, erlauben dem Fremden nicht, sich geborgen zu fühlen und seine eigenen Gaben zu entdecken. Gastfreundschaft ist mehr als ein Ausdruck von Liebe für den Gast. Sie ist auch und vor allem Ausdruck der Liebe unter den Gastgebern.

N, 79

»Halt an, wo laufst du hin?« –

Wahre Nähe

Menschliche Beziehungen unterliegen leicht der Gefahr, besitzergreifende Formen anzunehmen. Unser Herz sehnt sich so sehr nach Liebe, dass wir immer versucht sind, uns an den Menschen, der uns Liebe, Zuneigung, Sympathie, Freundschaft oder Fürsorge schenkt, zu klammern. Kaum haben wir einen Hauch von Liebe entdeckt oder gespürt, verlangen wir schon nach mehr. Daran mag es auch liegen, dass Liebende so häufig miteinander streiten. Liebeshändel sind kleine Streitereien zwischen Menschen, die mehr voneinander wollen, als sie zu geben vermögen oder zu geben gewillt sind.

Es fällt der Liebe schwer, nicht in Besitz zu nehmen, denn unser Herz sehnt sich nach vollkommener Liebe, die aber kein Mensch geben kann. Nur Gott kann vollkommene Liebe schenken. Deshalb gehört zur Kunst des Liebens auch die Kunst, einander Raum zu gewähren. Wenn wir in den Raum des anderen eindringen und ihm nicht erlauben, ein freier Mensch zu sein, stiften wir in unseren Beziehungen viel Kummer und Enttäuschung. Gewähren wir jedoch einander Raum, in dem wir uns bewegen und unsere Gaben austauschen können, kann es zu wahrer Nähe kommen. N, 64

Besitz

Der Guru saß in Meditation versunken am Ufer des Flusses, als ein Schüler ihm zwei große Perlen als Zeichen der Verehrung und Ergebenheit vor die Füße legte.

Der Guru öffnete die Augen, hob eine der Perlen auf und hielt sie so nachlässig in der Hand, dass sie herausrutschte und die Böschung hinunter in den Fluss rollte.

Der entsetzte Schüler tauchte sofort nach der Perle, aber obwohl er es bis spät in den Abend hinein immer wieder versuchte, hatte er kein Glück.

Schließlich weckte er den Guru aus seiner Meditation, nass und erschöpft wie er war, und sagte: »Ihr habt die Perle fallen sehen. Zeigt mir genau wo, dann kann ich sie für Euch wieder finden.«

Der Guru hob die zweite Perle auf, warf sie in den Fluss und sagte: »Genau dort.«

Versucht nicht, Dinge zu besitzen, denn sie können nie wirklich besessen werden.

Achtet nur darauf, nicht von ihnen in Besitz genommen zu werden, dann seid ihr der Herr der Schöpfung. M, 54

Schlaflos

Der Meister ergötzte manchmal die Besucher mit Geschichten des gefürchteten Mullah Nasruddin.

Nasruddin wälzte sich eines Nachts in seinem Bett hin und her. Da sagte seine Frau zu ihm: »Was ist denn los? Schlaf endlich ein!«

Der Mullah stöhnte und gab zu verstehen, dass er die sieben Silbermünzen nicht habe, die er seinem Nachbarn Abdullah schulde und morgen zurückzahlen müsse. Dies plagte ihn so sehr, dass er beim besten Willen nicht einschlafen konnte.

Da stand seine Frau kurzerhand auf, warf sich einen Schal um die Schultern, ging auf die Straße und rief: »Abdullah! Abdullah!«, bis der alte Abdullah schließlich ans Fenster kam, sich den Schlaf aus den Augen rieb und fragte: »Was ist denn los? Um was geht's?«

Die Frau rief laut zurück: »Ich bin nur gekommen, um dir zu sagen, dass du morgen deine Silbermünzen nicht bekommen wirst. Mein Mann hat sie nicht aufgetrieben.«

Danach drehte sie sich um und ging wieder nach Hause. »Schlaf ein, Nasruddin«, sagte sie ihrem Mann, »jetzt kann sich Abdullah Sorgen machen.«

Und der Meister schloss: »Einer muss zahlen. Plagt jemanden etwas?«

M, 55

VOM ANKLAGEN ZUM VERGEBEN

Den größten Schmerz bereiten uns oft gerade diejenigen, die uns lieben und die wir selbst lieben. Die Beziehungen zwischen Gatte und Gattin, Eltern und Kindern, Bruder und Schwester, Lehrer und Schülern, Vorgesetzten und Untergebenen bilden die Stelle, an der uns die tiefsten Wunden zugefügt werden. Noch lange danach und selbst dann, wenn die, welche uns verletzt haben, längst gestorben sind, suchen wir oft noch Hilfe, um herauszufinden, was damals geschah und warum es uns so getroffen hat.

Wir neigen dazu, diejenigen, die uns am nächsten standen, als Schuldige unserer gegenwärtigen Situation anzuklagen, und sagen: »Du hast mich zu dem, der ich heute bin, gemacht. Und ich hasse den, der ich bin.« Es ist eine große Herausforderung und verlangt viel Mut von uns, die eigenen Verletzungen zu erkennen und uns an unser wahres Selbst zu halten statt an die Folgen des Verhaltens anderer uns gegenüber. Nur dann, wenn wir uns an unser gottgeschaffenes Selbst als die wahre Ursache unseres Seins halten, werden wir die Freiheit finden, denen zu vergeben, die uns verletzt haben. N, 113

Der einzige Grund

Warum nehmen Sie das Glück nicht wahr, das Sie schon besitzen? Weil Ihr Verstand dauernd Unglücklichsein produziert. Verjagen Sie dieses Unglücklichsein aus Ihrem Kopf, und sofort wird das Glück, das schon immer in Ihnen war, die Oberhand gewinnen ...

Wenn Sie genau hinschauen, werden Sie erkennen, dass es nur einen einzigen Grund für Ihr Unglücklichsein gibt. Er heißt: *Abhängigkeit*. Was ist Abhängigkeit? Ein gefühlsmäßiger Zustand des Sich-Anklammerns, der aus der Überzeugung entsteht, dass man ohne eine bestimmte Sache oder einen bestimmten Menschen nicht glücklich sein kann. Dieser gefühlsmäßige Zustand des Anklammerns besteht aus zwei Elementen: einem positiven und einem negativen. Das positive Element ist das schnelle Vergnügen, die Erregung, der Nervenkitzel, welche Sie erleben, wenn Sie bekommen haben, woran ihr Herz hängt. Das negative Element ist das Gefühl der Bedrohung und der Spannung, das die Abhängigkeit immer begleitet.

Stellen Sie sich einen Menschen vor, der in einem Straflager sein Essen hinunterschlingt: Mit einer Hand führt er das Essen zum Mund, mit der anderen möchte er es von den anderen abschirmen, die es ihm sofort wegschnappen, wenn er nicht aufpasst: das perfekte Bild eines Menschen, der an etwas festklammert. So machen Festklammern oder Abhängigsein von sich aus anfällig für Gefühlsausbrüche und sind immer eine Bedrohung für Ihren inneren Frieden und Ihre Ausgeglichenheit.

M, 66

Das Wesentliche

Ein Löwe geriet in Gefangenschaft und wurde in ein Lager gebracht, wo er zu seinem Erstaunen noch andere Löwen antraf, die schon jahrelang dort waren, einige sogar ihr ganzes Leben, denn sie waren dort geboren. Er lernte bald die sozialen Betätigungen der Lagerlöwen kennen. Sie schlossen sich in Gruppen zusammen. Eine Gruppe bestand aus den Gesellschaftslöwen; eine andere ging ins Showgeschäft; wieder eine andere betätigte sich kulturell, um die Bräuche, die Traditionen und die Geschichte jener Zeiten zu bewahren, als die Löwen in Freiheit lebten. Andere Gruppen waren religiös – sie kamen zusammen, um zu Herzen gehende Lieder zu singen von einem künftigen Dschungel ohne Zäune. Einige Gruppen fanden Zulauf von denen, die sich von Natur aus für Literatur und Kunst interessierten; wieder andere waren revolutionär gesonnen, sie trafen sich, um sich gegen ihre Wärter zu verschwören oder gegen andere revolutionäre Gruppen Pläne zu schmieden. Ab und zu brach eine Revolution aus, die eine oder andere Gruppe wurde ausgelöscht, oder alle Wärter wurden umgebracht und durch andere ersetzt.

Als sich der Neuankömmling umsah, bemerkte er einen Löwen, der stets tief in Gedanken versunken schien, ein Einzelgänger, der keiner Gruppe angehörte und sich meistens von allen fernhielt. Es war etwas Seltsames um ihn, das sowohl die Bewunderung der anderen hervorrief, aber auch ihre Feindseligkeit, denn seine Gegenwart erzeugte Angst und Selbstzweifel. Er sagte zu dem Neuankömmling: »Schließ dich keiner Gruppe an. Diese armen Narren kümmern sich um alles, bloß nicht um das Wesentliche.«

»Und was ist das?«, fragt der Neuankömmling.

»Über die Art des Zaunes nachzudenken.«

Nichts, aber auch gar nichts anderes ist wichtig! M, 61

»Halt an, wo laufst du hin?« –

Segen eines alten Menschen

Wenn ich so viele alte Menschen sehe, dann wünschte ich, dass sie viel Freundschaft erfahren und von Herzen diesen »Segen eines alten Menschen« sprechen können:

Gesegnet seien, die verstehen, dass meine Füße nicht mehr gut gehen können und meine Hände zittrig geworden sind. Gesegnet seien, die begreifen, dass ich schlecht höre, und die sich bemühen, laut und deutlich zu sprechen. Gesegnet seien, die wissen, dass meine Augen nicht mehr viel sehen und dass ich nicht alles gleich mitbekomme.

Gesegnet seien, die nicht schimpfen, wenn ich etwas verschütte, wenn ich etwas umstoße oder fallen lasse. Gesegnet seien, die mir helfen, meine Sachen zu finden, weil ich nicht mehr weiß, wo ich sie hingelegt habe. Gesegnet seien, die mich anlachen und mit mir reden. Gesegnet seien, die mir zuhören, wenn ich von früher erzähle.

Gesegnet seien, die meine Schmerzen lindern. Gesegnet seien, die mich fühlen lassen, dass ich geliebt werde, und die mich freundlich behandeln. Gesegnet seien, die mir den Gang in die Ewigkeit leicht machen. Gesegnet seien alle, die gut zu mir sind und die mich dadurch an den guten Gott denken lassen. Wenn ich einmal bei Gott bin, werde auch ich bestimmt an sie denken. B, 344

JULI

Glaubhaft ist nur Liebe – Befreiung, Erlösung, Versöhnung suchen wir

SCHEINBAR ALLMÄCHTIG

Wir leben in einer Zeit, in der der Mensch im Bereich von Wissenschaft und Technik scheinbar allmächtig wird: Laboratorien im Weltraum, weltweite Datenvernetzung, Satelliten, Transplantationsmedizin, Genforschung, Biotechnik und immer perfektere, tödlichere Waffensysteme.

Während diese Macht wächst, droht der Mensch geistig, moralisch, kulturell völlig ohnmächtig zu werden. Menschen sterben vor Hunger und Entkräftung, selbst in den Wohlstandsländern. Menschen werden gequält, gefoltert, ermordet, ganze Völker vertrieben und ausgerottet, während Millionen der Gewalt, dem Krieg, dem Elend mit neugierigen Gesichtern am Bildschirm zusehen, einen Schluck trinken und zur Show umschalten.

Menschen in den Wohlstandsländern ertrinken im Überfluss von Konsum und Genuss, Sex und Unterhaltung, während junge Menschen, des Lebens überdrüssig, zu Gewalt, Alkohol und Drogen greifen. Vergiss nicht, die Tragik liegt vor allem in der Tatsache, dass heute die phantastischen Möglichkeiten des Menschen auf den Gebieten von Technik, Wissenschaft und Massenkommunikation realisiert werden in einer geistigen Wüste ohnegleichen.

B, 291

UNERKLÄRBAR

Wenn ich schon die Wirklichkeit, die meine Sinne wahrnehmen können, nicht hinreichend ausdrücken kann, wie lässt sich dann etwas in Worte fassen, was mit den Augen nicht zu sehen und mit den Ohren nicht zu hören ist? Wie lässt sich ein Wort für die Wirklichkeit Gottes finden? Beginnen Sie nun zu verstehen, was Thomas von Aquin, Augustinus und viele andere Theologen gesagt haben und was die Kirche ständig lehrt, nämlich, dass Gott ein für den Menschen unbegreifliches Geheimnis ist?

Einer der bedeutendsten Theologen unserer Zeit, der Jesuitenpater Karl Rahner, schrieb kurz vor seinem Tod einen Brief an einen jungen Studenten, der drogensüchtig war und ihn um Hilfe gebeten hatte. Dieser hatte geschrieben: »Ihr Theologen redet immer von Gott, aber wie kann dieser Gott in meinem Leben Bedeutung haben? Wie kann dieser Gott mich von meiner Sucht befreien?«

Pater Rahner antwortete ihm: »Ich muss Dir in aller Ehrlichkeit gestehen, dass Gott für mich das Geheimnis schlechthin ist und immer war. Ich verstehe nicht, was Gott ist, niemand kann das. Wir haben Ahnungen und Andeutungen, wir machen stümperhafte und unzulängliche Versuche, das Geheimnis in Worte zu fassen. Aber es gibt kein Wort und keinen Ausdruck dafür.«

In einem Vortrag vor einer Gruppe Theologen in London sagte Karl Rahner: »Die Aufgabe des Theologen besteht darin, alles durch Gott zu erklären und Gott als den Unerklärbaren zu erklären.«

Unerklärbares Geheimnis. Man weiß es nicht, man kann es nicht sagen. Man stammelt nur: »Ah, ah, ...« M, 299

Meditation des Lebens

Wenn ich Sie nicht dazu bewegen kann, über Ihren Tellerrand von Ansichten und Überzeugungen hinaus in eine andere Welt zu blicken, sind Sie tot, unweigerlich tot; das Leben ist an Ihnen vorbeigegangen ...

Das Leben ist eines für Spieler. Genau das sagte Jesus. Sind Sie bereit, das Risiko einzugehen? Wissen Sie, wann Sie bereit dazu sind? Wenn Sie das herausgefunden haben, wenn Sie wissen, dass das, was man Leben nennt, nicht wirkliches Leben ist. Die Menschen meinen fälschlicherweise, Leben bedeute, seinen Körper am Leben zu erhalten. Lieben Sie also den Gedanken an den Tod. Kommen Sie immer und immer wieder auf ihn zurück. Denken Sie an die Schönheit dieser Leiche, dieses Skeletts, bis es zu einer Handvoll Staub zerfällt. Dann werden Sie sehr erleichtert sein. Mag sein, dass manche dies alles von sich weisen. Sie fürchten jeden Gedanken daran. Dabei ist es sehr erleichternd, aus dieser Perspektive auf sein Leben zu blicken.

Oder besuchen Sie einen Friedhof. Es ist eine überaus läuternde und tiefe Erfahrung. Sie entdecken einen Namen und sagen sich: »Ach, vor so langer Zeit hat er gelebt, vor zwei Jahrhunderten! Ihn müssen dieselben Probleme geplagt haben wie mich, er muss manch schlaflose Nacht gehabt haben. Es ist seltsam, wir leben nur so kurze Zeit.«

Ein italienischer Dichter sagte: »Wir leben in einem kurzen Aufblitzen von Licht; der Abend kommt, und es ist für immer Nacht.« Es ist nur ein Aufblitzen, und wir nutzen es nicht. Wir vertun es mit unserer Furcht, unseren Sorgen, unseren Bedenken, unseren Belastungen.

Versuchen Sie es mit dieser Meditation, können Sie am Ende Informationen gewonnen haben – oder Bewusstheit. Und in diesem Moment des Bewusstwerdens sind Sie *neu*. Zumindest solange es anhält.

M, 244

Worte der Liebe

Manchmal schweigen wir, wenn wir sprechen sollten. Ohne Worte ist es schwer, Liebe zu vermitteln. Sagen wir zu unseren Eltern, Kindern, Freunden oder einem lieben Menschen: »Ich mag dich sehr!« oder »Ich mach' mir um dich Sorgen!« oder »Du bist für mich ein großes Geschenk!«, dann haben wir uns dafür entschieden, Leben weiterzugeben.

Es fällt nicht immer leicht, unsere Liebe und Sympathie direkt in Worten zum Ausdruck zu bringen. Tun wir es aber, werden wir feststellen, dass wir einen Segen ausgesprochen haben, der lange in Erinnerung bleiben wird. Wenn ein Sohn zu seinem Vater sagt: »Papa, ich hab' dich gern!« und eine Mutter zu ihrer Tochter: »Ich hab' dich sehr lieb!«, erschließt sich ein neuer Ort, ein Raum des Segens, in dem gut bleiben ist. Es ist wirklich so: Worte können Leben stiften. N, 271

Barmherzigkeit und Dankbarkeit

Vor langer Zeit gab Gott einmal eine Party, zu der er alle Tugenden, die großen und die kleinen, die bescheidenen und die mächtigen, einlud. Sie versammelten sich in einer wunderbar geschmückten Halle im Himmel und begannen sich alsbald himmlisch zu amüsieren, weil sie sich untereinander kannten und einige sogar eng miteinander verwandt waren.

Plötzlich fielen Gott zwei liebreizende Tugenden auf, die sich nicht zu kennen schienen und offenbar nicht viel miteinander anzufangen wussten. Also nahm er eine von ihnen bei der Hand und stellte sie der anderen förmlich vor. »Dankbarkeit«, sagte er, »das ist Barmherzigkeit.«

Aber kaum hatte Gott den Rücken gedreht, als die beiden wieder auseinander gingen. Und deswegen wird erzählt, dass selbst Gott die Dankbarkeit nicht dorthin bringen konnte, wo die Barmherzigkeit ist.

~

Ein Bruder legte einmal einem der älteren diese Frage vor: »Es waren einmal zwei Brüder, der eine blieb betend in seiner Zelle, fastete sechs Tage in der Woche und übte sich in Entbehrungen. Der andere verbrachte seine Zeit damit, Kranke zu versorgen. Wessen Arbeit ist wohlgefälliger vor Gott?«

Der ältere Bruder erwiderte: »Wenn der Bruder, der fastet und betet, sich auch noch an der Nase aufhängte, wäre das nicht einer einzigen Tat der Barmherzigkeit gleichzusetzen, die der andere vollbringt, indem er Kranke pflegt.« M, 384

Das gehört mir!

Eine alte Frau starb, und Engel brachten sie vor den Richterstuhl. Bei Durchsicht ihrer Akte fand der Richter jedoch keine einzige barmherzige Tat, außer dass sie einmal einem hungrigen Bettler eine Karotte gegeben hatte.

Eine einzige liebevolle Tat wiegt jedoch sehr viel, und so beschloss man, sie um dieser Karotte willen in den Himmel zu bringen. Die Karotte wurde dem Gericht vorgeführt und ihr übergeben. Im gleichen Augenblick, als sie sie ergriff, begann die Karotte, wie von unsichtbaren Fäden gezogen, aufzusteigen und trug die Frau mit sich gen Himmel.

Ein Bettler tauchte auf. Er klammerte sich an den Saum ihres Kleides und wurde mit ihr zusammen hochgehoben. Eine dritte Person bekam den Fuß des Bettlers zu fassen und wurde auch hochgezogen. Bald war da eine lange Menschenkette, die von dieser Karotte emporgezogen wurde. Und so seltsam es auch klingen mag, die Frau spürte das Gewicht der vielen Leute nicht, die sich an ihr festhielten; tatsächlich bemerkte sie sie gar nicht, da sie himmelwärts blickte.

Sie stiegen immer höher, bis sie beinahe das Himmelstor erreicht hatten. Da schaute die Frau zurück, um noch einen letzten Blick auf die Erde zu tun, und sah das ganze Gefolge.

Sie war empört! Mit einer gebieterischen Handbewegung rief sie: »Macht, dass ihr wegkommt, alle! Das ist meine Karotte!«

Bei dieser herrischen Geste musste sie die Karotte einen Augenblick loslassen – und stürzte mit ihrem ganzen Tross in die Tiefe.

Alles Übel auf der Welt hat nur eine Ursache:
»Das gehört mir!« M, 383

BEDINGUNGSLOS

Wie ich schon sagte, wollen wir gar nicht glücklich sein. Oder sagen wir es etwas genauer: Wir wollen nicht bedingungslos glücklich sein. Ich bin bereit, glücklich zu sein, vorausgesetzt, ich habe dieses und jenes und wer weiß was noch. Doch das ist dann so, als sagten wir zu unserem Freund oder zu unserer Freundin, zu Gott oder zu wem auch immer: »Du bist mein Glück. Wenn ich dich nicht bekomme, weigere ich mich, glücklich zu sein.« Dies zu verstehen ist sehr wichtig. Wir können uns gar nicht vorstellen, ohne solche Bedingungen glücklich zu sein. Es wurde uns beigebracht, unser Glück auf Bedingungen zu setzen ... Wichtig sei, respektiert, geliebt und geschätzt zu werden, angesehen und bedeutend zu sein.

Viele sind der Meinung, wir besäßen einen natürlichen Drang, geliebt und geschätzt zu werden, jemandem zu gehören. Das ist falsch. Geben Sie diese Illusion auf, und Sie werden zum Glück finden. Wir haben einen natürlichen Drang, frei zu sein, zu lieben, aber nicht geliebt zu werden. Immer wieder stoße ich bei psychotherapeutischen Gesprächen auf ein weit verbreitetes Problem: »Niemand liebt mich; wie kann ich da glücklich sein?« Ich erkläre ihm oder ihr: »Soll das heißen, Sie hätten nie Momente, in denen Sie vergessen, dass Sie nicht geliebt werden, und einfach gelöst und glücklich sind? Natürlich haben Sie solche Augenblicke.«

Nehmen wir zum Beispiel eine Frau, die im Kino sitzt und sich ganz vertieft einen Film ansieht. Es ist eine Komödie. Sie biegt sich vor Lachen – und in diesem gesegneten Augenblick vergisst sie, sich selbst daran zu erinnern, dass niemand sie liebt. Sie ist glücklich! Auf dem Weg nach Hause trifft ihre Freundin, mit der sie im Kino war, ihren Freund und verabschiedet sich von ihr. Die Frau ist wieder allein und denkt: »Ich habe niemanden. Ich bin so unglücklich. *Niemand liebt mich!*«

M, 191

GLAUBHAFT IST NUR LIEBE –

Belanglos

Kennen Sie die Geschichte vom Rechtsanwalt, dem der Klempner eine Rechnung ausstellte? Er sagte zum Klempner: »Also hören Sie mal, Sie verlangen zweihundert Mark für die Stunde. Soviel verdiene ich ja als Rechtsanwalt nicht.« Darauf antwortete der Klempner: »Als ich noch Rechtsanwalt war, habe ich das auch nicht verdient!«

Ob man Klempner, Rechtsanwalt, Geschäftsmann oder Priester ist, berührt das eigentliche »Ich« nicht. Wenn ich morgen meinen Beruf wechseln würde, wäre das so, als wechselte ich meinen Anzug. Ich selbst bleibe derselbe. *Sind* Sie Ihre Kleider? *Sind* Sie Ihr Name? *Sind* Sie Ihr Beruf? Hören Sie auf, sich mit all dem zu identifizieren. Das alles kann von heute auf morgen anders sein.

Wenn Sie das wirklich begriffen haben, kann Sie keine Kritik mehr treffen. Keine Schmeichelei, kein Lob werden Sie mehr rühren. Wenn Ihnen jemand sagt: »Sie sind ein toller Kerl«, von was spricht er dann? Es ist eine dieser Schubladen, in die man nach Belieben gesteckt wird. Sie verändern sich schnell und hängen von den Maßstäben ab, die die Gesellschaft setzt. Diese Dinge hängen von Ihrer Beeinflussbarkeit ab. Schubladen werden von der Laune dessen bestimmt, der zufälligerweise gerade mit Ihnen spricht. Schubladen haben nichts mit Ihrem »Ich« zu tun. Das »Ich« passt in keine dieser Schubladen. M, 190

Selbstlos

»Gibt es so etwas wie *selbstlose Liebe?*«, fragte jemand den Meister. Als Antwort erzählte er diese Geschichte:

Mister Tugut sah mit Bangen, wie die Engel im Himmel sein Sündenregister überprüften. Endlich sah der Protokollengel auf und rief aus: »Das ist ja fabelhaft! Das ist unerhört! In deinem ganzen Leben hast du nicht die geringste Sünde begangen, nicht einmal die kleinste lässliche Sünde während deiner ganzen Lebenszeit! Alles, was du vollbracht hast, waren Werke der Nächstenliebe. Als was sollen wir dich aber nun in den Himmel lassen? Nicht als Engel, denn ein Engel bist du nicht. Nicht als menschliches Wesen, denn du hast keine einzige Schwäche. Wir müssen dich für einen Tag wieder auf die Erde schicken, damit du wenigstens eine Sünde begehen und als menschliches Wesen zu uns zurückkommen kannst.«

So fand sich der arme sündenlose Mr. Tugut bald an einer Straßenecke seiner Heimatstadt wieder, unglücklich und verdattert, doch entschlossen, wenigstens einen kleinen Fehltritt zu tun. Es verging eine Stunde, dann zwei, dann drei. Mr. Tugut stand ratlos da und fragte sich, was er tun sollte. Als ihm schließlich eine groß gewachsene, kräftige Frau zuwinkte, ging er bereitwillig zu ihr. Die Dame war weit davon entfernt, jung oder hübsch zu sein, doch sie war für ihn die Eintrittskarte in den Himmel. Und so ging er mit ihr fort und verbrachte mit ihr die Nacht. Als der Morgen dämmerte, warf Mr. Tugut einen Blick auf die Uhr. Er musste sich beeilen. Eine halbe Stunde noch, bis er wieder in den Himmel getragen werden sollte. Als er seine Sachen anlegte, erstarrte er, denn die alte Dame rief ihm aus dem Bett zu: »Oh, lieber Mr. Tugut, was für ein großes Werk der Nächstenliebe haben Sie heute Nacht vollbracht!« M, 154

Die Dummen und die wirklich Dummen

Wenn du eine Gemeinschaft aufbauen willst, ganz gleich ob eine Ehe, eine Familie, eine Gruppe, dann muss »Liebe« das Fundament sein. Das weiß jeder. Jeder gibt dir Recht, wenn du sagst: Auf die Liebe kommt es an, und ohne Liebe ist das Leben nicht möglich.

Und doch herrschen in vielen Ehen, Familien, Gemeinschaften, Interessengruppen so viel Zank und Streit und Spannung. Auslöser sind, oberflächlich gesehen, meistens Kleinigkeiten: Missverständnisse, unglückliche Worte, ein dummes Verhalten. Schon ist die Atmosphäre vergiftet, die Begeisterung verflogen. Der tiefere Grund für das Dahinsiechen und Zerbrechen von vielen, einst begeistert begonnenen Gemeinschaften ist nichts anderes als eingefleischte Eigensinnigkeit.

Liebe fängt damit an, das eigene Habenwollen und Geltenwollen immer mehr zu verlassen, um immer mehr für andere da zu sein. Wenn du mit solcher Liebe in einer Gruppe allein stehst, wirst du als der Dumme angesehen und auch so behandelt. Man nützt dich aus. Aber halte durch, bis es zwei oder mehr sind, die so leben wollen. Und dann geschieht ein Wunder. Dann wird mit der Zeit das Zusammensein ein Fest. Dann sind nicht mehr diejenigen, die lieben, die Dummen, sondern jene, die nur kritisieren oder beleidigt schweigen, weil sie übergangen wurden oder ihren Willen nicht bekamen. Raffgier und Arroganz sind die Gegenpole der Liebe. Die wirklich Dummen sind jene, die nicht leben können, weil sie nicht imstande sind zu lieben. B, 193

FREUNDESLIEBE

»Mein Freund ist nicht vom Schlachtfeld zurückgekommen, Sir. Erbitte Erlaubnis, ihn zu suchen und hereinzuholen.«

»Abgelehnt«, sagte der Offizier, »ich möchte nicht, dass Sie Ihr Leben aufs Spiel setzen für einen Mann, der wahrscheinlich tot ist.«

Der Soldat machte sich trotzdem auf die Suche und kam eine Stunde später tödlich verwundet zurück, in den Armen seinen toten Freund.

Der Offizier tobte. »Ich habe Ihnen gesagt, er ist tot. Nun habe ich Sie beide verloren. Was hat es nun gebracht hinauszugehen, um eine Leiche zurückzubringen?«

Der sterbende Mann antwortete: »Es hat sich gelohnt, Sir. Als ich ihn fand, lebte er noch. Und er sagte zu mir: Ich wusste, Jack, dass du kommen würdest.«

~

Ein Besucher erzählte die Geschichte eines Heiligen, der einen sterbenden Freund besuchen wollte, aber Angst hatte, bei Nacht zu reisen und daher zur Sonne sagte: »Im Namen Gottes, bleib am Himmel, bis ich zu dem Dorf komme, wo mein Freund im Sterben liegt.« Und die Sonne blieb auf der Stelle stehen, bis der heilige Mann das Dorf erreicht hatte.

Der Meister lächelte. »Hätte der heilige Mann nicht mehr davon gehabt, wenn er seine Angst, des Nachts zu reisen, überwunden hätte?«, sagte er.

M, 155

GLAUBHAFT IST NUR LIEBE –

Vorsorgende Liebe

Zwei Brüder, der eine verheiratet, der andere nicht, besaßen eine Farm, deren fruchtbarer Boden reichlich Korn hervorbrachte. Die Ernte wurde zwischen den Brüdern geteilt.

Zuerst ging alles gut. Doch auf einmal begann der verheiratete Bruder nachts aufzuschrecken und dachte: »Das ist nicht gerecht. Mein Bruder ist nicht verheiratet, und er bekommt die halbe Ernte. Ich dagegen habe Frau und fünf Kinder, so dass mein Alter gesichert ist. Aber wer wird für meinen armen Bruder sorgen, wenn er alt ist? Er muss viel mehr für die Zukunft sorgen, als er es im Augenblick tut, deshalb ist sein Bedarf bestimmt größer als der meine.«

Bei diesen Gedanken stand er auf, schlich hinüber zu der Behausung seines Bruders und schüttete einen Sack Korn in dessen Scheune.

Auch der Junggeselle begann von diesen nächtlichen Anwandlungen überfallen zu werden. Ab und zu fuhr er aus dem Schlaf hoch und sagte sich: »Das ist einfach nicht gerecht. Mein Bruder hat eine Frau und fünf Kinder, und er bekommt die Hälfte der Ernte. Ich aber muss nur mich selbst versorgen. Ist es also richtig, dass mein Bruder, dessen Bedarf bestimmt größer ist als der meine, genauso viel bekommt wie ich?« Also stand er auf und schüttete einen Sack Korn in die Scheune seines Bruders.

Eines Nachts standen sie gleichzeitig auf und trafen sich, jeder mit einem Sack Korn auf dem Rücken.

Viele Jahre nach ihrem Tod wurde die Geschichte bekannt, und als die Bürger einen Tempel errichten wollten, bauten sie ihn dort, wo sich die beiden Brüder getroffen hatten, denn das schien ihnen der heiligste Platz der Stadt zu sein.

M, 151

Nur mich

»Glauben Sie, dass Sie meiner Tochter das geben können, was sie sich wünscht?«, fragte ein Mann einen Freier.

»Bestimmt, Sir. Sie sagt, sie wünscht sich nur mich.«

Niemand würde es Liebe nennen, wenn sie sich Geld wünschte. Warum ist es Liebe, wenn sie sich dich wünscht?

~

Sagte der Meister: »Was du Freundschaft nennst, ist in Wirklichkeit ein Geschäft: Entsprich meinen Erwartungen, gib mir, was ich möchte, und ich werde dich lieben; weise mich ab, und meine Liebe schlägt in Groll und Gleichgültigkeit um.«

Er erzählte von dem Familienvater, der nach einem anstrengenden Arbeitstag zu seiner Frau und seinem niedlichen, drei Jahre alten Töchterchen nach Hause kam.

»Bekommt Daddy einen Kuss?«

»Nein!«

»Schäm dich! Dein Daddy muss den ganzen Tag hart arbeiten, um etwas Geld nach Hause zu bringen, und du behandelst ihn so! Wo ist der Kuss?«

Das niedliche, drei Jahre alte Töchterchen schaute ihm in die Augen: »Und wo ist das Geld?«

~

Sagte ein Schüler: »Ich gebe meine Liebe nicht für Geld.«

Sagte der Meister: »Ist es nicht ebenso schlecht – oder gar schlimmer –, wenn du Liebe für Liebe verlangst?«

M, 145

GLAUBHAFT IST NUR LIEBE –

Beunruhigend

»Angeklagter«, sagte der Großinquisitor, »Ihnen wird vorgeworfen, Menschen ermutigt zu haben, Gesetze, Traditionen und Regeln unserer heiligen Religion zu brechen. Was haben Sie dazu zu sagen?«

»Ich bekenne mich schuldig, Euer Ehren.«

»Sie werden beschuldigt, des öfteren in Gesellschaft von Ketzern, Prostituierten, gemeinen Sündern, wucherischen Steuereinnehmern, den kolonialen Eroberern unseres Volkes, kurz dem Abschaum der Gesellschaft gesehen worden zu sein. Was sagen Sie dazu?«

»Ich bekenne mich schuldig, Euer Ehren.«

»Man wirft Ihnen vor, öffentlich jene kritisiert und gebrandmarkt zu haben, die in der Kirche Gottes an oberste Stelle gesetzt wurden. Was sagen Sie dazu?«

»Schuldig, Euer Ehren.«

»Schließlich sind Sie angeklagt, die heiligen Lehrsätze unseres Glaubens revidieren, korrigieren und in Frage stellen zu wollen. Was sagen Sie dazu?«

»Ich bekenne mich schuldig, Euer Ehren.«

»Wie heißen Sie, Gefangener?«

»Jesus Christus, Euer Ehren.«

Religion leben ist für manche Leute
genauso beunruhigend,
wie sie in Zweifel zu ziehen.

M, 391

Was beten heisst

Als Bruder Bruno eines Nachts betete, fühlte er sich durch das Quaken eines Ochsenfrosches gestört. Er versuchte, es nicht zu beachten, doch umsonst. Wütend schrie er aus dem Fenster: »Ruhe! Ich bete gerade.«

Bruder Bruno war ein Heiliger, und so wurde sein Befehl sofort befolgt. Alle Kreatur verstummte, damit eine dem Gebet dienliche Stille einkehren konnte.

Aber nun drängte sich ein anderer Laut in Bruder Brunos Gebet – eine innere Stimme, die ihm sagte: »Vielleicht gefällt Gott das Quaken dieses Frosches genauso wie der Gesang deiner Psalmen.«

»Was kann Gott am Quaken eines Frosches gefallen?« erwiderte Bruno spöttisch. Doch die Stimme gab nicht nach: »Warum glaubst du hat Gott diesen Laut geschaffen?«

Bruno beschloss, eben dies herauszufinden. Er beugte sich aus dem Fenster und befahl: »Sing!« Das bedächtige Gequake des Frosches erfüllte wieder die Luft und wurde von allen Fröschen der Nachbarschaft vielstimmig aufgenommen. Und als Bruder Bruno die Laute auf sich wirken ließ, klangen die Stimmen, da er sich nicht länger gegen sie sträubte, durchaus nicht mehr schrill, sondern verschönerten tatsächlich die nächtliche Stille.

Diese Entdeckung brachte Bruder Brunos Herz in Einklang mit dem Universum, und er verstand zum ersten Mal in seinem Leben, was Beten heißt.

Horcht! Lauscht auf das Lied des Vogels,
den Wind in den Bäumen, das Rauschen des Meeres;
schaut auf einen Baum, ein fallendes Blatt, eine Blume,
als sei es das erste Mal.
Plötzlich begreift ihr die Wirklichkeit,
jenes Paradies aus Kindertagen,
das unser Wissen uns heute verschließt.

M, 350

Glaubhaft ist nur Liebe –

Gottes Vorstellung

Wir verwenden viel Energie, Zeit und Geld darauf, Abstand voneinander zu halten. Ein großer, wenn nicht gar der größte Teil der Ressourcen der Welt wird benutzt, damit einer sich gegen den anderen verteidigen, jeder seine Schlagkraft erhalten oder möglichst steigern und eine vorteilhafte Position erringen kann.

Stellen wir uns aber einmal vor, diese ungeheuren Anstrengungen würden in den Dienst des Friedens und der Versöhnung gestellt! Gäbe es da noch Armut, Verbrechen, Kriege? Stellen wir uns doch einmal vor, es gäbe keine Angst mehr unter den Menschen, keine Rivalitäten, kein Konkurrenzdenken, keine Feindschaft, Verbitterung oder Vergeltungssucht. Stellen wir uns doch einmal vor, alle Menschen dieser Erde nähmen einander an der Hand und bildeten einen großen Kreis der Liebe!

Vielleicht halten wir dem entgegen: »So etwas ist unvorstellbar!« Gott aber sagt: »Genau das stelle ich mir vor: die ganze Welt, die nicht nur nach meinem Bild geschaffen ist, sondern auch nach ihm lebt.«

N, 393

Mensch, ich hab' dich gern

Du kannst nicht leben ohne Menschen, die dich mögen, Menschen, die dir von Zeit zu Zeit unaufgefordert zu verstehen geben: Mensch, ich hab' dich gern. Das ist von größter Bedeutung in der Ehe. Das ist eine Lebensnotwendigkeit für ein Kind. Eine Quelle des Glücks für einen alten Menschen. Ein Stück Gesundheit für einen kranken Menschen. Ein stiller Trost für einen einsamen Menschen. Es müssen nicht teure Aufmerksamkeiten sein. Geschenke können auch dazu missbraucht werden, um Menschen zu betäuben, dass keine Liebe mehr da ist. Wahre Liebe findet tausend Wege zum Herzen des Mitmenschen, Wege, auf denen du dich selbst verschenkst, gratis.

Du kannst nicht leben ohne Menschen, die dich mögen. Sieh mal nach, ob vielleicht in deiner Umgebung, in deiner nächsten Nähe Menschen in der Kälte stehen, die ohne deine Liebe nicht leben können. Du hältst ein Stück von ihrem Glück in deinen Händen. Wenn du am Grab eines lieben Menschen stehst, sind es gerade die versäumten Liebeserweise, die vergessenen Aufmerksamkeiten, die am meisten weh tun. Der einzige Trost, der weit über die Grenzen des Todes reicht, sind die Liebe und Geborgenheit, die du anderen in ihrem Leben gegeben hast. Das Einzige, worum es eigentlich geht: lieben und glücklich sein.

B, 22

GLAUBHAFT IST NUR LIEBE –

Wer?

Eine Frau lag im Koma. Plötzlich hatte sie das Gefühl, sie käme in den Himmel und stände vor dem Richterstuhl.

»Wer bist du?«, fragte eine Stimme.

»Ich bin die Frau des Bürgermeisters«, erwiderte sie.

»Ich habe nicht gefragt, wessen Ehefrau du bist, sondern wer du bist.«

»Ich bin die Mutter von vier Kindern.«

»Ich habe nicht gefragt, wessen Mutter du bist, sondern wer du bist.«

»Ich bin Lehrerin.«

»Ich habe nicht nach deinem Beruf gefragt, sondern wer du bist.«

Und so ging es weiter. Alles, was sie erwiderte, schien keine befriedigende Antwort auf die Frage zu sein: »Wer bist du?«

»Ich bin eine Christin.«

»Ich fragte nicht, welcher Religion du angehörst, sondern wer du bist.«

»Ich bin die, die jeden Tag in die Kirche ging und immer den Armen und Hilfsbedürftigen half.«

»Ich fragte nicht, was du tatest, sondern wer du bist.«

Offensichtlich bestand sie die Prüfung nicht, denn sie wurde zurück auf die Erde geschickt. Als sie wieder gesund war, beschloss sie herauszufinden, wer sie war. Und darin lag der ganze Unterschied.

Deine Pflicht ist es zu sein. Nicht irgendjemand, nicht ein Niemand – denn darin liegt Habgier und Ehrgeiz – nicht dies oder jenes zu sein und dadurch abhängig zu werden, sondern einfach zu sein. M, 129

Klarsichtig

Es ist sehr befreiend, mit seinen Gefühlen von nichts abhängig zu sein. Würden Sie dies für nur eine Sekunde erfahren, gäbe es für Sie in Ihrem Gefängnis keine Mauern mehr und Sie könnten einen Blick auf die Weite des Himmels werfen. Eines Tages werden Sie vielleicht sogar fliegen ...

Ich schaue in mich hinein und komme immer wieder zu demselben Schluss: Wenn ich von Lob und Wertschätzung abhängig bin, werde ich die Menschen danach beurteilen, ob sie meine Abhängigkeiten gefährden oder fördern. Wenn Sie als Politiker gewählt werden möchten, worauf werden Sie wohl bei den Leuten achten, wonach wird sich Ihr Interesse richten? Sie werden sich um die Leute kümmern, die Sie wählen könnten. Wenn Sie an Sex interessiert sind, wie glauben Sie, werden Sie Frauen und Männer betrachten? Wenn Sie nach Macht streben, wird das Ihre Sicht der Menschen beeinflussen. Jemandem verfallen zu sein zerstört Ihre Fähigkeit zu lieben.

Was ist Liebe? Liebe ist Empfindsamkeit, Liebe ist Wahrnehmungsfähigkeit.

Was ist ein liebendes Herz? Ein liebendes Herz ist dem ganzen Leben gegenüber empfindsam, allen Menschen gegenüber; ein liebendes Herz verschließt sich vor nichts und niemandem. Aber in dem Augenblick, da Sie in meinem Sinn des Wortes abhängig werden, blockieren Sie vieles andere. Sie haben nur noch Augen für das, woran Ihr Herz hängt; Sie haben nur noch Ohren für die Pauken oder Trompeten in einem Orchester, das Herz ist verhärtet, ja es ist verblendet, denn es sieht das Objekt seiner Abhängigkeit nicht mehr objektiv. Liebe heißt ungetrübte Wahrnehmung, Objektivität; es gibt nichts, was so klarsichtig wäre wie die Liebe.

M, 144

In dir

Es gibt eine aufschlussreiche Geschichte von einem Mönch, der in der ägyptischen Wüste lebte und so von Versuchungen gequält wurde, dass er es nicht mehr länger aushalten konnte. Er beschloss also, seine Zelle zu verlassen und an einen anderen Ort zu gehen.

Als er seine Sandalen anlegte, um seinen Entschluss auszuführen, sah er nicht weit entfernt einen anderen Mönch, der sich auch die Sandalen anzog.

»Wer bist du?«, fragte er den Fremden.

»Ich bin dein eigenes Ich«, lautete die Antwort, »solltest du etwa meinetwegen diesen Ort verlassen, dann wisse, wohin du auch immer gehst, dass ich stets mit dir gehen werde.«

~

Ein verzweifelter Patient sagte zu seinem Psychiater: »Wohin ich auch gehe, immer muss ich mich mitnehmen, und das verdirbt mir jeden Spaß.«

Wovor du wegläufst
und wonach du dich sehnst,
beides ist in dir. M, 117

AUSSTRAHLUNG

Ein Klosterbesucher war von der Eigenschaft des Meisters besonders beeindruckt, die er Ausstrahlung nannte. Als er eines Tages zufällig einem alten Freund des Meisters begegnete, fragte er ihn, ob er dafür irgendeine Erklärung habe.

Sagte der Freund: »Ich möchte es so ausdrücken: Das Leben ist ein Geheimnis. Der Tod ist der Schlüssel, der es aufschließt. In dem Augenblick, in dem du den Schlüssel umdrehst, versinkst du für immer in das Geheimnis.«

»Müssen wir auf den Tod warten, bevor wir den Schlüssel umdrehen?«, fragte der Besucher.

»Nein! Du könntest ihn jetzt umdrehen – durch Schweigen – und im Geheimnis aufgehen. Dann würdest auch du Ausstrahlung haben – wie der Meister.«

~

»Sag mir, warum?«, bedrängte der Schüler erstaunt den Meister, als dieser ihn aufforderte, das Kloster zu verlassen, in das er vor kaum vierundzwanzig Stunden aufgenommen worden war.

»Weil du keinen Meister brauchst. Ich kann dir den Weg zeigen, aber nur du kannst ihn gehen.

Ich kann auf das Wasser hinweisen, doch du allein kannst trinken. Warum verschwendest du deine Zeit damit, mich gebannt anzuschauen?

Du weißt den Weg. Geh ihn!

Das Wasser ist genau vor dir. Trink!« M, 112

IST ZEIT GELD?

Menschen sagen: »Zeit ist Geld.« Denn Geld ist der Sinn ihres Daseins geworden. Darum sitzen so viele fest, fest im Sumpf. Geld ist nötig, aber man weiß nie, wann man genug hat. Zeit ist Geld: Das ist nicht wahr!

Für wen die Zeit zum Leben nur eine Zeit für das Geld ist, bringt sich selbst um mit seiner Zeit-ist-Geld-Maschine. Er findet keine Freude und kein Glück mehr. Darum will er Geld, um sich Freude und Glück zu kaufen. Mit viel Geld kauft er sich teure Unterhaltung und Erholung, um darin geistig und körperlich zu ersticken. Geld, überall Geld! Um Geld geht es in Fabriken und Büros, in Supermärkten, auf Sportplätzen, in Freizeitzentren. Die Menschen haben es weit gebracht, aber glücklicher sehen sie dabei nicht aus. Leben und Arbeit machen keine Freude mehr.

Ich war neulich in einem großen Versicherungsbüro, wo unzählige Angestellte in großen Räumen hinter Glas sitzen. Als die Uhr fünf zeigte, ging ein Sturm durch die Räume. Die Angestellten sprangen auf, drängten zu den Ausgängen. Als ob jeden Moment eine Zeitbombe explodieren könnte! Ist das der Sinn der Zeit, kommt es nur aufs Geld an? Stell die Zeit-ist-Geld-Maschine ab! Lebe und tu, was du zu tun hast, mit Liebe. Nicht Geld, sondern Liebe sei der Sinn deines Daseins. Denn allein in der Liebe wachsen die Blumen der Freude. B, 192

Die kleinen Schritte der Liebe

Wie können wir die Liebe wählen, wenn wir kaum Liebe erfahren? Wir entscheiden uns für sie durch kleine Schritte der Liebe, für die es immer eine Gelegenheit gibt: ein Lächeln, ein freundlicher Wink, ein Händedruck, ein ermutigendes Wort, ein Telefonanruf, eine Postkarte mit einem herzlichen Gruß, ein ermunterndes Schulterklopfen, ein Zeichen der Anteilnahme, eine besondere Aufmerksamkeit, eine unerwartete Hilfeleistung, ein kleines Geschenk, ein Besuch ... und viele andere kleine Schritte zur Liebe hin.

Jeder Schritt ist wie eine brennende Kerze in der Nacht. Ihr Licht hebt die Dunkelheit nicht auf, führt uns aber durch die Finsternis. Blicken wir dann auf viele kleine Schritte der Liebe zurück, werden wir sehen, dass wir eine lange und schöne Wegstrecke zurückgelegt haben.

N, 184

Worte, die uns ernähren

Wenn wir miteinander sprechen, so meist darüber, was sich getan hat, wir gerade tun oder zu tun gedenken. Oft sagen wir: »Na, was gibt's Neues?«, und erwarten, dass wir einander Näheres aus unserem Alltag berichten. Doch möchten wir manchmal auch gern etwas anderes hören: dass uns jemand sagt: »Ich habe heute schon an dich gedacht«, oder: »Ich habe dich vermisst« – »Es wäre schön, du wärst immer hier« oder gar: »Ich hab' dich wirklich gern.« Wenn es auch nicht immer leicht fallen mag, dies auszusprechen, so können solche Worte doch unsere Beziehungen zueinander vertiefen.

Jemandem »Ich hab' dich gern« zu sagen, mit welchen Worten auch immer, wird stets eine gute Nachricht sein. Niemand wird es in den Sinn kommen, darauf zu antworten: »Schön, ich wusste das schon, du brauchtest es mir nicht noch einmal zu sagen!« Worte der Bestätigung, der Zuneigung und Liebe sind wie Brot. Wir brauchen sie Tag für Tag. Sie halten uns innerlich am Leben. N, 55

VOLLKOMMEN

Erleuchtet ist, sagte der Meister, wer erkennt, dass alles in der Welt, so wie es ist, vollkommen ist.

»Wie verhält es sich mit dem Gärtner?«, fragte jemand. »Ist er auch vollkommen?«

Der Klostergärtner war ein buckeliger Mann.

»Für das, was ihm im Leben bestimmt ist«, erwiderte der Meister, »ist der Gärtner ein vollkommener buckeliger Mann.«

~

Der Gedanke, dass alles in der Welt vollkommen ist, überstieg das Maß dessen, womit die Schüler einverstanden sein konnten. So fasste es der Meister in Begriffe, die ihrem Verständnis besser entsprachen.

»Gott webt vollkommene Muster mit den Fäden unseres Lebens«, sagte er, »sogar mit unseren Sünden. Der Grund, warum wir dies nicht erkennen, liegt darin, dass wir die Rückseite des Teppichs betrachten.«

Und noch prägnanter: »Was manche Leute für einen glänzenden Stein halten, erkennt der Juwelier als einen Diamanten.« M, 109

Das Übel

Es gibt nur eines auf der Welt, was von Übel ist, nämlich Angst. Es gibt nur eines auf der Welt, was gut ist, nämlich Liebe. Sie hat manchmal auch andere Namen. Manchmal nennt man sie Glück, Freiheit, Frieden, Freude, Gott oder wie auch immer. Aber das Etikett ist nicht so wichtig. Jedenfalls gibt es kein einziges Übel auf der Welt, das sich nicht auf Angst zurückführen ließe; kein einziges.

Ignoranz und Angst, Ignoranz durch Angst: Daher rührt alles Übel, daher rührt auch Gewalttätigkeit. Wer wirklich gewaltlos ist – unfähig zu Gewalt –, ist ein furchtloser Mensch. Nur wer sich fürchtet, ärgert sich.

Erinnern Sie sich daran, wie Sie sich das letzte Mal geärgert haben, und suchen Sie nach der Angst, die dahinter steckte. Fürchteten Sie, etwas zu verlieren? Fürchteten Sie, man könnte Ihnen etwas wegnehmen? Daher rührt nämlich der Ärger.

Denken Sie einmal an jemanden, der verärgert ist, vielleicht an jemanden, den Sie fürchten. Merken Sie, wie viel Angst er oder sie haben? Er hat wirklich und tatsächlich Angst. Sie hat wirklich Angst, sonst wäre sie nicht so verärgert. Letztlich gibt es nur zwei Dinge: *Liebe und Angst.*

~

Was einem bewusst ist, das hat man auch unter Kontrolle; was einem nicht bewusst ist, das hat einen selbst unter Kontrolle. Man ist immer der Sklave dessen, wessen man sich nicht bewusst ist. Ist man sich dessen bewusst, ist man davon befreit. Es ist noch vorhanden, doch es betrifft einen nicht, kontrolliert einen nicht, versklavt einen nicht. Das ist der Unterschied.

M, 99

Kreuzungen und Ampeln

Du kannst im Leben nicht rückwärts fahren. Du kannst die Tage nicht rückwärts leben, um dir so die schönsten Tage zurückzuholen. Du musst vorwärts. Tag um Tag, Jahr um Jahr. Du kannst dich nicht anhalten, keiner kann dich anhalten.

Es gibt sehr viele Kreuzungen. Du triffst auf Menschen und Dinge. Du kannst eine Panne bekommen, es kracht auch mal. Du stößt mit Menschen zusammen, die wie ein Panzer sind. Sie gehen nie aus dem Weg. Sie bleiben stur in ihrer Spur. Sie versperren dir den Weg und können viel Ärger machen. Es gibt sehr viele Kreuzungen. Achte auf die Ampeln. Rot, das sind die Stopplichter des Lebens. Dahinter geht es nicht mehr weiter: hemmungslose Habgier, eingefleischter Egoismus, krankhafter Neid. Dahinter hören die Wege auf und fangen die Abgründe an.

Freundlichkeit, Versöhnungswille, Hilfsbereitschaft, Sanftmut: Damit gehen die Ampeln deines Lebens wieder auf Grün, damit geht dein Weg wieder weiter. Sei freundlich und liebevoll im täglichen Umgang mit Menschen und Dingen. Lass den Motor deines Herzens immer warm laufen. Vergiss nicht, dass es dafür nur einen Zündschlüssel gibt, und das ist die Liebe.

B, 15

Blind

Man sagt, Liebe macht blind. Tut sie das wirklich? Tatsächlich ist nichts auf der Welt so scharfsichtig wie die Liebe. Das, was blind macht, ist nicht Liebe, sondern Abhängigkeit. Abhängigkeit ist ein Zustand des Sich-Anklammerns, der aus dem Irrglauben rührt, eine bestimmte Sache oder einen bestimmten Menschen unbedingt zum Glück zu brauchen ...

Stellen Sie sich einen Politiker vor, der sich selbst davon überzeugt hat, dass er nicht glücklich sein kann, solange er keine politische Macht besitzt. Sein Streben nach Macht stumpft ihn gegenüber vielen anderen wichtigen Dingen des Lebens ab. Er hat kaum noch Zeit für die Familie und für Freunde. Plötzlich werden alle Menschen nur noch daraufhin angesehen, ob sie seinem Ehrgeiz nützen oder ihm im Wege stehen. Und diejenigen, die ihm weder nützlich noch gefährlich sein können, übersieht er einfach. Hängt sein Herz darüber hinaus noch an Dingen wie Geld oder Vergnügungen, ist der arme Mann in seiner Wahrnehmungsfähigkeit so eingeschränkt, dass man fast sagen könnte, er ist blind. Für alle ist das klar, nur für ihn selbst nicht. Das ist die Situation, die zur Ablehnung des Messias führt, zur Ablehnung des Wahren, Schönen und Guten, weil man ihm gegenüber blind geworden ist ...

Um in dem Zustand zu sein, der Liebe heißt, müssen Sie für die Einzigartigkeit und Schönheit aller Dinge und jedes Menschen in Ihrer Umgebung empfänglich sein. Sie können schwerlich etwas lieben, was Sie nicht einmal wahrnehmen. Und sehen Sie nur ein paar wenige Dinge auf Kosten anderer, so ist das eben keine Liebe. Denn Liebe klammert niemanden aus, sie schließt das Ganze des Lebens ein. M, 76

Zum Alleinsein finden

Jeder Mensch ist allein. Kein anderer wird genauso fühlen, denken und handeln wie wir. Jeder von uns ist einzigartig, und die Kehrseite unserer Einzigartigkeit ist unser Alleinsein. Doch stellt sich die Frage, ob wir unser Alleinsein zu einem Alleingelassensein, zum Vereinsamtsein werden lassen oder ob wir dem Alleinsein erlauben, uns in die Einsamkeit zu führen.

Alleingelassensein, Vereinsamtsein sind bedrückend und schmerzlich, Einsamkeit ist friedlich und fruchtbar. Fühlen wir uns vereinsamt, drängt es uns zu anderen, an die wir uns verzweifelt klammern. Alleinsein erlaubt uns, andere in ihrer Einzigartigkeit zu respektieren und Gemeinschaft zu bilden.

Dass unser Alleinsein zur Erfahrung der Einsamkeit gelangt und nicht in Alleingelassensein und Vereinsamung endet, verlangt ein ständiges, lebenslanges Bemühen. Es erfordert, dass wir eine bewusste Wahl treffen: mit wem wir zusammen sind, womit wir uns beschäftigen, wie wir beten und an wessen Rat wir uns halten. Kluge Entscheidungen werden uns aber helfen, zu dem Alleinsein zu finden, in dem unser Herz in Liebe reifen kann. N, 29

Die Grundfrage

Die großen Lehrmeister sagen uns, dass die wichtigste Frage der Welt sei: »Wer bin ich?« Was ist das überhaupt, was man das »Ich« oder das »Selbst« nennt? Meinen Sie etwa, Sie hätten sonst alles verstanden, nur das nicht? Meinen Sie, Sie haben die Astronomie samt ihren schwarzen Löchern und Quasaren verstanden, kennen sich mit Computern aus, und wissen nicht, wer Sie sind? Meinen Sie, Sie haben verstanden, wer Jesus Christus ist, und wissen nicht, wer Sie selbst sind? Woher wollen Sie denn wissen, dass Sie Jesus Christus verstanden haben? Wer ist derjenige, der etwas versteht?

Finden Sie das erst einmal heraus. Das ist die Grundlage von allem. Weil wir uns darüber nicht im Klaren sind, gibt es immer noch all diese engstirnigen religiösen Leute, die ihre sinnlosen religiösen Kriege führen – Moslems gegen Juden, Protestanten gegen Katholiken, und so weiter. Sie wissen nicht, wer sie sind, denn wüssten sie es, gäbe es keine Kriege. So wie ein kleines Mädchen einen kleinen Jungen fragte: »Bist du Presbyterianer?« Darauf antwortete der Junge: »Nein, wir haben eine andere Konfrontation.«

~

Der Meister behauptete, dass es letzten Endes keinen Sinn habe, sich selbst als Inder, Chinese, Afrikaner, Amerikaner, Hindu, Christ oder Muslim zu bezeichnen, da dies nur Schubladen und Etiketten seien. Einem Schüler, der darauf beharrte, zuerst, zuletzt und vor allem Jude zu sein, sagte der Meister freundlich: »Deine Erziehung ist jüdisch, aber nicht deine Identität.«

»Was ist meine Identität?« – »Nichts«, sagte der Meister.

»Du glaubst, ich bin ein Nichts und eine Leere?«, fragte ungläubig der Schüler. »Nichts, was mit einem Etikett versehen werden kann«, sagte der Meister.

M, 128

Herzenssache

Ein Mann kam zu Buddha mit einem Strauß Blumen in der Hand. Buddha sah ihn an und sagte: »Wirf es weg!«

Er konnte nicht glauben, dass er die Blumen wegwerfen sollte. Aber dann fiel ihm ein, er solle sicherlich die Blumen wegwerfen, die er in der linken Hand hatte, weil es als unheilvoll und unhöflich galt, ein Geschenk mit der linken Hand zu übergeben. Also ließ er die Blumen fallen.

Wieder sagte Buddha: »Wirf es weg!«

Dieses Mal ließ er alle Blumen fallen und stand mit leeren Händen vor Buddha, der noch einmal lächelnd sagte: »Wirf es weg.«

Erstaunt fragte der Mann: »Was soll ich wegwerfen?«

»Nicht die Blumen, mein Sohn, sondern den, der sie brachte«, lautete Buddhas Antwort.

~

Sagte der Meister zu dem Geschäftsmann: »Wie der Fisch zugrunde geht auf dem Trockenen, so geht Ihr zugrunde, wenn Ihr Euch verstrickt in den Dingen der Welt. Der Fisch muss zurück in das Wasser – Ihr müsst zurück in die Einsamkeit.«

Der Geschäftsmann war entsetzt. »Muss ich mein Geschäft aufgeben und in ein Kloster gehen?«

»Nein, nein, behaltet Euer Geschäft und geht in Euer Herz.«

M, 116

AUGUST

Damit das Herz aufgeht – Der gute Kern in uns allen

DAMIT DAS HERZ AUFGEHT

Zachäus hat Jesus freudig bei sich aufgenommen (Lukas 19,1–10). Die Freude, dass Jesus uns annimmt, wie wir sind, dass er uns etwas zutraut und eins werden möchte mit uns, ist die Grundstimmung, in der wir Eucharistie feiern sollten.

Aber wenn Jesus Zachäus nicht verurteilt, sondern an das Gute in ihm glaubt, hat das auch Folgen für die Art, wie wir miteinander Eucharistie feiern. Denn es geht ja nicht nur um meine persönliche Begegnung mit Jesus Christus, sondern gemeinsam halten wir Mahl mit Christus. Dabei sollten wir durch die Art, wie wir feiern, wie wir das Evangelium auslegen, wie wir die liturgische Handlung vollziehen, allen Feiernden vermitteln, dass sie sein dürfen, wie sie sind, dass sie bedingungslos von Gott angenommen sind, dass Gott ihnen etwas zutraut, dass er den guten Kern in ihnen hervorlocken möchte. Und was Jesus mit uns tut, müssen wir auch einander erweisen. Da dürfen wir nicht in unseren Vorurteilen gefangen bleiben, da können wir nicht mehr einander abstempeln oder abschreiben, da sind wir herausgefordert, an das Gute in jedem zu glauben und ihm so zu begegnen, dass er selbst an das Gute in sich glauben kann, dass das Herz ihm aufgeht und er auf einmal wie Zachäus frei wird von den Mechanismen falscher Selbstbestätigung auf Kosten anderer. In der Art, wie wir miteinander in der Eucharistie umgehen, sollte jeder spüren, dass ihm Heil widerfahren ist und dass er Grund hat zur Freude. Eucharistie ist nicht nur ein Weg zu meiner Menschwerdung, sondern auch ein Ort, wo wir einander helfen, Mensch zu werden, unsere Masken abzulegen und die eigenen Möglichkeiten in uns zu entdecken, an den guten Kern in uns zu glauben und ihn zu entfalten.

G, 114

Ein freier Mensch werden

Alles klar für die Ferien? Hast du alles für einen richtig schönen Urlaub? Nein? Meinst du, du hättest kein Auto, keine Kamera, keinen Ferienbungalow, kein Geld für weite Reisen? Mach dir doch darüber keine Sorgen! Das Mitschleppen von Wohlstand garantiert noch lange nicht einen wunderschönen Urlaub. Lass dich nicht anstecken von der Tourismusindustrie. Bei ihr ist alles genau vorprogrammiert, alles vorgeschrieben, was jeder zu machen hat. Lass dich nicht in eine neue Sklaverei verführen, die deine Nerven von morgens bis nachts beansprucht.

Wer ist der glücklichste Urlauber? Der Mensch, der frei ist. Der Mensch, der Geist und Herz freigemacht hat, der nicht voll Neid auf andere schaut und sich nicht schämt, die Wunder zu genießen, von denen er umgeben ist, in solcher Nähe, dass er es gewöhnlich gar nicht merkt. Mit etwas Phantasie gehören alle Sträucher dir. Alle Sonnenstrahlen gelten dir, der Krone der Schöpfung, und alle Bäume schenken dir Schatten. Alle Blumen werden für dich blühen.

Wie viele Wunder, was für ein Glück für den Menschen, der noch kein standardisiertes Massenprodukt der hochtechnisierten Erlebnisgesellschaft geworden ist! Ferien heißt: wieder ein freier Mensch werden auf der Suche nach tausend verlorenen Freuden. B, 232

Für andere Sorge tragen

Was bedeutet das: um einen anderen Menschen besorgt zu sein, für ihn Sorge zu tragen (englisch: »care«)? Es bedeutet, dass uns dieser Mensch nicht gleichgültig ist, dass uns sein Zustand nicht kalt lässt, und umfasst mehr, als sich darum zu kümmern (englisch: »cure«), dass Abhilfe geschaffen, Besserung erreicht wird. Letzteres läuft im Grunde darauf hinaus, etwas »auszurichten«, etwas »verändern« zu wollen. Ein Arzt, ein Rechtsanwalt, ein Seelsorger oder ein Sozialarbeiter möchten ihren Beruf so ausüben, dass sich im Leben der Menschen etwas ändert, Besserung erzielt wird. Sie werden für das, was sie »ausrichten«, »ändern« und »verbessern« können, bezahlt. Aber alles Ändern und Verbessern, so notwendig es auch sein mag, unterliegt – sofern dies nicht aus einer wirklichen Sorge für den anderen geschieht – leicht der Gefahr, Menschen Gewalt anzutun, sie zu manipulieren oder gar zu zerstören. Für einen anderen Sorge tragen bedeutet: mit ihm sein, mit ihm weinen, mit ihm leiden, mit ihm fühlen. Sorge-Tragen ist mitleidendes Anteilnehmen und hält an der Wahrheit fest, dass der/die andere mein Bruder oder meine Schwester ist: ein Mensch, vergänglich und verwundbar wie ich.

Wenn die Sorge für den anderen unser erstes Anliegen ist, werden wir Änderung und Besserung als Geschenk entgegennehmen können. Oft vermögen wir nicht, Änderung und Besserung herbeizuführen, doch werden wir immer für andere Sorge tragen können. Für andere Sorge tragen heißt: Mensch sein. N, 51

Sei, der du bist

Wünschen wir uns nicht manchmal, wir könnten woanders sein als da, wo wir sind, oder ein anderer sein als der, der wir sind? Wir neigen dazu, uns selbst immer wieder mit anderen zu vergleichen, und fragen uns, warum wir nicht so reich, so intelligent, so bescheiden, so großzügig oder auch so fromm und gläubig wie der eine oder die andere sind. Solche Vergleiche wecken ein Gefühl von Schuld, Scham oder Neid.

Es ist sehr wichtig zu erkennen, dass das, wozu wir berufen sind, dort verborgen ist, wo wir sind, und in dem, der wir sind. Wir sind einzigartige, nicht austauschbare menschliche Wesen. Jede(r) Einzelne hat eine Berufung, etwas im Leben zu verwirklichen, was kein(e) andere(r) sonst vermag, und es in der konkreten Situation des Hier und Heute zu vollbringen.

Durch Vergleichen, ob wir besser oder schlechter als andere sind, werden wir nie zu unserer Berufung finden. Wir sind gut genug, das zu tun, was uns zu tun aufgetragen ist. Sei, der du bist! N, 28

Hör auf die Blumen

Du bist wie ein Stern vom Himmel gefallen. Milliarden Sterne stehen am Himmel, jeder ist einmalig. Milliarden Menschen sitzen auf diesem kleinen Planeten, und jeder Mensch ist einmalig. Phantastisch! Sterne leuchten und machen den Himmel schön, damit man auch in der Nacht an das Licht zu glauben vermag. Menschen leuchten und machen die Erde schön, wenn sie Sterne sind und keine entfesselten Monster.

Ich höre noch, wie die Blume im letzten Frühling sagte: »Was machen die Menschen nur! Sie fabrizieren schreckliche Waffen und säen den Tod für Menschen, Tiere und Pflanzen. Blumen verschwinden, Bäume werden gefällt. Fische sterben in verseuchten Gewässern. Die Menschen verpesten die Luft, die sie atmen. Und laufen auf Ausstellungen, um die neueste Technik zu bewundern, und dann sagen sie: Großartig!«

Nach einer langen Pause sagte mir die Blume noch: »Schau mal, bin ich nicht schön? Die feinen, zarten Blättchen und das Herz in meinem Blütenkelch. Siehst du die Farben, spürst du die wunderbare Harmonie, fühlst du das Leben? Weißt du, wenn mich die treuen Bienen besuchen, reden wir, wie dumm doch die Menschen sind.« Das höre ich noch.

Du bist wie ein Stern vom Himmel gefallen.
Hör auf die Blumen!

B, 302

Lernen, mit Herz zu leben

Wir alle haben Schwierigkeiten und Probleme. Das gehört zu unserem Leben. Aber Spannungen dürfen nicht zum Bruch führen. Und das geschieht in unseren Tagen viel zu viel. Man will einander nicht mehr helfen, Lasten zu tragen. Man will einander nicht mehr akzeptieren, nicht mehr die Mängel voneinander ertragen, einander nicht mehr vergeben.

Dieser Tage erlebte ich Menschen in Panik. Eine Frau ist seit ein paar Jahren verheiratet mit einem jähzornigen Mann, einem Intellektuellen. Er kann sich nicht beherrschen. Wegen Lappalien misshandelt er seine Frau. Ein Mann um die vierzig. Durch ein Telegramm erfährt er, dass seine Frau ihn verlassen hat. Gerät außer sich, telefoniert dreimal, diktiert einen Brief, nimmt Gift, kann aber durch den Notarzt gerettet werden.

Solche Tragödien spielen sich heute ab. Höchste Zeit, dass die Menschen wieder lernen zu leben; lernen, mit gewöhnlichen Dingen zufrieden zu sein; lernen, sich selbst zu beherrschen; lernen, freiwillig, aus Liebe zu einem anderen, auf etwas zu verzichten; lernen, Vergebung zu schenken. Es wird höchste Zeit, dass die Menschen in dieser Welt, die durch so viele verrückte Ideen verschmutzt ist, wieder lernen, mit Herz zu leben.

B, 244

Neue Augen und ein neues Herz

Schöne Dinge sehen! Das vermag nur, wer in seinem Innern offen und frei geworden ist, wer sich entspannen kann, wer zur Ruhe gekommen ist. Mit dem Fuß auf dem Gaspedal siehst du alles nur flüchtig. Den Kopf in Akten, das Herz in Begierden begraben, siehst du gar nichts mehr. Alles wird langweilig und öde.

Ferien heißt zur Ruhe kommen. Schöne Dinge sehen! Hast du je eine Birke betrachtet, ihr zartes Blatt gefühlt? Weißt du, dass keine zwei Blätter ganz gleich sind? Alles Maßarbeit, keine Massenanfertigung. Hast du schon mal über Apfelbaum und Birnbaum gestaunt, die im Garten nahe beieinander stehen? Mit ihren Füßen stecken sie im gleichen Boden, holen ihre Nahrung aus dem gleichen Boden, und auf ihre Zweige scheint dieselbe Sonne. Der Apfelbaum macht daraus Äpfel und der Birnbaum Birnen, Äpfel und Birnen aus dem gleichen Grund und Boden und doch so verschieden in Form, Farbe, Duft, Geschmack. Phantastisch! Aber wer hat Augen, das zu sehen?

Wenn das neueste Automodell auf der Straße fährt, bleiben die Leute stehen und drehen sich staunend um. Es ist höchste Zeit, dass wir andere Augen bekommen. Augen, um schöne Dinge zu sehen! Aber vielleicht muss sich dazu erst das Herz verändern. Herr, gib uns ein neues Herz und neue Augen, um die Wunder zu sehen und glücklich zu sein.

B, 233

Glück oder Pech?

Eine chinesische Geschichte erzählt von einem alten Bauern, der ein altes Pferd für die Feldarbeit hatte. Eines Tages entfloh das Pferd in die Berge, und als alle Nachbarn des Bauern sein Pech bedauerten, antwortete der Bauer: »Pech? Glück? Wer weiß?«

Eine Woche später kehrte das Pferd mit einer Herde Wildpferde aus den Bergen zurück, und diesmal gratulierten die Nachbarn dem Bauern wegen seines Glücks. Seine Antwort hieß: »Glück? Pech? Wer weiß?«

Als der Sohn des Bauern versuchte, eines der Wildpferde zu zähmen, fiel er vom Rücken des Pferdes und brach sich ein Bein. Jeder hielt das für ein großes Pech. Nicht jedoch der Bauer, der nur sagte: »Pech? Glück? Wer weiß?«

Ein paar Wochen später marschierte die Armee ins Dorf und zog jeden tauglichen jungen Mann ein, den sie finden konnte. Als sie den Bauernsohn mit seinem gebrochenen Bein sahen, ließen sie ihn zurück. War das nun Glück? Pech? Wer weiß?

Was an der Oberfläche wie etwas Schlechtes, Nachteiliges aussieht, kann sich bald als etwas Gutes herausstellen. Und alles, was an der Oberfläche gut erscheint, kann in Wirklichkeit etwas Böses sein. Wir sind dann weise, wenn wir Gott die Entscheidung überlassen, was Glück und was Unglück ist; wenn wir ihm danken, dass für jene, die ihn lieben, alles zum Besten gedeiht. M, 171

Man kann nie wissen

Ein Dorfpriester wurde in seinen Gebeten durch spielende Kinder unter seinem Fenster abgelenkt. Um sie loszuwerden, rief er: »Unten am Fluss ist ein schreckliches Ungetüm. Lauft hin, dann werdet ihr sehen, wie es Feuer aus seinen Nasenlöchern bläst.«

Bald hatte jeder im Dorf von dem grässlichen Wesen gehört, und alles stürzte zum Fluss. Als der Priester das sah, schloss er sich der Menge an. Keuchend lief er hinunter zum Fluss, der vier Meilen entfernt war, und dachte: »Richtig, ich habe ja die Geschichte erfunden. Aber man kann nie wissen!«

Es ist einfach leichter, an die von uns geschaffenen Götter zu glauben, wenn wir andere von ihrer Existenz überzeugen können.

~

Die Loyalität der Theologen gegenüber ihren Glaubenssystemen, so behauptete der Meister, mache sie alle viel zu geneigt, sich der Wahrheit zu verschließen – und den Messias bei seinem Erscheinen abzuweisen.

Die Philosophen kamen bei ihm besser weg. Da sie nicht an Glaubenssätze gebunden seien, könnten sie in ihrem Suchen offener bleiben, so meinte er.

Doch sei leider auch die Philosophie eingeschränkt, denn sie verlasse sich auf Worte und Begriffe, um eine Wirklichkeit zu erfassen, die nur einem nicht-begrifflichen Denken zugänglich ist.

»Philosophie«, bemerkte der Meister einmal, »ist eine Krankheit, die nur durch Erleuchtung geheilt werden kann. Dann gibt sie den Parabeln und der Stille Raum.« M, 351

Die eigene Schatzkammer

Der Meister fragte einen Schüler, der von weither zu ihm kam: »Was suchst du?«

»Erleuchtung.«

»Du hast deine eigene Schatzkammer. Warum suchst du draußen?«

»Wo ist meine Schatzkammer?«

»Es ist das Verlangen, das dich überkommen hat.«

In diesem Augenblick wurde der Schüler erleuchtet. Jahre später pflegte er seinen Freunden zu sagen: »Öffnet eure eigene Schatzkammer und erfreut euch eurer Schätze.«

~

Die Schüler suchten Erleuchtung, wussten aber nicht, was das war oder wie sie zu erlangen war.

Sagte der Meister: »Sie kann nicht erreicht werden, ihr könnt sie nicht erlangen.«

Als er sah, wie niedergeschlagen die Schüler waren, sagte der Meister: »Seid nicht betrübt. Ihr könnt sie auch nicht verlieren.«

Und bis zum heutigen Tage sind die Schüler auf der Suche nach etwas, das weder verloren noch gewonnen werden kann.

~

Die Schülerin hatte Geburtstag.

»Was möchtest du als Geburtstagsgeschenk?«, fragte der Meister.

»Etwas, das mir Erleuchtung bringt«, sagte sie.

Der Meister lächelte. »Sag mir, meine Liebe«, sagte er, »als du geboren wurdest, kamst du in die Welt wie ein Stern vom Himmel oder aus ihr wie ein Blatt von einem Baum?«

Den ganzen Tag dachte sie über die seltsame Frage des Meisters nach. Dann sah sie plötzlich die Antwort und fiel in Erleuchtung. M, 275

Wegweisung

»Im Land der Erleuchtung ist dein erlerntes Können so wenig gefragt wie ein Unterhaltungsclub bei einer modernen Kriegsführung«, sagte der Meister.

Und zur Erklärung dieser Feststellung schloss der Meister die Geschichte von einer Schülerin an, die eine aus Lettland geflohene junge Frau als Hausgehilfin angestellt hatte und bald zu ihrem Schrecken feststellen musste, dass das Mädchen weder mit dem Staubsauger noch mit der Küchenmaschine noch mit der Waschmaschine umgehen konnte.

»Was kannst du denn?«, fragte sie verzweifelt.

Die junge Frau strahlte voller Stolz und sagte: »Ich kann ein Rentier melken.«

~

»Was lehrt dein Meister?«, fragte ein Besucher.

»Nichts«, sagte der Schüler.

»Warum hält er dann Vorlesungen?«

»Er weist nur den Weg, er lehrt nichts.«

Der Besucher konnte das nicht begreifen, deswegen erläuterte es der Schüler näher: »Wenn der Meister uns lehrte, würden wir aus seinen Lehren Glaubenssätze machen. Dem Meister geht es nicht darum, was wir glauben – nur darum, was wir sehen.« M, 274

Herzensangelegenheiten

Mehr als dir bewusst ist, denkst du mit dem Herzen. Das Herz nimmt Menschen und Dinge wahr. Von ihm hängt das Verhältnis zu deiner Umgebung ab. Woran dein Herz hängt, das wirst du verteidigen mit deinem ganzen Verstand und aller Kraft deines Willens. Dein Herz entscheidet, wofür du leben willst. Dein Herz entscheidet über die Werte, die Politik, die Weltanschauung, für die du kämpfen willst. Es ist dein Herz, das den Verstand dunkel oder hell macht.

Die einzige Norm für das Herz aber ist die Liebe. Ist dein Herz voller Egoismus und Misstrauen, wird dein Verstand nie einen Weg zum Frieden finden. Die Menschen lieben sich nicht, darum einigen sie sich nicht. Was sie erreichen, ist höchstens ein labiles Gleichgewicht auf der Grundlage von gegenseitigem Misstrauen. Man sollte nicht von Frieden reden, wenn das nicht mehr ist als großartige Konferenzen, die ergebnislos auf einem Vulkan gehalten werden, wenn das nicht mehr ist als ein Nebeneinander unter Hochspannung im gleichen Haus, im gleichen Land.

Frieden und Glück sind keine Verstandesprodukte, sondern Sache des Herzens, Herzensangelegenheiten. Jedes Zusammenleben ist in der Wurzel faul, solange das Herz der Menschen nicht gesund ist. Darum ist die erste Aufgabe jedes Menschen, auch deine wichtigste Aufgabe: Kultur des Herzens!

B, 158

Mechanisch

Es gibt nichts Schöneres, als bewusst zu leben. Oder würden Sie lieber in Dunkelheit leben? Würden Sie lieber handeln und sich Ihres Tuns nicht bewusst sein, sprechen und sich Ihrer Worte nicht bewusst sein? Würden Sie lieber Menschen zuhören und sich nicht bewusst sein, was Sie hören, Dinge sehen und sich nicht bewusst sein, was Sie betrachten?

Sokrates sagte: »Das unbewusste Leben ist es nicht wert, gelebt zu werden.« Eine selbstverständliche Wahrheit. Die meisten Menschen leben nicht bewusst. Sie leben mechanisch, denken mechanisch – im Allgemeinen die Gedanken anderer –, fühlen mechanisch, handeln mechanisch, reagieren mechanisch.

Wollen Sie sehen, wie mechanisch Sie wirklich sind? »Oh, tragen Sie aber ein hübsches Hemd!« Es tut Ihnen gut, so etwas zu hören. Allein wegen einem Hemd, nicht zu glauben! Sie sind stolz auf sich, wenn Sie so etwas hören.

Es kommen Menschen in mein Zentrum in Indien und sagen: »Was für ein schöner Ort, diese schönen Bäume« (für die ich überhaupt nicht verantwortlich bin), »dieses herrliche Klima!« Und schon fühle ich mich gut, bis ich mich dabei erwische, dass mir das gut getan hat und ich mir sage: »Kannst du dir so etwas Dummes vorstellen?« Ich bin doch nicht für diese Bäume verantwortlich und habe auch nicht diesen Ort ausgesucht, so wenig wie ich das Wetter bestellt habe; es ist einfach so. Aber ich fühle mich angesprochen, also tut es mir gut. Ich bin stolz auf »meine« Kultur und »mein« Volk.

Wie dumm kann man noch werden?
Wirklich wahr!

M, 269

Leer sein

Einem Schüler, der sich derartig um Erleuchtung bemühte, dass er körperlich hinfällig wurde, sagte der Meister: »Ein Lichtstrahl kann ergriffen werden – aber nicht mit deinen Händen. Erleuchtung kann erreicht werden – aber nicht durch deine Anstrengungen.«

Der erstaunte Schüler sagte: »Aber rietet Ihr mir nicht, ich sollte streben, leer zu werden? Das versuche ich doch.«

»Du bist also jetzt voller Anstrengung, leer zu sein!«, sagte der Meister lachend.

~

»Warum sind viele Leute nicht erleuchtet?«

»Weil sie nicht die Wahrheit suchen, sondern das, was ihnen passt«, sagte der Meister.

Und er machte das an einer Sufi-Geschichte deutlich:

Ein Mann, der in Geldnot war, versuchte einen rauhen Teppich auf der Straße zu verkaufen. Der erste Passant, dem er ihn anbot, sagte: »Das ist ein grober Teppich und sehr abgenutzt.« Und er kaufte ihn zu einem billigen Preis.

Eine Minute später sagte dieser Käufer zu einem anderen Mann, der gerade vorbeikam: »Hier ist ein Teppich, weich wie Seide, Herr; keiner kommt ihm gleich.«

Sagte ein Sufi, der alles beobachtet hatte: Bitte, lieber Teppichverkäufer, stecke mich in deinen Zauberkasten, der einen rauhen Teppich in einen glatten verwandeln kann und einen Kiesel in einen Edelstein.«

»Der Zauberkasten«, fügte der Meister hinzu, »heißt natürlich Eigennutz: das wirksamste Instrument dieser Welt, um die Wahrheit in einen Betrug umzukehren.« M, 268

Die zärtliche, kaum vernehmbare Stimme der Liebe

Viele Stimmen versuchen, unsere Aufmerksamkeit auf sich zu lenken. Eine Stimme sagt: »Zeig, dass du ein guter Mensch bist«, eine andere: »Du solltest dich eher schämen!« Wieder eine andere Stimme erklärt: »Niemand kümmert sich wirklich um mich!« Und noch einmal eine andere Stimme hämmert uns ein: »Du musst erfolgreich sein, bekannt werden und Einfluss haben!«

Doch in all diese meist sehr lauten Stimmen mischt sich eine zärtliche, kaum vernehmbare Stimme, die uns sagt: »Du bist ein geliebter Mensch, an dem ich Wohlgefallen habe.« Auf diese Stimme müssen wir vor allem hören. Um diese Stimme zu vernehmen, bedarf es jedoch einer besonderen Anstrengung: Es bedarf der Stille, des Schweigens, des Alleinseins und eines starken Willens zu horchen.

Das alles bedeutet Beten. Es ist das Horchen auf eine Stimme, die zu uns sagt: »Du bist ein geliebter Mensch!« N, 24

Damit das Herz aufgeht –

Zeitlos

Der Meister muss gewusst haben, dass seine Worte oft über das Verständnis seiner Schüler hinausgingen. Er sagte sie trotzdem im Wissen darum, dass der Tag sicherlich einmal kommen würde, an dem seine Worte in den Herzen derer, die ihn hören, Wurzeln schlagen und erblühen würden.

Eines Tages sagte er:

»Die Zeit erscheint dir immer sehr lang, wenn du wartest – auf Ferien, auf eine Prüfung, auf etwas, wonach du dich sehnst oder wovor du in der Zukunft Angst hast. Doch denen, die es wagen, sich der Erfahrung des gegenwärtigen Augenblicks auszusetzen – mit keinem Gedanken an die Erfahrung, keinem Verlangen, dass sie wiederkehre oder dich verschone –, wird die Zeit zum Erstrahlen der Ewigkeit.«

~

Im Kloster gab es keine Uhren. Als sich ein Geschäftsmann über mangelnde Pünktlichkeit beklagte, sagte der Meister: »Bei uns herrscht eine kosmische Pünktlichkeit und keine geschäftliche Pünktlichkeit.«

Der Geschäftsmann sah darin keinen Sinn. Und so fügte der Meister hinzu: »Alles hängt vom Gesichtspunkt ab. Was bedeutet aus der Sicht des Waldes der Verlust eines Blattes? Was bedeutet aus der Sicht des Kosmos der Verlust deines Terminkalenders?« M, 239

KEINE ZEIT ZU VERLIEREN

Das Wartezimmer des Arztes war gedrängt voll. Ein älterer Herr stand auf und ging zur Sprechstundenhilfe.

»Entschuldigen Sie«, sagte er höflich, »ich war um zehn Uhr bestellt, und jetzt ist es fast elf. Ich kann nicht mehr länger warten. Würden Sie mir bitte einen Termin an einem anderen Tag geben?«

Eine der Wartenden beugte sich zu einer anderen Frau und sagte: »Er ist doch mindestens achtzig Jahre alt. Was mag er wohl so dringend vorhaben, dass er nicht länger warten kann?«

Der Herr hörte die geflüsterte Bemerkung. Er wandte sich der Dame zu, verbeugte sich und sagte: »Ich bin siebenundachtzig Jahre alt. Und genau deswegen kann ich mir nicht leisten, auch nur eine Minute der kostbaren Zeit, die ich noch habe, zu vergeuden.«

Die Erleuchteten verschwenden nicht eine Minute, denn sie wissen um die relative Unwichtigkeit allen Tuns.

~

Als der Meister hörte, dass ein Wald in der Nachbarschaft durch Feuer vernichtet worden war, mobilisierte er alle seine Schüler.

»Wir müssen die Zedern wieder anpflanzen«, sagte er.

»Die Zedern«, rief ein Schüler ungläubig aus, »die brauchen doch 2000 Jahre zum Wachsen.«

»In diesem Fall«, sagte der Meister, »gilt es keine Minute zu verlieren. Wir müssen sofort damit anfangen.« M, 238

UNTER MENSCHEN

Menschen faszinieren mich, je länger, je mehr. Menschen sind jeden Tag ein Abenteuer, wenn man sie mit Sympathie zu nehmen weiß. Wenn man zu staunen vermag, nicht nur über den Leib, den man sehen und berühren kann, sondern vor allem über das unergründliche Geheimnis, das dir in einer so wunderbaren Verpackung ganz nahe kommt und gleichzeitig unendlich fern und unerreichbar bleibt.

Sicher, es gibt Menschen mit gläsernen Gesichtern, hinter denen alles leer scheint, und Menschen ohne Gesicht, die an dir vorbeihasten, als ob eine unsichtbare Macht sie magnetisch anziehen würde, die ihnen keine Ruhe lässt. Ich verstehe die Menschen nicht ... Und habe sie doch gern. Ich kann nicht auf sie verzichten. Auf die Menschen, die mich nötig haben, und auf die Menschen, die ich nötig habe.

Menschen mit fragenden Augen, mit gespannten Gesichtern. Menschen, die leiden, die verbittert und verzweifelt sind. Menschen, unfähig, an irgendetwas Freude zu haben. Ich versuche, sie aus dem selbst gemachten Gefängnis zu befreien. Und dann gibt es noch die Menschen, die dich zum Nachdenken und zum Lachen bringen, Menschen, die froh sind, dich zu sehen und dir das auch sagen. Viele gute, einfache Menschen mit einem verborgenen, unbegreiflichen Reichtum in ihrem Herzen. Es ist so oft ein Fest, unter Menschen zu sein. B, 46

Beschilderung

Das Leben ist wie eine Flasche voll berauschenden Weines. Einige begnügen sich damit, die Schilder auf der Flasche zu lesen. Einige probieren den Inhalt.

Buddha zeigte seinen Schülern einst eine Blume und forderte jeden auf, etwas über sie zu sagen.

Eine Weile betrachteten sie sie schweigend.

Einer hielt eine philosophische Abhandlung über die Blume. Ein anderer verfasste ein Gedicht, wieder ein anderer ein Gleichnis. Alle waren bemüht, einander an Tiefsinn auszustechen.

Sie stellten Etiketten her!

Mahakashyap blickte auf die Blume, lächelte und sagte nichts. Nur er hatte sie gesehen.

Wenn ich nur einen Vogel genießen könnte, eine Blume, einen Baum, ein Menschengesicht!

Aber leider! Ich habe keine Zeit!

Ich bin zu sehr damit beschäftigt, die Aufschriften zu lesen und selbst welche zu verfassen. Nie war ich auch nur einmal trunken von dem Wein.

~

»Warum seid Ihr so misstrauisch gegenüber dem Denken?«, sagte der Philosoph. »Denken ist das einzige Werkzeug, das wir besitzen, um die Welt zu organisieren.«

»Richtig. Aber Denken kann die Welt so gut organisieren, dass man nicht mehr in der Lage ist, sie zu sehen.«

Seinen Schülern sagte er später: »Ein Gedanke ist ein Schleier, kein Spiegel; deswegen lebt ihr in einer Gedankenhülle, unberührt von der Wirklichkeit.«

M, 229

Linderung

Zu einem bekümmerten Menschen, der sich an ihn um Hilfe wandte, sagte der Meister: »Willst du wirklich Heilung?«

»Wenn nicht, würde ich mir dann die Mühe machen, zu Euch zu kommen?«

»O ja, die meisten Menschen tun das.«

»Wozu?«

»Nicht wegen der Heilung, die tut weh, sondern um Erleichterung zu finden.«

Seinen Schülern sagte der Meister: »Menschen, die Heilung wollen, vorausgesetzt, sie können sie ohne Schmerzen haben, gleichen jenen, die für den Fortschritt eintreten, vorausgesetzt, sie können ihn ohne Veränderung bekommen.«

~

Der Arzt befand, die Zeit sei gekommen, seinem Patienten die Wahrheit zu sagen. »Ich glaube, ich muss Ihnen mitteilen, dass Sie sehr krank sind und wahrscheinlich nur noch zwei Tage leben werden. Vielleicht wollen Sie Ihre Angelegenheiten ordnen. Möchten Sie irgendjemanden sprechen?«

»Ja«, kam mit schwacher Stimme die Antwort. »Und wen?«, fragte der Arzt. »Einen anderen Arzt.«

~

»Könnten Sie mir einen guten Arzt empfehlen?«

»Ich würde Dr. Chung vorschlagen. Er rettete mir das Leben.«

»Wie ging das zu?«

»Ich war sehr krank und ging zu Dr. Ching. Ich nahm seine Medizin, und es ging mir noch schlechter. Dann ging ich zu Dr. Chang. Ich nahm seine Medizin und meinte, sterben zu müssen. Schließlich ging ich also zu Dr. Chung – und der war nicht da.« M, 131

Identität

Es war einmal ein Mann, der war sehr dumm. Jeden Morgen, wenn er aufwachte, fiel es ihm so schwer, seine Kleidung wieder zu finden, dass er beinahe Angst hatte, ins Bett zu gehen bei dem Gedanken, welche Mühe er beim Aufwachen haben würde.

Eines Nachts ergriff er Bleistift und Schreibblock und schrieb genau die Bezeichnung jedes Kleidungsstückes auf, das er auszog, und die Stelle, wohin er es legte. Am nächsten Morgen zog er seinen Block heraus und las: »Hosen«, da waren sie, er zog sie an. »Hemd«, da war es, er zog es sich über den Kopf. »Hut«, da war er, er stülpte ihn sich auf den Kopf.

Darüber war er sehr erfreut, bis ihm ein schrecklicher Gedanke kam. »Und ich – wo bin ich?« Das hatte er vergessen aufzuschreiben. Also suchte und suchte er, aber vergebens. Er konnte sich selbst nicht finden.

Wie steht's mit denen, die sagen: »Ich lese dieses Buch, um zu erfahren, wer ich bin.«

~

Eine Geschichte von Attar aus Neishapur.

Der Verehrer klopfte an die Tür seiner Liebsten.

»Wer klopft?«, fragte die Liebste von drinnen.

»Ich bin's«, sagte der Liebhaber.

»Dann geh weg. Dieses Haus hat keinen Platz für dich und mich.«

Der abgewiesene Verehrer ging in die Wüste.

Dort meditierte er monatelang über den Worten der Geliebten. Schließlich kehrte er zurück und klopfte wieder an die Tür.

»Wer klopft?«

»Du bist es.«

Und sofort wurde aufgetan. M, 108

FAST IMMER

»Die Menschen wollen sich nicht von den Befürchtungen und Ängsten, ihrem Groll und ihrem Schuldgefühl trennen, weil diese negativen Empfindungen für sie ein Anstoß sind und ihnen das Gefühl verschaffen, am Leben zu sein«, erklärte der Meister.

Und mit dieser Geschichte machte er seine Einsicht den Schülern deutlich:

Der Dorfpostbote nahm mit seinem Fahrrad eine kleine Abkürzung über eine Wiese, auf der Rinder weideten. Auf halbem Weg erspähte ihn ein Bulle und ging auf ihn los. Mit Mühe und Not konnte der arme Kerl über den Weidezaun entkommen.

»Fast hätte er Sie erwischt, nicht wahr?«, sagte der Meister, der die Szene aus sicherem Abstand beobachtet hatte.

»Ja«, keuchte der alte Mann, »fast erwischt es mich immer.«

~

Eine aktive junge Frau fühlte sich gestresst und überanstrengt. Der Arzt verschrieb ihr Tranquilizer und sagte, sie solle nach einigen Wochen wiederkommen.

Als sie das nächste Mal kam, fragte er sie, ob sie sich besser fühle. Sie sagte: »Nein, aber ich habe festgestellt, dass die anderen Leute viel entspannter zu sein scheinen.« M, 98

Die Schriften

Ein Schüler, der sich mit religiösen Fragestellungen beschäftigte, kam auf die Bemerkungen des Meisters über das Studium der Schriften zurück: »Willst du sagen, dass die Schriften uns überhaupt keinen Begriff von Gott geben können?«

»Ein Gott, der in einen Begriff gefasst ist, ist überhaupt kein Gott. Deshalb ist Gott ein Geheimnis, etwas, von dem es keinen Begriff gibt«, erwiderte der Meister.

»Was können uns dann noch die Schriften bieten?«

Darauf erzählte der Meister, wie er einmal in einem chinesischen Restaurant beim Essen war, als einer der Musiker eine ihm bekannt vorkommende Melodie zu spielen begann, deren Titel niemandem in der Gruppe einfiel.

Der Meister rief einen smart gekleideten Kellner herbei und fragte ihn, ob er herausfinden könnte, was der Mann spiele. Der Kellner eilte durch den Saal und kam strahlend mit der Nachricht zurück: »Violine.«

~

Im Laufe eines Vortrags berief sich der Meister einmal auf ein Wort eines antiken Dichters.

Als der Vortrag zu Ende war, nahm eine junge Frau daran Anstoß. Der Meister hätte doch besser aus den heiligen Schriften zitieren sollen, und sie fragte: »Hat denn dieser heidnische Autor, auf den du dich berufst, wirklich Gott gekannt?«

»Junge Frau«, sagte der Meister ernst, »wenn du meinst, dass Gott der Autor des Buches ist, das du die Schriften nennst, möchte ich dir sagen, dass er ebenso der Autor eines viel früheren Werkes ist, das Schöpfung heißt.«

M, 323

Sperren beseitigen

Das Reich Gottes ist Liebe. Was heißt lieben? Es heißt: empfindsam zu sein gegenüber dem Leben, den Dingen, den Menschen; ein Gespür zu haben für alles und jeden, ohne etwas oder jemanden auszuschließen. Denn Ausschluss ist nur möglich durch eigenes Verhärten, durch Verschließen seiner Türen. Und sobald eine Verhärtung eintritt, geht die Empfindsamkeit verloren.

Es ist gewiss nicht schwer, Beispiele für diese Art von Empfindsamkeit im eigenen Leben zu finden. Haben Sie schon einmal angehalten, um einen Stein oder einen Nagel vom Weg aufzuheben, damit sich niemand daran verletzt? Es spielt dabei keine Rolle, dass Sie denjenigen, dem dies zugute kommt, niemals kennen und Sie keine Anerkennung für Ihre Tat ernten werden. Sie tun es einfach aus einem Grundgefühl der Freundlichkeit heraus. Oder hat Sie schon einmal eine leichtfertige Zerstörung anderswo in der Welt betroffen gemacht, zum Beispiel die Rodung eines Waldes, den Sie nie sehen, und von dem Sie nie etwas haben werden? Haben Sie sich schon einmal die Mühe gemacht, einem Fremden den Weg zu zeigen, obwohl Sie ihn nicht kannten und ihm auch niemals wieder begegnen werden, einfach deshalb, weil es Sie drängte zu helfen? Dabei und bei vielen anderen Gelegenheiten wurde Liebe in Ihrem Leben sichtbar und zeigte an, dass sie in Ihnen lebendig ist und darauf wartet, freigesetzt zu werden.

Wie können Sie sich solche Liebe aneignen? Gar nicht, denn Sie besitzen sie schon. Das Einzige, was Sie tun können, ist: die Sperren, die Sie gegen Ihr Empfinden aufgerichtet haben, zu beseitigen. M, 46

Das »Ich« weglassen

Schüler: »Ich bin gekommen, Euch meine Dienste anzubieten.«

Meister: »Wenn du das ›Ich‹ wegließest, ergäbe sich das Dienen von selbst.«

Man kann seinen gesamten Besitz weggeben, um die Armen zu speisen, man kann seinen Leib verbrennen, und doch keine Liebe haben.

Behalte deinen Besitz, und gib das »Ich« auf. Den Leib verbrenne nicht, verbrenne das Ego. Dann wirst du lieben können.

~

Er dachte, das Wesentliche sei, arm und enthaltsam zu leben. Es war ihm nie klar geworden, wie entscheidend wichtig es war, sein Ego aufzugeben. Denn das Ego wächst und gedeiht, ob man nun der Heiligkeit dient oder Frau Welt, nährt sich von Armut und von Reichtum, von Enthaltsamkeit und Luxus. Es gibt nichts, das das Ego nicht ergreift, um sich aufzublasen.

Schüler: »Ich bin zu Euch gekommen mit nichts in den Händen.«

Meister: »Dann lass es sofort fallen.«

Schüler: »Aber wie kann ich es fallen lassen? Es ist nichts.«

Meister: »Dann musst du es eben mit dir herumtragen!«

Du kannst dein Nichts zu einem Besitz machen und deinen Verzicht wie eine Trophäe herumzeigen. Deinen Besitz brauchst du nicht aufzugeben. Gib dein Ego auf!

M, 45

Damit das Herz aufgeht –

Ein Meisterwerk

Einem Schüler, der um Weisheit bat, sagte der Meister: »Versuch Folgendes: Schließ die Augen und stell dir vor, du und alle Lebewesen werden in einen Abgrund geschleudert. Jedesmal, wenn du dich an etwas klammerst, um nicht zu fallen, mach dir klar, dass es gleichfalls fällt ...«

Der Schüler versuchte es und war nie mehr derselbe.

~

Zu einem Maler sagte der Meister: »Um Erfolg zu haben, muss jeder Maler viele Stunden in beharrliches Mühen und Streben investieren.

Manchem ist es gegeben, das eigene Ich beim Zeichnen loszulassen. Wenn dies geschieht, wird ein Meisterwerk geboren.«

Daraufhin fragte ein Schüler: »Wer ist ein Meister?«

Der Meister antwortete: »Jeder, dem es gegeben ist, das eigene Ich loszulassen. Das Leben dieses Menschen ist dann ein Meisterwerk.«

M, 44

Nicht im Handel

Kennst du die Formel vom Glück? Sie ist nicht zu kaufen, sonst wären alle Reichen glücklich. Ich habe oft den Eindruck, dass genau das Gegenteil zutrifft. Sie ist nicht im Handel, und man kann sie auch nicht wie eine Pille oder ein Pulver einnehmen.

Ist dir schon aufgefallen, dass die Menschen immer sagen: »Was würde ich glücklich sein, wenn ich bloß einen anderen Mann oder eine andere Frau geheiratet hätte; wenn ich mehr Geld oder ein eigenes Häuschen hätte; wenn ich weniger mit dem Rheuma zu tun hätte; wenn ...« Selten triffst du einen Menschen, der sagt: »Was bin ich doch reich, was bin ich doch glücklich! Ich habe zwei Augen, um so viel Schönes zu sehen. Zwei Füße, um zu laufen und zu springen. Ich kann singen und arbeiten, ich kann verliebt sein. Ich bin im siebenten Himmel.«

Für alles in unserer Welt haben wir eine Formel gefunden, außer für das Glück. Wäre sie auf Knopfdruck zu bekommen, dann würden wir sie schon längst haben. Die Formel des Glücks kommt allein aus dem Herzen. Aber nur aus einem Herzen, das gegen alles Gewohnte einfach und ehrlich ist, gütig und den Frieden liebend, das nicht immer fordert, aber immer bereit ist zu geben. Geh mal in dein eigenes Herz und schau nach, was dort deinem Glück im Wege steht. B, 23

WENIGSTENS KONSEQUENT

Mamiya wurde ein bekannter Zen-Meister. Aber er musste Zen über den schweren Weg lernen. Als er noch Schüler war, forderte ihn sein Meister auf, den Laut des Einhandklatschens zu erklären.

Mamiya widmete sich voll dieser Aufgabe, schränkte Essen und Schlafen ein, um die richtige Antwort zu finden. Aber sein Meister war nie zufrieden. Eines Tages sagte er sogar zu ihm: »Du arbeitest nicht hart genug. Du liebst viel zu sehr die Bequemlichkeit; du hängst zu sehr an den angenehmen Dingen des Lebens, ja, du bist sogar zu erpicht darauf, die Antwort so schnell wie möglich zu finden. Es wäre besser, du würdest sterben.«

Als Mamiya das nächste Mal vor den Meister trat, tat er etwas ganz Dramatisches. Auf die Frage, wie er den Laut des Einhandklatschens erkläre, fiel er zu Boden und blieb liegen, als sei er tot.

Sagte der Meister: »Gut, du bist also tot. Aber was ist mit dem Laut des Einhandklatschens?«

Mamiya öffnete die Augen und erwiderte: »Das konnte ich noch nicht herausfinden.«

Daraufhin rief der Meister wütend: »Narr! Tote Männer sprechen nicht. Raus mit dir!«

Vielleicht bist du nicht erleuchtet,
aber du könntest wenigstens
konsequent sein!

M, 37

Überzeugtsein

Eine der Sperren, die Ihr Empfinden vor allem blockieren, ist das *Überzeugtsein*, das heißt, Sie sind zu einem Urteil über einen Menschen, eine Situation oder eine Sache gekommen. Sie haben sich festgelegt und ihr Empfinden ausgeschaltet.

Sie haben eine vorgefasste Meinung und sehen diesen Menschen aus dieser Voreingenommenheit heraus. Oder anders gesagt: Sie sehen diesen Menschen nicht mehr. Und wie kann man für jemanden ein Empfinden haben, den man gar nicht sieht?

Nehmen Sie nur einmal zwei Personen aus Ihrem Bekanntenkreis und schreiben Sie auf, zu welchen positiven und negativen Urteilen Sie über sie gekommen sind und wie diese Urteile Ihre Beziehung zu ihm oder zu ihr bestimmen. Wenn Sie feststellen, er oder sie sind klug oder gewalttätig, zurückweisend, liebevoll oder wie auch immer, hat sich Ihr Wahrnehmungsvermögen verhärtet; Sie nehmen diesen Menschen in seiner jeweiligen Situation nicht mehr wahr. Es ist wie bei einem Piloten, der nach dem Wetterbericht aus der vergangenen Woche fliegt. Werfen Sie einmal einen kritischen Blick auf solche gewonnenen Überzeugungen, denn je mehr Ihnen klar wird, dass es vorgefasste Meinungen, Folgerungen und Vorurteile sind und keine Entsprechungen der Wirklichkeit, desto schneller werden sie verschwinden. M, 47

Du bist ein Engel

Engel sind Menschen, die Licht weitergeben. Wo sie sind, wird alles hell und klar. Engel sind Menschen, die eine Art ursprüngliche Freude aus dem Paradies mitbekommen haben. Engel helfen auf die Beine, wo Menschen am Boden sind, und halten auf unsichtbare Weise die Welt im Lot. In ihnen spürst du ein wenig das Geheimnis einer unergründlichen Güte, die dich umarmen will. In diesen Menschen fühle ich Gott zu mir kommen mit seiner Zärtlichkeit und seiner umsichtigen Sorge.

Du hast ein Problem. Du sitzt damit fest. Da bekommt über eine unsichtbare Antenne irgendwo jemand eine Eingebung, eine Art Befehl, zu dir zu gehen, zu helfen, dir einen Schubs zu geben oder dich zu trösten. »Du bist ein Engel«, sagst du zu einem Mann, zu einer Frau. Du bist erleichtert, du siehst wieder Licht, die Qual ist weg. Aber Engel kommen nicht auf Bestellung oder gegen Bezahlung. Meist tauchen sie ganz unverhofft auf, zeigen den Weg, lösen ein Problem und sind, ohne auf Dank zu warten, wieder weg.

Es gibt noch Engel in der Welt, aber viel zu wenig. Darum herrscht noch so viel Finsternis und so viel Elend. Gott ist auf der Suche nach Engeln unter den Menschen heute. Aber viele sehen ihn nicht mehr, hören ihn nicht mehr. Ihre Antenne empfängt nicht mehr und gibt nichts mehr weiter. Komm, du bist ein Engel, und es gibt in deiner Umgebung genug Menschen, für die du ein Engel sein kannst. B, 164

Du bist ein Wunder

Du bist ein wunderbarer Mensch. Hat dir das noch keiner gesagt? In deinem Innersten bist du einmalig, unverwechselbar. Von Ewigkeit zu Ewigkeit wird keiner so sein wie du. Unter der Oberfläche deines Bewusstseins stößt du auf das Wunder, das du selbst bist.

Sei du selbst! Das ist unerlässlich, um zu den Mitmenschen in fruchtbaren Kontakt zu kommen. Du magst zur Not den gleichen Rock, die gleiche Jacke tragen. Du magst die gleiche Arbeit und die gleichen Hobbys haben. Aber lass dich nicht gleichschalten von einer Gesellschaft, nach der alle Menschen im gleichen Rhythmus reagieren sollen, im Rhythmus von Produzieren und Konsumieren, von Geldverdienen und Geldausgeben. Sei du selbst!

Darum geht der Kampf deines Lebens: frei zu werden, frei von der grauen Materie, vom farblosen, freudlosen Dasein. Menschen ersticken in sinnlosen Sorgen um Nebensächlichkeiten und verlieren alle Lebensfreude. Zurück zum Wesentlichen! Dringe zum Wunder vor, das tief in deinem Innern lebt. Staune wieder wie ein Kind – über dich selbst!

Frage dich: Wofür lebe ich? Für Geld, Arbeit, Ansehen? Wofür? Du bist gemacht, um Menschen Liebe und Freude zu bringen. Du musst dein kleines Stück Welt verwandeln in ein kleines Paradies. Erwarte nicht zu viel von anderen. Mach es selbst! Du bist ein wunderbarer Mensch. Du kannst es.

B, 43

SEPTEMBER

Zur Freiheit gerufen – Chance und Risiko

Der in sich selbst verkrümmte Mensch

Die Dichter zwingen uns, uns immer wieder neu zu fragen, wo wir heute schuldig werden, wo wir Leben verweigern, wo wir unser Menschsein verweigern, das wir letztlich nur in Gemeinschaft leben können, wo wir uns in uns selbst verkriechen. Augustinus hat den in sich gekrümmten Menschen, den »homo incurvatus«, als Bild für die Schuld gesehen. Die Frage ist, wo wir in uns selbst verkrümmt sind, wo wir uns weigern, der Realität ins Auge zu sehen, der Realität des eigenen Herzens und der Realität unserer Welt.

Schuld bedeutet für C. G. Jung Spaltung. Der Mensch isoliert sich nicht nur von der menschlichen Gemeinschaft, er verliert auch die Berührung mit sich selbst, mit seinem eigentlichen Kern. Sünde ist nach Jung die Weigerung, den eigenen Schatten anzunehmen, und das Projizieren seines Schattens auf die anderen. Der biblische Begriff vom Sündigen (hamartánein) meint ein Verfehlen. Man verfehlt sein Ziel, man verfehlt sein Menschsein.

Ein anderer Begriff ist »amor sui«. Der evangelische Therapeut Affemann meint, die Selbstverstrickung in der »amor sui«, die narzistische Selbstliebe, würde heute durch die Einwirkungen der Gesellschaft verstärkt, sodass – biblisch gesprochen – die Sünde heute überhand nimmt. Die Psychologen können also durchaus Schuld und Sünde in der menschlichen Gesellschaft und beim Einzelnen wahrnehmen. Und sie erfahren in ihrer Beratung, wie sehr Menschen an dieser Unfähigkeit zur Liebe, an der inneren Spaltung und an der Lebensverweigerung leiden und wie sie unfähig sind, sich selbst aus dieser Verstrickung zu befreien.

G, 202

Die Kraft der Vision

Sind die großen Visionen vom ewigen Frieden unter allen Völkern und der ewigen, göttlichen Harmonie der ganzen Schöpfung nur utopische Märchen? Nein, durchaus nicht! Sie entsprechen dem tiefsten Verlangen des menschlichen Herzens und weisen auf die Wahrheit hin, die darauf wartet, jenseits allen Lugs und Trugs offenbart zu werden. Diese Visionen nähren unser geistliches Verlangen und stärken unser Herz. Sie geben uns Hoffnung, wenn wir verzweifeln möchten, ermutigen uns, wenn wir versucht sind, unser Leben aufzugeben, und geben uns Vertrauen, wenn Misstrauen die vernünftigere Haltung zu sein scheint.

Ohne diese Visionen verkümmert unser tiefstes Streben, das uns die Kraft gibt, Schwierigkeiten zu überwinden und schmerzliche Niederlagen zu ertragen; ohne sie wird unser Leben schal, langweilig und schließlich destruktiv. Unsere Visionen befähigen uns, das Leben in seiner Fülle zu leben. N, 374

Heimkehren zu sich selbst

Kehren Sie heim zu sich selbst, beobachten Sie sich. Selbst-Beobachtung ist etwas Großartiges und Außergewöhnliches. Bald brauchen Sie sich gar nicht mehr anzustrengen, denn wenn die Illusionen langsam verblassen, beginnen Sie, Dinge zu erfahren, die sich nicht beschreiben lassen. Man nennt das Glücklichsein. Alles verändert sich, und Sie werden geradezu süchtig nach Bewusstheit.

Ich kenne eine Geschichte von einem Schüler, der zu seinem Meister ging und ihn fragte: »Kannst du mir ein Wort der Weisheit geben? Kannst du mir etwas sagen, das mich durch meine Tage begleitet?«

Es war aber der Tag, an dem der Meister Schweigen hielt, und so hob er nur eine Karte, auf der stand: »Bewusstheit«. Als der Schüler das sah, verlangte er: »Das ist viel zu wenig. Kannst du nicht ein bisschen mehr dazu sagen?«

Da nahm der Meister die Karte zurück und schrieb darauf: »Bewusstheit, Bewusstheit, Bewusstheit.«

Der Schüler entgegnete: »Was soll das denn bedeuten?«

Der Meister nahm die Karte wieder zurück und schrieb darauf: »Bewusstheit, Bewusstheit, Bewusstheit heißt – Bewusstheit.« Genau das ist Sich-selbst-Beobachten.

~

Ein Geschäftsmann wollte vom Meister wissen, was das Geheimnis eines erfolgreichen Lebens sei.

Sagte der Meister: »Mach jeden Tag einen Menschen glücklich!«

Und er fügte als nachträglichen Gedanken hinzu: ... selbst wenn dieser Mensch du selbst bist.«

Nur wenig später sagte er: »Vor allem, wenn dieser Mensch du selbst bist.«

M, 172

Selbst oder nicht selbst?

Wer lebt in Ihnen? Es dürfte Sie ziemlich erschrecken, wenn Sie das erfahren. Sie meinen, Sie sind frei, doch dürfte es keine Geste, keinen Gedanken, keine Gefühlsregung, keine Einstellung, keine Meinung geben, die nicht von einem anderen stammt. Ist das nicht erschreckend? Und Sie wissen es nicht einmal. Sie vertreten in vielen Dingen einen klaren Standpunkt und denken, dass Sie es sind, die diesen Standpunkt haben, doch sind Sie es wirklich? Sie brauchen viel Einsicht, um zu verstehen, dass dieses Etwas, das Sie »Ich« nennen, einfach eine Anhäufung Ihrer vergangenen Erfahrungen ist, Ihrer unbewussten Beeinflussung und Programmierung ...

Achten Sie auf Ihre Reaktionen, während Sie mir zuhören? Ist das nicht der Fall, werden Sie beeinflusst werden, ohne es zu merken. Oder Sie werden von Kräften in Ihnen selbst beeinflusst, von denen Sie nichts wissen. Und selbst wenn Sie wissen, wie Sie auf mich reagieren, sind Sie sich dabei bewusst, warum Sie so und nicht anders reagieren?

Vielleicht hören ja gar nicht Sie mir zu; vielleicht ist es Ihr Vater. Halten Sie das für möglich? Zweifellos. Immer wieder begegne ich in meinen Therapiegruppen Menschen, die eigentlich gar nicht selbst da sind. Ihr Vater ist da, ihre Mutter ist da, nur nicht sie selbst. Ich könnte Satz für Satz, den sie sagen, auseinander nehmen und fragen: »Stammt dieser Satz jetzt von Papa, Mama, Oma oder Opa, von wem wirklich?«

Eine schmerzliche Feststellung. Wenn Sie beginnen aufzuwachen, erfahren Sie tatsächlich eine Menge Schmerz: wenn man sieht, wie Illusionen zerplatzen. Alles, wovon Sie glaubten, Sie hätten es aufgebaut, stürzt zusammen, und das tut weh. Das ist im Grunde Reue, und das ist wirkliches Erwachen.

M, 130

Freie Sicht

Auch das ist wichtig, um Ihre Gefängnismauern zu durchbrechen: Setzen Sie sich still hin und beobachten Sie, wie Ihr Verstand arbeitet. Da ist ein ständiger Strom von Gedanken, Gefühlen und Reaktionen. Beobachten Sie das alles eine ganze Weile, so wie Sie vielleicht einen Fluss oder einen Film anschauen. Bald werden Sie es weitaus fesselnder als einen Fluss oder Film finden und um vieles lebendiger und befreiender.

Schließlich: Können Sie eigentlich von sich sagen, lebendig zu sein, wenn Sie sich nicht einmal Ihrer eigenen Gedanken und Reaktionen bewusst sind? Man sagt, ein unbewusstes Leben ist nicht wert gelebt zu werden. Es kann nicht einmal Leben genannt werden; es ist ein mechanisches Roboterdasein, ein Schlaf, eine Bewusstlosigkeit, ein Totsein; und dennoch ist es das, was die Menschen menschliches Leben nennen!

Also schauen Sie, beobachten Sie, fragen Sie, erforschen Sie – und Ihr Verstand wird lebendig werden, sein Fett verlieren und scharf, wach und aktiv sein. Ihre Gefängnismauern werden einstürzen, bis kein Stein mehr auf dem anderen ist, und Sie werden mit dem Geschenk einer ungehinderten Sicht der Dinge gesegnet sein – der Dinge, so wie sie sind –, mit der unmittelbaren Erfahrung der Wirklichkeit. M, 89

Beten gegen die Rachsucht

Was sollen wir tun, wenn wir die Kraft zum Verzeihen nicht aufbringen? Wir sind oft zu sehr verletzt, und unsere Gefühle sind zu sehr aufgewühlt, als dass wir verzeihen oder unsere Gegner gar lieben könnten. Ist es nicht unmenschlich und auch unrealistisch, in einer solchen Situation Liebe zu fordern? Benedikt gibt dazu einen Hinweis, der in solchen Situationen hilfreich sein kann. Er sagt, wir sollten jene, die uns fluchen, nicht wieder verfluchen, sondern segnen, und in der Liebe zu Christus für unsere Feinde beten. Auch das kann uns schwer genug werden, aber man kann hier mit kleinen Schritten beginnen: mit einem Segenswunsch oder mit einem wohlwollenden Wort des Gebetes für den, der uns verletzt hat. Wir beginnen, vielleicht noch sehr zaghaft, die Liebe Christi in diese verwundete Situation einzulassen. Wir geben nicht nur unserem Ärger Raum, sondern auch dem Segen und dem Frieden Christi. Wo ich für den anderen zu beten beginne, wird der Groll langsam abnehmen und die Wunde zu heilen beginnen. Aus dieser Erfahrung heraus sagt Evagrius Ponticus, einer der bedeutendsten Mönchsväter des 4. Jahrhunderts: »Wer für seine Feinde betet, kann nicht rachsüchtig sein.« [...]

Wer diesen Weg des Gebetes zu gehen bereit ist, wird erfahren, dass so der Groll im Herzen abnimmt, die eigenen Wunden heilen und Verzeihung möglich wird. Er wird auch erfahren, dass Feindesliebe keine welt- und wirklichkeitsfremde Forderung ist, sondern auf dem Weg verzeihenden Betens wenigstens anfanghaft möglich werden kann. Durch das Verzeihen findet der Mensch auch in eine neue Weite und Freiheit, die in seinem Groll vorher versperrt und blockiert war. G, 189

Die Kunst, in Freiheit zu vergeben

Wir machen unser Verzeihen oft von der Reue des Schuldigen abhängig. Es ist ja schon etwas wert, wenn wir bereit sind, die dargebotene Hand der Versöhnung zu ergreifen und das Gewesene nicht mehr nachzutragen. Was aber, wenn der Schuldige keine Reue zeigt und einem sogar weiterhin Unrecht tut? Dann fällt das Verzeihen außerordentlich schwer. Eindrucksvolle Vorbilder haben wir in Jesus selbst und im Diakon Stephanus. Beide beten für ihre Feinde um Verzeihung, obwohl diese nicht im Geringsten von ihrem mörderischen Werk ablassen. Es fliegt deshalb kein Stein weniger auf das Haupt des Stephanus, aber er ist trotzdem bis zu seinem letzten Atemzug bereit, seinen Feinden zu vergeben. Hier zeigt sich sehr deutlich, wie viel innere Kraft es fordern kann, von Herzen zu verzeihen. Es genügt dazu nicht ein passives Hinnehmen, sondern es fordert einen äußersten Einsatz an Liebe. [...]

Wenn wir bereit sind, einem Bruder zu vergeben, so müssen wir uns davor hüten, uns selbst für besser zu halten. Da es uns schwer fällt zu vergeben, meinen wir, wir täten etwas Großes, wenn wir die innere Schwelle überwinden und dem Bruder verzeihen. Doch das ist noch nicht die Vergebung, die Christus von uns fordert. In den Vätersprüchen wird immer wieder davor gewarnt, dass man sich in der Vergebungsbereitschaft über den Bruder erhebe. Wenn ein Bruder unsere Vergebung nicht annimmt, so liegt das nach Meinung der alten Mönche nicht immer an der Verstocktheit des Bruders, sondern an unserer Haltung, die mehr dem Stolz als der Demut entspringt. Wenn wir meinen, mit unserer Vergebung dem Bruder einen Gefallen zu erweisen, dann beschämen wir ihn und machen es ihm schwer, die Vergebung anzunehmen.

G, 188

ES IST KALT IM HAUS DER LIEBE

Die wahre Freiheit besteht darin, selbstlos lieben zu können. Aber oft genug wird im Namen der Liebe die Freiheit unterdrückt und Macht ausgeübt. Wenn z. B. ein Pfarrer in der Pfarrgemeinderatssitzung bei jedem Konflikt einwirft, wir sollten doch einander lieben, dann ist das eine subtile Form von Machtausübung. Er lässt den Konflikt nicht hochkommen, er unterdrückt jeden Widerspruch. Er vermittelt denen, die ehrlich miteinander streiten wollen, ein schlechtes Gewissen. In so einer Atmosphäre »von oben verordneter Liebe« kann man nicht kämpfen, da kann man nicht frei seine Meinung äußern. Ähnlich ist es in manchen Gemeinschaften. Da wird jede abweichende Meinung sofort damit geahndet, dass Christus doch möchte, dass wir einander lieben, dass wir miteinander eins seien. Die Liebe wird verwechselt mit erzwungener Einheit. Die wahre Einheit entsteht immer aus der gesunden Spannung von Gegensätzen. Wenn man aber im Namen der Liebe jede Spannung von vornherein vermeiden möchte, dann wird die Liebe zur Tyrannei und zum Zwang.

Es ist eigenartig, dass gerade in Klöstern, in denen man ständig von der Liebe spricht, am wenigsten geliebt wird. Da herrscht oft eine aggressive und gereizte Stimmung. Da ist nicht Freiheit, sondern Anpassung. Da ist keine Einheit, sondern Zwang. Ein Angestellter meinte einmal von der Gemeinschaft, der er diente und in der man sich als »Haus der Liebe« bezeichnete: »Seitdem wir ein Haus der Liebe sind, wird es immer kälter bei uns.« Wenn die Liebe nicht von der Freiheit geprägt ist, dann entspricht sie nicht der Liebe, die Jesus uns vorgelebt und gepredigt hat. Das vollkommene Gesetz der Freiheit, von dem Jakobus spricht, muss die Grundlage unserer Liebe sein, damit wir in unserer Liebe einander die Freiheit gewähren und damit wir in unserer Liebe selbst frei sind und nicht Sklaven unserer Angst vor dem schlechten Gewissen. G, 25

FREIHEIT – EINHEIT – HEIMAT

Wenn wir in uns den Raum des Schweigens spüren, dann ist das der Raum, in dem wir daheim sein können, weil das Geheimnis selbst in uns wohnt, weil dort, wo Gott in uns wohnt, jetzt schon der Himmel in uns ist, der uns hier in der Fremde Heimat schenkt.

Freiheit, Einheit und Heimat, diese drei Kriterien echter Spiritualität und wirklicher Gotteserfahrung gehören zusammen. Wer mit sich eins ist, wer nicht mehr hin- und hergezerrt wird von den verschiedensten Wünschen und Bedürfnissen, der ist auch frei. Wer in Gott ruht, wer in Gott Heimat gefunden hat, der richtet sich nicht mehr nach den Maßstäben dieser Welt, über den hat die Welt keine Macht, er ist frei geworden von den Erwartungen dieser Welt. So können wir an der Freiheit in uns erkennen, wie weit wir auf unserem spirituellen Weg sind. Aber zugleich müssen wir uns eingestehen, dass die Freiheit hier auf unserem Pilgerweg immer relativ ist, dass wir erst im Tod die wahre Freiheit erfahren, wenn wir für immer frei sind, Gott zu schauen und uns liebend in Gottes liebende Arme fallen zu lassen.

Freiheit, Einheit und Heimat sind auch die Voraussetzungen, um wahrhaft lieben zu können. Wer in sich zerrissen ist, kann nicht wirklich lieben. Er wird vielleicht oft von der Liebe sprechen und er wird mit aller Kraft versuchen zu lieben. Aber es wird nicht die Liebe sein, die heilt, die eint und befreit, sondern eher eine Liebe, die den anderen an sich bindet, die Macht ausübt, die das eigene schlechte Gewissen beruhigen soll. Die Liebe, zu der uns das vollkommene Gesetz der Freiheit aufruft, lässt den Menschen frei sein, sie gibt ihm seine königliche Würde. Sie bewirkt Frieden, ermöglicht dem zerrissenen Menschen, dass er ja zu sich sagen kann und so mit sich eins wird. Wahre Liebe eint und heilt den Menschen, sie macht ihn ganz. G, 32

Im Reich Gottes wird es keine Kirchen mehr geben (1)

Mir ist Kirche wichtig. Und das meine ich erst mal genau so allgemein, wie es da steht.

Meine Geschichte bindet mich an die römisch-katholische Kirche, in die mich meine Eltern haben taufen lassen. Und in dieser Kirche bin ich aufgewachsen, groß geworden, ich habe mich in ihr engagiert, ich war oft verzweifelt wegen ihr und hasse sie vielleicht manchmal sogar, und ich liebe und schätze sie.

Ein ziemliches Durcheinander – aber so ist es nun mal mit meiner Beziehung zu dieser Kirche.

Und das Durcheinander geht weiter: Kirche – das ist für mich der Papst und der Erzbischof von Freiburg, aber das ist auch die Gemeinde in Klein-Winternheim, das sind die Freunde, die mit mir auf dem Weg sind, suchend, fragend, hoffend, träumend, handelnd – und das sind aber auch Menschen, die mit dieser offiziellen Kirche gebrochen haben und trotzdem ihren Glauben an diesen Gott des Lebens tagtäglich in ihren Alltag umzusetzen versuchen.

Manchmal habe ich selbst in diesem Durcheinander nicht mehr durchgeblickt – und manchmal hat mich diese Ratlosigkeit sehr aggressiv gemacht. Die Hilflosigkeit und die Ohnmacht, die ich auf ein so mächtiges System hin empfand, haben mich gelähmt und verunsichert. Und ich war traurig und enttäuscht, dass diese Institution Kirche in ihrem alltäglichen Leben hinter so vielem zurückblieb, was sie selbst tagtäglich als Weisung fürs Leben verkündete, dass sie so wenig von dem einlöste, was mir in den vergangenen Jahren in und an meinem Glauben wichtig geworden ist ... S2, 79

Im Reich Gottes wird es keine Kirchen mehr geben (2)

Ich habe lange gebraucht, bis ich den Unterschied erkannte zwischen Glauben und Kirche, den Unterschied zwischen Ziel und Weg. Kirche ist ein Weg zum Glauben, ein Weg zu Gott, ein Vehikel, eine Möglichkeit, um die revolutionäre Botschaft der Befreiung zum Leben zu entdecken. Aber Kirche ist nicht das Ziel ...

Ich persönlich habe die Botschaft der Befreiung zum Leben in dieser Kirche entdeckt. Menschen, Worte, Zeichen, Gesten – lebendige Kirche! Durch diese Kirche bin ich zu der geworden, die ich heute bin – und dafür bin ich dankbar. Wenn ich an diese Kirche denke, dann fallen mir zuallererst Menschen und Freunde ein, die ich in dieser Kirche kennen gelernt habe. Und so denke ich, sollte Kirche eigentlich sein: Wenn man an Kirche denkt, fallen einem Menschen ein. Ich könnte sie namentlich aufzählen, sie haben mich zu diesem Gott und dem Glauben hingeführt – und ich brauche sie auch heute als Weggefährten und Weggefährtinnen, als Menschen, denen ich mich verbunden fühle im Glauben. Sie habe ich in dieser Kirche getroffen.

Bei der Begegnung mit Amtsinhabern in höherem Sinne, Kirchenverwaltung (so notwendig sie sein mag) oder dem Lesen von Verlautbarungen des Päpstlichen Stuhls fühle ich mich selten in meinem Glauben bestärkt.

Es ist der spontane Anruf bei einem Freund, dem ich erzählen kann, dass es mir derzeit nicht gut geht. Und da erlebe ich christliche Gemeinschaft, wenn er sich zwischen zwei Terminen einfach zehn Minuten Zeit nimmt, mir zuzuhören, mir Mut zu machen, mit mir Perspektiven zu erarbeiten. Es ist der Brief der Freundin, die schreibt: »Schön, dass es dich gibt!« Es ist die Begegnung mit Freunden im Gottesdienst und ein aufrichtiger Friedensgruß. Es sind vor allem Menschen, wenn ich an Kirche denke ...

S2, 80f

Im Reich Gottes wird es keine Kirchen mehr geben (3)

Kirche lebt dann, wenn sie sich aufs Leben, auf die Religion bezieht, auf den Glauben, auf ihren Ursprung, wenn sie einen Weg zum Leben weist.

Kirche lebt dort, wo sie im Zeichen des Glaubens Menschen miteinander in Beziehung bringt, Leben zeugt und sich gleichzeitig in Gott loslassen kann.

Kirche ist tot, wo sie sich auf Dogmen und Gesetze beruft, wo sie die Autorität eines Systems in Anspruch nehmen muss, um überzeugend zu sein.

Kirche ist Weg, nicht Ziel des Glaubens. Sie soll Glauben ermöglichen, nicht bremsen. Es geht deshalb nicht darum, Kirche in sich zu perfektionieren, sondern Kirche als Weg zum Glauben optimal zu nutzen.

Entscheidendes Kriterium dafür ist wohl die Frage, ob Kirche Menschen zum Leben befreit oder ihnen nur neue Fesseln auferlegt.

Für mich war und ist diese Kirche Weg zum Glauben, Weg zur Befreiung aus eigenen und fremden Fesseln durch die Begegnung mit Menschen.

Ich bin nicht immer glücklich mit dieser Kirche – aber ich halte sie nach wie vor für einen Weg, auf dem ich Menschen treffen kann, die zum Leben befreit werden wollen und die bereit sind, mich zum Leben zu befreien.

Wenn Kirche nur dazu hilft, dem einen oder anderen einen solchen Weg zu zeigen, wenn Kirche Katalysator zum Leben sein kann – dann hat sie ihr Ziel erreicht.

Im Reich Gottes wird es keine Kirchen mehr geben. Wenn das Ziel erreicht ist, braucht es den Weg nicht mehr. Kirche ist vorübergehend …

S2, 81f

Regie im eigenen Lebenshaus

Der Weg der Freiheit führt auch für uns Christen über die Unterscheidung zwischen dem, was in unserer Macht ist, und den äußeren Dingen, über die wir keine Macht haben. Die äußeren Dinge werden aber auch über uns keine Macht haben, wenn wir ihnen keine geben. Es ist immer unsere Entscheidung, ob wir einem Ereignis Macht geben oder nicht, ob wir uns den ganzen Tag darüber aufregen, dass uns ein Missgeschick vor den Augen anderer passiert ist, oder ob wir dazu ja sagen, im Bewusstsein, dass das nicht unser wahres Selbst berührt. Wir sind größtenteils selbst für unser Glück oder Unglück verantwortlich. Das hat Watzlawick in seinem Buch »Die Kunst, unglücklich zu sein« ähnlich beschrieben wie damals Epiktet und Clemens. Geistliches Leben heißt, dass wir die Dinge von Gott her sehen und unsere alltägliche Sichtweise hinterfragen, dass wir die Projektionen entlarven, die wir ständig auf Menschen und Ereignisse werfen und mit denen wir Gottes Absicht mit uns verdunkeln, sodass wir sie nicht mehr entdecken können.

Ein zweiter Bereich ist die Vorstellung unseres Lebens als großes Fest. Wenn unser Leben ein Fest ist, das Gott mit uns feiert, wenn wir teilhaben am großen Fest der Schöpfung, dann bekommt unser Leben eine göttliche Würde, dann ist unser Leben wert, gefeiert zu werden. Eine Weise, unser Leben zu feiern, wären heilende Rituale. Sie geben uns auch das Gefühl der Freiheit, das Gefühl, dass wir unser Leben aus freiem Entschluss so formen und gestalten, dass es unser eigenes Leben ist, dass wir selber leben, anstatt von äußeren Zwängen gelebt zu werden. Auch hier sind wir für uns selbst verantwortlich. Es liegt an unserer Freiheit, wie wir unser Leben formen, welche Rituale wir ihm einprägen, ob es uns gut tut oder nicht, ob wir darin glücklich werden oder nicht.

G, 34

Die Vision verwirklichen

Die großartige Vision vom Reich des großen, ewigen Friedens, in dem alle Gewalt überwunden und alle Menschen – Männer, Frauen und Kinder – in Frieden und liebender Einheit mit der Natur zusammenleben, ruft uns auf, dieses Reich schon in unserem täglichen Leben zu verwirklichen. Sie fordert uns heraus, statt wirklichkeitsfern in den Tag hinein zu träumen, all das schon vorwegzunehmen, was sie verheißt. Jedes Mal, wenn wir unserem Nächsten vergeben, jedes Mal, wenn wir ein Kind zum Lächeln bringen, jedes Mal, wenn wir einem Leidenden Mit-Leid erweisen, jedes Mal, wenn wir einen Blumenstrauß binden, ein Tier schützen, Verschmutzung vermeiden, unser Haus schmücken und unseren Garten pflegen, uns für Frieden und Gerechtigkeit unter den Menschen und Völkern einsetzen, lassen wir diese Vision ein Stückchen Wirklichkeit werden.

Wir müssen diese Vision einander ständig vor Augen halten. Wann immer sie in uns lebendig wird, werden wir neue Energie finden, ihr dort Geltung zu verschaffen, wo wir gerade sind. Nicht, dass diese Vision uns dem wirklichen Leben entzieht, sie bezieht uns vielmehr ganz und gar in das Leben ein.

N, 375

Die Last des Richtens

Eine der schwierigsten Aufgaben im geistlichen Leben ist das Ablegen unserer Vorurteile. Es ist uns meist gar nicht bewusst, wie tief sie in uns verwurzelt sind. Wir meinen vielleicht, keine Unterschiede zwischen uns und anderen, die eine andere Hautfarbe, eine andere Religion, andere sexuelle Neigungen oder einen anderen Lebensstil haben, zu machen. In einer konkreten Situation aber verraten unser spontanes Denken, unsere unkontrollierten Äußerungen und Reaktionen immer wieder, dass wir durchaus nicht frei von Vorurteilen sind.

Fremde, Menschen, die anders sind als wir, erregen Furcht, Unbehagen, Misstrauen und wecken feindliche Gefühle. Sie beeinträchtigen unsere innere Sicherheit schon dadurch, dass sie »anders« sind. Nur wenn wir uns voll und ganz darauf verlassen, dass Gott uns bedingungslos liebt und wir diese »anderen Menschen« als ebenso geliebt ansehen, werden wir verstehen können, dass die große Vielfalt des Menschseins ein Ausdruck des unermesslichen Reichtums des Herzens Gottes ist. Dann werden wir uns auch mehr und mehr von dem Zwang befreien, anderen mit Vorurteilen zu begegnen. N, 81

Gemeinschaft, die durch Alleinsein getragen wird

Unser eigenes Alleinsein grüßt das Alleinsein der anderen: Darauf läuft Gemeinschaft im Grunde hinaus. Eine Gemeinschaft ist nicht der Ort, an dem wir nicht mehr allein sein müssen. Sie ist vielmehr der Ort, an dem wir das Alleinsein anderer respektieren, bewahren und ihm ehrfurchtsvoll begegnen. Wenn wir unserer Einsamkeit erlauben, uns in das Alleinsein zu führen, wird unser Alleinsein es uns ermöglichen, im Alleinsein der anderen glücklich zu sein.

Der Wurzelgrund unseres Alleinseins liegt in unserem eigenen Herzen. Statt uns nach Gesellschaft suchen zu lassen, die uns sofort Befriedigung bringt, erhebt das Alleinsein Anspruch auf unsere Mitte, auf unser Innerstes und ermächtigt uns, anderen nahe zu legen, ihre Mitte, ihr Innerstes in Anspruch zu nehmen. Unsere verschiedenen Weisen von Alleinsein sind wie starke Stützpfeiler, auf denen das Dach unseres Hauses der Gemeinschaft ruht. Dieses Alleinsein macht eine Gemeinschaft immer stark. N, 33

Wenn ich meine Grenzen überschreite

Im Gespräch mit einem Gast merke ich sehr schnell, ob ich innerlich frei bin oder nicht. Wenn ich mich frei auf den anderen einlasse, dann bin ich ganz präsent. Und ich spüre die Anstrengung nicht. Ich bin einfach da und höre zu. Und wenn ich das Gefühl habe, etwas sagen zu wollen, dann kommen die Worte von alleine. Nach dem Gespräch fühle ich mich selbst beschenkt und kann Gott für dieses Geschenk danken. Aber wenn ich mein Maß überschritten habe, wenn ich in das Gespräch nur gehe, weil ich zugesagt habe oder weil ich es nicht fertig gebracht habe, nein zu sagen, dann fühle ich mich sehr schnell müde und ausgebrannt. Und es tauchen Gefühle von Ärger und Unzufriedenheit auf, weil jeder an mir zerrt und jeder etwas von mir will. Ich zweifle, ob das Gespräch sinnvoll ist. Ich denke, der andere nutzt mich aus. Ich kann dann zwar versuchen, mich ganz auf den Augenblick einzulassen und mich von allen kommentierenden Gedanken und von den negativen Emotionen zu befreien. Manchmal gelingt es auch. Aber oft sind die Gefühle auch ein wichtiger Hinweis, dass meine Grenze überschritten ist. Und diesen Hinweis muss ich ernst nehmen. Dann wäre es Ausdruck meiner Freiheit, beim Zusagen besser auf meine Gefühle zu hören, ob ich jetzt nur zusage, weil ich den anderen nicht verletzen will, oder weil es mir schmeichelt, so gefragt zu sein, oder weil ich meine eigenen Bedürfnisse damit ausleben möchte. Freiheit ist nicht eine Leistung, die ich erbringen kann, sondern Ausdruck dafür, dass ich so lebe, wie es mir gemäß ist und wie es meiner Begrenzung und zugleich meinen Fähigkeiten und meinen Kräften entspricht. G, 24

Glückseligkeit

Uns wurde gesagt, dass Glücklichsein gutes Aussehen ist, ein Ferienhaus zu besitzen und vieles mehr. Das ist kein Glücklichsein, aber wir haben feinsinnige Wege entwickelt, unser Glück aus anderen Dingen herzuleiten, seien sie in uns oder um uns. Wir sagen: »Ich weigere mich, glücklich zu sein, bis meine Neurose weg ist.«

Ich habe gute Nachrichten für Sie: Sie können jetzt glücklich sein, mit der Neurose. Möchten Sie eine noch bessere Nachricht? Es gibt nur einen Grund, weshalb Sie nicht das erfahren, was wir in Indien *anand* nennen – Glückseligkeit; nur einen Grund, weshalb Sie in genau diesem Augenblick keine Glückseligkeit erfahren, weil Sie an etwas denken oder etwas zum Mittelpunkt erheben, was Sie nicht haben. Sonst würden Sie Glückseligkeit erfahren. Sie konzentrieren sich auf etwas, was Sie nicht haben. Aber genau jetzt haben Sie alles, was Sie brauchen, um glückselig zu sein.

Jesus sprach mit gesundem Menschenverstand zu einfachen Leuten, zu Hungernden und Armen. Er verkündete ihnen die gute Nachricht: Jetzt seid ihr an der Reihe. Doch wer hört schon zu? Es interessiert ja niemand, sie schlafen weiter.

~

Der Meister lehrte: Ein Grund dafür, warum viele so unglücklich sind, ist in deren Meinung zu suchen, dass es nichts gebe, was sie ändern könnten.

Und er erzählte gern die Geschichte von dem Mann, der zu dem Radiohändler sagte: »Dieser Transistor, den Sie mir verkauft haben, hat zwar eine ausgezeichnete Tonqualität, doch möchte ich ihn gegen einen anderen tauschen, der ein besseres Programm bietet.« M, 186

Entspannt

Viele meinen, wenn sie keine Sehnsüchte hätten, wären sie wie ein Stück Holz. In Wirklichkeit würden sie jedoch ihre Verspanntheit verlieren. Befreien Sie sich von Ihrer Angst zu versagen, von Ihrer Anspannung, Erfolg haben zu müssen, und Sie werden bald Sie selbst sein. Entspannt. Sie werden dann nicht mehr mit angezogener Handbremse fahren. Genau das wird geschehen.

Es gibt einen schönen Satz von Tranxu, einem großen chinesischen Weisen, den ich mir gut gemerkt habe. Er lautet: »Wenn der Bogenschütze schießt, ohne einen besonderen Preis gewinnen zu wollen, kann er seine ganze Kunst entfalten; schießt er, um eine Bronzemedaille zu erringen, fängt er an, unruhig zu werden; schießt er um den ersten Preis, wird er blind, sieht zwei Ziele und verliert die Beherrschung. Sein Können ist dasselbe, aber der Preis spaltet ihn. Er ist ihm wichtig! Er denkt mehr ans Gewinnen als ans Schießen, und der Zwang zu gewinnen schwächt ihn.«

Gilt dieses Bild nicht für die meisten Menschen?

Wenn man nicht für Erfolg lebt, verfügt man über all sein Können, besitzt man all seine Kräfte, ist man entspannt, sorgt man sich nicht, es macht einem nichts aus, ob man verliert oder gewinnt. M, 181

FORTSCHRITT

Jeden Monat sandte der Schüler getreulich seinem Meister einen Bericht über seinen Fortschritt auf dem Weg der Erleuchtung.

Im ersten Monat schrieb er: »Ich fühlte eine Erweiterung des Bewusstseins und erfahre mein Einssein mit dem Universum.« Der Meister überflog die Nachricht und warf sie weg.

Im folgenden Monat hatte er dies zu sagen: »Ich habe endlich entdeckt, dass das Göttliche in allen Dingen gegenwärtig ist.« Der Meister schien enttäuscht.

In seinem dritten Brief erklärte der Schüler begeistert: »Das Geheimnis des Einen und der Vielen ist meinem staunenden Blick enthüllt worden.« Der Meister gähnte.

In seinem nächsten Brief hieß es: »Niemand wird geboren, niemand lebt und niemand stirbt, denn das Ich ist nicht.« Der Meister rang verzweifelt die Hände.

Danach verging ein Monat, dann zwei, dann fünf; dann ein ganzes Jahr. Der Meister fand es an der Zeit, seinen Schüler an die Pflicht zu erinnern, ihn über seinen geistlichen Fortschritt zu informieren. Der Schüler schrieb zurück: »Wen interessiert das?« Als der Meister diese Worte las, schien er zufrieden. Er sagte: »Gott sei Dank, endlich hat er begriffen.«

Sogar die Sehnsucht nach Freiheit ist eine Fessel.
Niemand ist wirklich frei,
der sich um seine Freiheit sorgt.
Nur die Zufriedenen sind frei. M, 60

GETÄUSCHT

Der Meister begab sich mit einem seiner Schüler auf eine Reise. Draußen vor dem Dorf trafen sie den Gouverneur, der irrtümlicherweise annahm, sie kämen, ihn in dem Dorf willkommen zu heißen. Er sagte also: »Ihr hättet euch wirklich nicht die Mühe zu machen brauchen, um mich zu begrüßen.«

»Ihr irrt, Hoheit«, sagte der Schüler. »Wir sind unterwegs auf einer Reise, aber hätten wir gewusst, dass Ihr kommt, hätten wir keine Mühe gescheut, Euch willkommen zu heißen.«

Der Meister sagte kein Wort. Gegen Abend bemerkte er: »Musstest du ihm erzählen, dass wir nicht gekommen waren, ihn zu begrüßen? Hast du bemerkt, wie blamiert er sich fühlte?«

»Hätten wir ihm aber nicht die Wahrheit gesagt, dann wären wir der Täuschung schuldig geworden.«

»Wir hätten ihn überhaupt nicht getäuscht«, sagte der Meister. »Er hätte sich selbst getäuscht.«

~

Mullah Nasruddins Haus stand in Flammen, also lief er aufs Dach, um sich in Sicherheit zu bringen. Dort hockte er gefährlich nahe am Rand. Unterdessen versammelten sich seine Freunde unten auf der Straße, hielten eine Decke auf und riefen: »Spring, Mulla, spring!«

»Nein, das tue ich nicht«, sagte der Mulla. »Euch Burschen kenne ich. Wenn ich springe, zieht ihr die Decke weg, bloß um mich zum Narren zu halten!«

»Sei nicht töricht, Mulla. Das hier ist kein Spaß. Es ist ernst, spring!«

»Nein«, sagte Nasruddin, »ich traue keinem von euch. Legt die Decke auf die Erde, dann werde ich springen.« M, 35

UNFÄHIG, SELBST ZU LEBEN

Eine Frau erzählte mir von einem Mann, von dem sie nicht loskam, obwohl er sie ständig verletzte. Er habe sie so tief getroffen, weil er für sie »die Leichtigkeit des Seins« verkörperte. Sie, die bisher immer ihre Pflichten erfüllt hat, die für ihre Familie gekämpft und gesorgt hat, war so fasziniert von dieser Leichtigkeit des Lebens, dass sie sich von diesem Mann auch nicht distanzieren konnte, als er eine andere Freundin hatte. Gegen solche Abhängigkeiten kann man sich oft kaum wehren. Sie zeigen, dass eine wichtige Seite in uns getroffen worden ist. Und diese Seite müssen wir versuchen zu leben und in unseren Lebensentwurf zu integrieren. Dann werden wir innerlich freier werden. Aber es braucht oft lange Zeit, bis wir diese innere Freiheit gefunden haben. Doch wenn wir die Leichtigkeit nur spüren, wenn der andere da ist, sind wir abhängig von ihm. Wenn wir uns nur lebendig fühlen, wenn der andere in unserer Nähe ist, dann ist das gegen unsere Würde. Wir leben dann nicht aus uns heraus, sondern von der Gnade eines anderen. Vom anderen beschenkt zu werden ist wunderschön. Aber sich unfähig zu fühlen, selbst zu leben, und immer nur danach Ausschau zu halten, dass der andere kommt, damit wir uns selbst fühlen, das führt in eine totale Abhängigkeit. Und solche Abhängigkeit ärgert uns, weil sie uns unsere Würde nimmt. Allerdings braucht es auch viel Geduld mit uns und unseren Gefühlen. Denn solche Freiheit lässt sich nicht mit einem bloßen Willensentschluss erringen. Sie steht vielmehr am Ende eines langen Prozesses. In diesem Prozess des Freiwerdens geht es darum, dankbar anzunehmen, was der andere uns schenkt, und es immer mehr in das eigene Leben zu integrieren. Dann werden wir uns mehr und mehr selbst spüren und die Qualitäten in uns erfahren, die der andere in uns hervorgelockt hat.

G, 14

Der einzige Ausweg

Greuel der Gewalt. Für kurze Zeit geht Entsetzen durch die Welt. Dann legen sich die Menschen wieder schlafen. Mit Gewalt kann man ein Haus abreißen, einen Baum fällen oder ein Tier umbringen. Aber wer mit Gewalt einen Menschen vernichtet, vernichtet sich selbst als Mensch. In einem Mordprozess sagte die Angeklagte: »Als ich den anderen umbrachte, brachte ich mich selbst um. Einen anderen töten heißt sich selbst töten.« Neulich saß ein Mann bei mir, ungefähr vierzig Jahre alt. Er hatte als Fremdenlegionär Menschen getötet. »Jetzt werde ich selbst ermordet«, sagte er, »sie kommen mich jede Nacht besuchen.«

Was kann man gegen die wachsende Gewalt tun? Wo kommt sie her? Gewalt stammt niemals aus der Liebe. Gewalt wurzelt in Gedanken und Gefühlen von Hass. Hass nistet in der krankhaften Habgier von Menschen. Diese Gier liegt unserer ganzen Gesellschaft zugrunde. Es geht um Macht, um Besitz, um Ruhm in der Welt. In solcher Welt ist die Gewalt zu Hause.

Gewalt lässt sich nicht mit Gewalt ausrotten. Gewalt plus Gewalt bedeutet immer noch mehr Gewalt. Ein tödlicher Kreis. Er kann nur durchbrochen werden durch die unglaubliche Liebe des Evangeliums, wo es heißt: »Liebe deine Feinde. Tu Gutes denen, die dich hassen.« Das klingt heutzutage entsetzlich naiv. Wer glaubt noch daran? Und doch, ich versichere dir, es ist der einzige Ausweg. B, 284

GRÄBEN ÜBERBRÜCKEN

Um einander Nächste zu werden, müssen wir die Gräben, die Menschen oft voneinander trennen, überbrücken. Solange eine Kluft zwischen uns liegt, können wir einander nicht in die Augen sehen und lassen falsche Vorstellungen und Meinungen aufkommen. Wir nennen sie die »da drüben«, machen uns über sie lustig, überschütten sie mit Vorurteilen und gehen Kontakten aus dem Wege. Wir betrachten sie als Feinde und vergessen, dass sie nicht anders lieben als wir und sich nicht anders um ihre Kinder sorgen als wir, krank werden und sterben wie wir. Wir vergessen, dass sie unsere Brüder und Schwestern sind, und behandeln sie wie Sachen, die man, wenn man will, auch zerstören kann.

Nur wenn wir den Mut fassen, die Straße zu überqueren, den Graben zu überspringen, um zu ihnen zu gehen und einander in die Augen zu sehen, werden wir erkennen, dass sie Kinder desselben Gottes sind und Mitglieder derselben Menschheitsfamilie. N, 223

Vermutungen

Einige Jäger charterten ein Flugzeug, das sie in ein Waldgebiet bringen sollte. Nach zwei Wochen kam der Pilot, um sie wieder abzuholen. Er warf einen Blick auf die erlegten Tiere und sagte: »Diese Maschine kann nicht mehr als einen Büffel transportieren. Die anderen müssen Sie zurücklassen.«

»Aber im letzten Jahr erlaubte uns der Pilot, zwei Tiere in einer Maschine von dieser Größe mitzunehmen«, protestierten die Jäger.

Der Pilot war skeptisch, sagte aber schließlich: »Wenn Sie es voriges Jahr so gemacht haben, können wir es vermutlich wieder tun.«

Also hob die Maschine ab mit den drei Männern und zwei Büffeln an Bord. Doch sie konnte keine Höhe gewinnen und prallte gegen einen nahe liegenden Berg. Die Männer kletterten heraus und blickten sich um.

Ein Jäger sagte zu dem anderen: »Wo glaubt ihr sind wir?«

Der andere sah prüfend in die Runde und erwiderte:

»Ich glaube, wir befinden uns ungefähr zwei Meilen links von der Stelle, an der wir im letzten Jahr abgestürzt sind.«

~

»Das Problem mit dieser Welt ist«, sagte der Meister seufzend, »dass die Menschen sich weigern, erwachsen zu werden.«

»Wann kann man von einem Menschen sagen, er sei erwachsen?«, fragte ein Schüler.

»An dem Tag, an dem man ihm keine Lüge mehr aufzutischen braucht.«

M, 36

Aufgeben, aber wie?

Denken Sie an einen Menschen oder an etwas anderes, an dem Sie hängen: etwas oder jemand, dem Sie die Macht gegeben haben, Sie glücklich oder unglücklich zu machen. Sie werden feststellen, dass Sie sich nur noch darauf konzentrieren, das Begehrte – auch diesen Menschen – in Ihren Besitz zu bekommen; dass sich alles darum dreht, es zu behalten, damit Sie Freude haben – auf Kosten anderer Dinge und Menschen. Beobachten Sie, wie Sie diese Versessenheit gegenüber dem Rest der Welt abstumpft. Sie sind gefühllos geworden. Haben Sie den Mut und sehen Sie ein, wie voreingenommen und blind Sie sind, wenn es um diese Sache oder diesen Menschen, an dem Sie hängen, geht.

Wenn Sie das erkennen, werden Sie sich bald danach sehnen, sich von jeder Abhängigkeit freizumachen. Das Problem ist nur: wie? Verzichten oder Meiden hilft nicht, denn wenn Sie den Klang der Pauke unterdrücken, werden Sie genauso abgestumpft und gefühllos, als würden Sie nur der Pauke Gehör schenken. Was Sie brauchen, ist nicht Verzicht, sondern *Verstehen*, Wissen. Wenn Ihnen Ihre Abhängigkeiten Schmerz und Sorge gebracht haben, erleichtert es Ihnen das Verstehen. Wenn Sie auch nur einmal in Ihrem Leben die Freude gespürt haben, die das Aufgeben einer Abhängigkeit mit sich bringt, ist dies eine weitere Hilfe. Ebenso hilft es, bewusst auf den Klang aller Instrumente des Orchesters zu hören. Dies kann jedoch kein Ersatz dafür sein, sich klarzumachen, was verloren geht, wenn man die Pauke überbewertet und für die anderen Instrumente des Orchesters kein Ohr mehr hat. M, 71

SICH KÜMMERN

Du musst nicht meinen, mit der Liebe seist du fertig, wenn du nichts gegen deine Mitmenschen hast. Das ist saftloses Wohlwollen, eine Illusion von Freundschaft. Du verhältst dich ruhig, tust nichts Böses, lässt alle leben. Fertig ist der wohlsituierte, perfekte Spießbürger, unter seiner Glasglocke abgeschirmt gegen die rauhe Welt. So wirst du mitverantwortlich für die kollektive Gleichgültigkeit, die unser menschliches Zusammenleben stranguliert.

Willst du wirklich lieben und glücklich sein, dann musst du dich um die Menschen kümmern, die dir nahe stehen, die deiner Sorge anvertraut sind, mit denen du zusammen wohnst, sprichst und lachst. Sich kümmern verpflichtet dich, reißt dich heraus aus der kleinen, engen Welt deiner eigenen Interessen. Sich kümmern ist lebensnotwendig, um nicht zu verkümmern. Sich kümmern kann deine behagliche Ruhe stören. Viel Aufregung und Ärger können damit verbunden sein. Du belastest dich manchmal mit schweren Sorgen und kannst mit keinem darüber reden.

Sich kümmern kann viel Kummer machen. Aber es ist die Frucht wahrhaftiger Liebe. Es bringt im Grunde die Beste aller Gaben: Leben. So kommt auch in dein Leben Farbe und manchmal, vielleicht selten, ein Gefühl von unermesslicher Dankbarkeit, ein Vorgeschmack vom unbekannten Paradies.

B, 245

Widrigkeiten

Ein in der Wüste verirrter Reisender war verzweifelt, weil er glaubte, er würde nie mehr Wasser finden. Er quälte sich von einem Hügel zum anderen in der Hoffnung, von oben irgendwo eine Quelle zu entdecken. Nach allen Richtungen hielt er Ausschau, ohne Erfolg.

Als er weitertaumelte, verhakte sich sein Fuß in einem trockenen Strauch, und er fiel hin. Dort blieb er liegen, ohne Energie, sich wieder zu erheben, oder den Willen, weiterzukämpfen und ohne Hoffnung, diese Tortur zu überleben.

Als er dort lag, hilflos und niedergeschlagen, wurde ihm plötzlich die Stille der Wüste bewusst. Überall herrschte eine majestätische Ruhe, die von keinem Laut gestört wurde. Plötzlich hob er den Kopf. Er hatte etwas gehört. Ein so schwaches Geräusch, dass nur das schärfste Ohr in der tiefsten Stille es wahrnehmen konnte: das leise Plätschern fließenden Wassers.

Ermutigt von der Hoffnung, die dieser Laut in ihm auslöste, erhob er sich und hielt sich auf den Beinen, bis er zu einem Bach voll frischen, kühlen Wassers kam.

Um frei zu werden, braucht man als Wesentliches: Widrigkeiten, die den Prozess der Einsicht fördern.

~

Die Schüler saßen am Ufer eines Flusses.

»Wenn ich jetzt den Hang hinunterfalle, muss ich dann ertrinken?« fragte einer der Schüler.

»Nein«, sagte der Meister. »Nicht wenn du in den Fluss hineinfällst, musst du ertrinken, nur wenn du drin bleibst.« M, 34

Die Stimme im Garten des Alleinseins

Alleinsein ist der Garten für unser Herz, das nach Liebe verlangt, der Ort, an dem unsere Einsamkeit Frucht bringen kann. Es ist das Zuhause für unseren rastlosen Leib und unseren sich sorgenden Verstand. Alleinsein, ob in einem konkreten Raum oder nicht, ist ein wesentlicher Bestandteil unseres geistlichen Lebens. Es ist kein einfacher Aufenthaltsort, seit wir so unsicher und ängstlich geworden sind, dass wir von allem, was sofortige Befriedigung verspricht, angezogen und beherrscht werden.

Alleinsein verschafft keine augenblickliche Befriedigung, weil wir im Alleinsein unseren Dämonen begegnen, unseren Abhängigkeiten, unseren Gefühlen von Angst und Lust, unserem großen Bedürfnis nach Anerkennung und Bestätigung. Wenn wir aber dem Alleinsein nicht entfliehen, werden wir in ihm auch den finden, der zu uns sagt: »Fürchte dich nicht! Ich bin bei dir und werde dich durch das Tal der Dunkelheit führen.«

Kehren wir zu unserem Alleinsein zurück! N, 32

DER WEG

»Wie erlangt man das Glück?«

»Durch Erlernen, mit allem, was man erhält, zufrieden zu sein.«

»Dann kann man sich nie etwas wünschen?«

»Doch, man kann«, sagte der Meister, »vorausgesetzt, man tut dies in der Einstellung jenes ängstlichen Vaters, den ich einmal in einer Entbindungsstation traf. Als die Hebamme sagte: ›Sie haben sich bestimmt einen Jungen gewünscht, es ist aber ein Mädchen‹, erwiderte der Mann: ›Ach, das macht wirklich nichts, denn ich habe mir ein Mädchen gewünscht, falls es kein Junge ist.‹«

~

Ein Wanderer: »Wie wird das Wetter heute?«

Der Schäfer: »So, wie ich es gerne habe.«

»Woher wisst Ihr, dass das Wetter so sein wird, wie Ihr es liebt?«

»Ich habe die Erfahrung gemacht, mein Freund, dass ich nicht immer das bekommen kann, was ich gerne möchte. Also habe ich gelernt, immer das zu mögen, was ich bekomme. Deshalb bin ich ganz sicher: Das Wetter wird heute so sein, wie ich es mag.«

Was immer geschieht, an uns liegt es,
Glück oder Unglück darin zu sehen. M, 170

OKTOBER

Die zarte Kraft Seiner Gegenwart – Gott möchte gefunden werden

DIE FRAGE

»Existiert Gott?«, fragte der Meister eines Tages.

»Ja«, sagten die Schüler im Chor.

»Falsch«, sagte der Meister.

»Nein«, sagten die Schüler.

»Wieder falsch«, sagte der Meister.

»Wie lautet die Antwort?«, fragten die Schüler.

»Es gibt keine Antwort.«

»Warum denn nicht?«

»Weil es keine Frage gibt«, sagte der Meister.

Später erklärte er: »Wenn man nichts über Ihn sagen kann, über Ihn, der über Gedanken und Worte hinausgeht, wie kann man dann etwas fragen wollen?«

~

Der Meister behauptete, er habe ein Buch, das alles enthielte, was man überhaupt von Gott wissen könnte. Keiner hatte je das Buch gesehen, bis ein zu Besuch weilender Gelehrter mit seinen Bitten nicht nachließ und es dem Meister abrang. Er nahm es mit nach Hause und schlug es ungeduldig auf, um festzustellen, dass alle Seiten leer waren.

»Aber das Buch sagt ja gar nichts«, jammerte der Gelehrte.

»Ich weiß«, sagte der Meister befriedigt, »aber bedenkt, wie viel es andeutet!«

~

»Wo kann ich Gott finden?«

»Er steht dir genau gegenüber.«

»Warum sehe ich ihn dann nicht?«

»Warum sieht ein Betrunkener nicht sein Haus?«

Später sagte der Meister: »Findet heraus, was euch trunken macht. Um zu sehen, muss man nüchtern sein.« M, 298

DIE ZARTE KRAFT SEINER GEGENWART –

Mir gefallen lassen, dass Gott mich liebt

Wir haben Angst vor unseren Schwächen und sichern uns dagegen ab durch ein System von Vorschriften, das wir peinlich genau befolgen. Oder wir bauen uns ein Gebäude aus hohen Idealen auf, mit dem wir uns den Blick in den eigenen Abgrund verstellen wollen. Wir leben dann ständig in der ängstlichen Spannung, doch einmal auf unsere Schwächen zu stoßen. Oft verstecken sich diese Absicherungsversuche hinter frommen und erbaulichen Vorstellungen. Doch wenn wir entdecken, dass wir unsere Ideale mit einer gewissen Ängstlichkeit hüten und ängstlich an bestimmten äußeren Formen hängen, ist es immer ein Zeichen, dass wir hier unter einer Spannung stehen, von der wir uns frei machen sollten.

Eine Hilfe, von solchen Spannungen frei zu werden, ist das Vertrauen, dass ich in Gott geborgen bin, dass ich mich in seine Arme hineinfallen lassen kann, weil mich nicht strafende, sondern liebende Arme erwarten. Sich in Gott hinein loslassen hat etwas mit Liebe zu tun. Ich lasse es mir gefallen, dass Gott mich liebt, und ich vertraue darauf. Ich lasse meine Absicherungen los, mit denen ich mich selbst gegen Gott absichern will, und lasse Gott an mich heran. Das ist keine asketische Leistung, die ich Gott vorweisen könnte. Ich verzichte auf alle geistlichen Erfolge und überlasse mich, so wie ich bin, mit all den mich bedrängenden Gedanken, Gott. Er darf nun die Führung übernehmen in mir, er darf nun zu meinem Besten handeln, und er darf seine Liebe zu mir nun auch zeigen. G, 371

WAS IST WIRKLICH?

Die Frage nach den Träumen auf dem geistlichen Weg ist zunächst eine Frage nach der Wirklichkeit überhaupt. Was ist wirklich? Um diese Frage haben die Philosophen sich seit jeher schon gestritten. Können wir die Wirklichkeit erkennen, oder sehen wir nur einen Schein davon? Was ist wirklich, die geistige Welt der Ideen oder die Materie, das, was wir greifen können? Die Metaphysik sagt uns, dass Gott die eigentliche Wirklichkeit ist und dass wir nur wirklich sind, insofern wir an Gottes Sein teilhaben. Wenn wir diesen Satz der Metaphysik auf unser Leben beziehen, so entdecken wir, dass wir kaum danach leben. Theoretisch sehen wir das zwar ein, aber in unserem konkreten Wirklichkeitsverständnis ist das wirklich, was wir selbst tun. Wir stehen im Mittelpunkt unserer Wirklichkeit. Wir arbeiten, wir essen, wir denken, wir fühlen, wir planen, wir gestalten alles um uns herum. Gott hat da nur am Rande Platz, nur so weit wir ihm das zugestehen. Wir gestalten eben auch unser geistliches Leben, wir formen unser Gebet. Und da darf dann Gott in unser Leben einbrechen, aber auch da sind wir die Regisseure, die Gott die Rolle zuweisen, die er zu spielen hat. Im Grunde ist das eine sehr gottlose Wirklichkeit. Wir sind die Herren, und Gott ist an den Rand gedrückt. Selbst wenn wir fromm sind, stehen wir mit unserem frommen Tun im Mittelpunkt und nicht Gott.

Gegenüber dieser gottlosen Wirklichkeit unseres Lebens weist uns der Traum auf eine andere geistige Wirklichkeit. Wenn wir die Metaphysik ernst nehmen, dann ist Gott die wahre Wirklichkeit und wir sind nur wirklich, indem wir an ihm teilhaben. Gott ist uns näher, als wir uns selbst es sind, sagt Augustinus. Wir sind uns selbst entfremdet. Wir leben nicht nur in einer gottlosen, sondern auch in einer ich-losen, in einer selbst-losen Wirklichkeit. In den Träumen bricht die geistige Wirklichkeit in unser Leben ein. Und es ist nicht von vornherein gesagt, dass die Träume unwirklicher seien als das, was wir im Bewussten wahrnehmen.

G, 279

Ein Herz, das die Welt übersteigt

Der Geist selbst ist es, der in uns betet. Wir müssen uns gar nicht anstrengen, immer bewusst Worte zu formulieren. Unablässiges Gebet, das heißt, dass wir dem Geist trauen, der in uns betet. Für Augustinus besteht das unablässige Gebet darin, dass wir mit der Sehnsucht in uns in Berührung kommen. Im Grunde unseres Herzens sehnen wir uns nach Gott. Der Heilige Geist, der »mit Seufzen, das wir nicht in Worte fassen können« (Römer 8,26), für uns eintritt, facht in uns die Sehnsucht an, die in uns ist, von der wir aber oft genug im Getriebe des Alltags abgeschnitten sind. Im Heiligen Geist beten heißt dann, dass wir uns mit allem, was in uns ist, nach dem Gott der Liebe sehnen, der allein unsere Sehnsucht zu erfüllen vermag. »Willst du das Beten nicht unterbrechen, so unterbrich die Sehnsucht nicht«, so sagt Augustinus. »Denn die Sehnsucht ist dein ununterbrochenes Gebet.« Indem wir im Gebet mit der Sehnsucht unseres Herzens in Berührung sind, spüren wir, dass wir nicht nur Menschen dieser Erde sind, sondern zugleich Menschen des Himmels, Menschen, die jetzt schon in Gott sind.

Versuchen Sie [...] bei allem, was Sie tun, mit der Sehnsucht Ihres Herzens in Berührung zu kommen. Spüren Sie, dass Ihr Herz diese Welt übersteigt, dass es sich nach Gott sehnt, nach bedingungsloser Liebe, nach endgültigem Daheimsein, nach absoluter Geborgenheit. Dann beten Sie, Sie brauchen nicht nach Worten zu suchen. Das Seufzen Ihres Herzens ist das Seufzen des Heiligen Geistes. Der Geist selber betet in Ihnen. Sie müssen Ihm nur Raum gewähren.

Dann wird der Geist Sie hineinführen in eine ganz vertrauensvolle und intime Liebe zum Vater. Mit Jesus dürfen Sie zum Schöpfer des Himmels und der Erde sagen: »Abba, lieber Vater.« Mit Jesus dürfen Sie sich als Sohn und Tochter Gottes wissen. Sie sind nicht mehr Sklave. Sie müssen nicht irgendwelche Gesetze erfüllen, sondern Sie sind frei, befreit zum geliebten Sohn und zur geliebten Tochter Gottes. Das ist wahres Leben.

G, 278

Verheilen lassen

Es fällt sehr schwer, alte Wunden verheilen zu lassen. Oft sagen oder denken wir uns zumindest: »Was du mir und meinen Angehörigen oder meinem besten Freund angetan hast, kann ich nie vergessen und dir nie verzeihen ... Eines Tages wirst du dafür büßen müssen!« Manchmal reicht unsere Erinnerung Jahre und Jahrzehnte zurück und verlangt Vergeltung.

Jemandem Fehler und Verschulden vorzuhalten baut oft eine unüberwindliche Mauer auf. Hören wir aber, was Paulus sagt: »Wenn also jemand in Christus ist, dann ist er eine neue Schöpfung: Das Alte ist vergangen, Neues ist geworden. Aber das alles kommt von Gott« (2. Korintherbrief 5,17f).

Wir können tatsächlich keine alten Wunden verheilen lassen, Gott aber kann es. Und wieder sagt Paulus: »Ja, Gott war es, der in Christus die Welt mit sich versöhnt hat, indem er den Menschen ihre Verfehlungen nicht anrechnete« (2. Korintherbrief 5,19). Es ist Gottes Werk, aber wir sind seine Diener, weil derselbe Gott, der die Welt mit sich versöhnt hat, uns »das Wort der Versöhnung« (ebd. 5,19) anvertraut hat.

Dieses Wort ruft uns dazu auf, alte Wunden im Namen Gottes verheilen zu lassen. Es ist das Wort, das unsere Welt am dringendsten braucht.

N, 392

Was wir empfinden, ist nicht der, der wir sind

Unser Gefühlsleben ist ein ständiges Auf und Ab. Manchmal erleben wir wahre Wechselbäder unserer Gefühle, schwanken zwischen Glücklichsein und Niedergeschlagensein, zwischen Freude und Schmerz, zwischen innerer Harmonie und innerem Chaos. Eine unbedeutende Begebenheit, eine zufällige Bemerkung, eine Enttäuschung im Beruf und vieles andere können solche Stimmungsschwankungen auslösen. Gewöhnlich haben wir wenig Einfluss auf diesen Wechsel der Gefühle. Es scheint eher so zu sein, dass sie uns einfach widerfahren, als dass sie durch uns herbeigeführt wurden.

Deshalb müssen wir wissen, dass unser emotionales Leben und unser geistliches Leben nicht dasselbe sind. Unser geistliches Leben ist das Leben des Geistes Gottes in uns. Wenn wir spüren, dass unsere Gefühlslage umschlägt, müssen wir unseren Geist mit dem Geist Gottes verbinden und uns daran erinnern, dass das, was wir empfinden, nicht der ist, der wir sind. Wir sind und bleiben, ungeachtet unserer Stimmungen, Gottes geliebte Kinder. N, 224

Miteinander ein Zuhause schaffen

Viele menschliche Beziehungen gleichen den ineinander geklammerten Fingern zweier Hände. Zwei Menschen verbinden sich, weil jeder allein nicht überleben kann. Aber auch im Umklammern und Sich-aneinander-Festhalten wird ihnen schmerzlich bewusst, dass keiner dem anderen das Alleinsein abnehmen kann. Und je mehr wir dies versuchen, desto verzweifelter werden wir sein.

Viele Beziehungen solchen »Sich-aneinander-Klammerns« zerbrechen, weil sie erdrücken und einschnüren. Gott beruft zu einer anderen menschlichen Beziehung, die sich mit zwei gefalteten Händen vergleichen lässt: Die Fingerspitzen berühren sich, während die beiden Handflächen einen bergenden offenen Raum bilden wie ein kleines Zelt, ein Heim, einen sicheren Aufenthaltsort. Es ist ein aus Liebe und nicht aus Furcht geschaffener Raum.

Wahre Beziehungen zwischen Menschen sind ein Hinweis auf Gott. Sie gleichen den Betern in der Welt. Manchmal sind die Hände beim Gebet fest zusammengepresst, manchmal ist zwischen den Handflächen Raum; mal sind sie enger beieinander, mal etwas weiter auseinander, aber immer berühren sie sich. Sie beten zu dem, der sie zusammenführte.

N, 78

VERGEBUNG

Nichts belastet so schwer wie nicht vergeben können. Nichts ist so schlimm, wie Tag und Nacht leben zu müssen mit dem scharfen Stein von Wut und Hass im Herzen. Von einem, vielleicht vielen Menschen wurde dir Böses getan, Dein Innerstes ist allmählich in Kälte erstarrt. Du bist nicht mehr derselbe. Du wunderst dich selbst. Du bist nicht mehr so warmherzig, so sanftmütig. Deine Sympathie ist in Antipathie umgeschlagen.

Wo Verbundenheit herrschte, besteht nun ein Bruch. Aus Freundschaft ist Feindschaft geworden, aus Liebe Hass. Du leidest darunter. Du fühlst dich wie in einem Gefängnis. Die Rollläden sind heruntergegangen, alles ist zu. Die Sonne bleibt draußen. Das Leben wird bleischwer. Im Tiefsten deines Herzens sehnst du dich nach Befreiung, vor allem möchtest du in deinem Innern wieder frei sein.

Es gibt nur einen einzigen Weg, glaub mir: Vergebung! Vergib! Das kostet sehr viel, aber es ist den Preis wert. Vergeben ist etwas Schöpferisches. Vergeben heißt neues Leben wecken und neue Freude. Vergebung macht Neues möglich, in dir und in den anderen. Vergebung ist das schönste Geschenk. Du musst oftmals vergeben und darfst nie zählen wie oft. Vergib sieben mal siebzig Mal, das heißt unendlich, denn selbst hast du doch auch so viel Vergebung nötig. B, 372

Trost

Das Leben kann schwer sein, furchtbar schwer. Das Leben kann dich in tiefster Seele zerreißen. In solchen Zeiten quälender Hilflosigkeit sucht der Mensch Trost. Du kannst nicht leben ohne Trost. Trost ist aber nicht der Alkohol, das Schlafmittel, die Spritze, die dich nur betäuben und dann in eine noch schwärzere Nacht stürzen.

Trost ist wie eine milde Salbe auf eine tiefe Wunde. Trost ist wie eine unverhoffte Oase in einer Wüste. Sie lässt dich wieder glauben an das Leben. Trost ist wie eine sanfte Hand in deiner Hand, die dich beruhigt und wieder aufatmen lässt. Trost ist wie ein liebes Gesicht ganz in deiner Nähe, das deine Tränen versteht, das deinem gepeinigten Herzen zuhört, das bei dir bleibt in deiner Angst und Verzweiflung und dich ein paar Sterne sehen lässt.

Trost ist der Geist Gottes. Er kommt nur durch offene Türen. Er stellt dir als Geschenk Frieden, Freude und Liebe auf den Tisch, die Gaben, von denen du leben kannst. B, 179

Warum so viel Leid

Weißt du, dass es Menschen gibt, für die das Leben auch in unserem Wohlstand voller Qual, ein richtiger Kreuzweg ist? Weißt du, wie viele an Leib und Seele schrecklich leiden unter allen Arten von Schmerzen, Torturen, Ängsten, Enttäuschungen, Erniedrigungen? Wie viele an ihrem Leib gezeichnet sind von Krankheit oder Behinderung? Wie viele in ihrem Herzen verletzt sind durch betrogene und verratene Liebe? Sie fühlen sich ausgestoßen, allein gelassen. Sie möchten manchmal lieber tot sein, als Tag und Nacht ihr Leid tragen zu müssen.

Warum so viel Leid, so viel unheilbares Leid bei so vielen Menschen? Ist das alles sinnlos? Bleibt nichts übrig als ein empörter Aufschrei nach Gerechtigkeit, Vergeltung und Rache? Oder ist es nicht vielmehr für uns eine Aufforderung zu mehr Liebe, mehr Zuwendung? Und für sie eine Einladung in unbekannte Fernen, um durch alle Tränen hindurch eine neue Welt zu entdecken, die Welt Gottes, die Welt wahrer Freude, die Welt wahren Glücks?

B, 99

Lieber Ärger

Ein Reisender gab dem Speisewagenkellner seine Bestellung auf: »Zum Nachtisch«, sagte er, »möchte ich Obsttörtchen und Eis.«

Der Kellner sagte, sie hätten keine Obsttörtchen. Der Mann explodierte.

»Was? Keine Törtchen? Das ist absurd. Ich bin einer der besten Kunden dieser Eisenbahnlinie. Jedes Jahr organisiere ich Reisen für Tausende von Touristen und lasse Hunderte von Tonnen Fracht mit der Bahn befördern. Und wenn ich selbst einmal mit dieser Linie reise, kann ich noch nicht einmal einfache Obsttörtchen bekommen! Ich werde das mit dem Vorstand besprechen.«

Der Küchenchef rief den Kellner zu sich und sagte: »Wir können ihm diese Törtchen bei der nächsten Station besorgen.«

Gleich nach dem nächsten Halt ging der Kellner noch einmal zu dem Reisenden. »Ich bin glücklich, Ihnen sagen zu können, Sir, dass unser Küchenchef diese Törtchen speziell für Sie gemacht hat. Er hofft, sie werden Ihnen schmecken. Und außerdem erlauben wir uns, Ihnen dazu diesen 75 Jahre alten Cognac anzubieten mit Empfehlungen von der Eisenbahngesellschaft.«

Der Reisende warf seine Serviette auf den Tisch, ballte die Faust und schrie: »Zum Teufel mit den Törtchen! Ich möchte wütend sein!«

Wie leer wäre unser Leben,
wenn wir uns über nichts ärgern könnten! M, 83

Früchte, die in der Verwundbarkeit reifen

Zwischen Erfolgreich-Sein und Fruchtbar-Sein besteht ein großer Unterschied. Erfolg kommt von Stärke, von Machtausübung und Ansehen. Ein erfolgreicher Mensch besitzt die Energie, etwas zu schaffen, seine Entwicklung zu beeinflussen und es in großen Mengen verfügbar zu machen. Erfolg bringt Preise, Auszeichnungen und oft Berühmtheit ein.

Früchte hingegen erwachsen der Schwachheit und Verwundbarkeit. Es sind einzigartige Früchte. Ein Kind ist die in Verwundbarkeit empfangene Frucht, Gemeinschaft ist die aus geteilter, gemeinsamer Gebrochenheit erwachsene Frucht, und Nähe ist die Frucht, die im gegenseitigen Berühren der eigenen Wunden reift.

Erinnern wir einander daran, dass nicht Erfolgreich-Sein, sondern Fruchtbar-Sein uns wahre Freude schenkt. N, 15

VERDRÄNGTES LEID

Heute können wir im Fernsehen zwar alle Leiden dieser Welt hautnah miterleben. Aber es ist eher eine Sucht, die Bilder von zerschossenen Menschen und zerstörten Städten, von hungernden und abgemagerten Kindern anzuschauen. Wir sehen so viel Leid, aber wir leiden nicht mit. Das ist emotional auch gar nicht möglich. Die Flut von Informationen über Leidsituationen hat uns heute hart gemacht. Als Schutz vor der Überfülle des Leidens haben sich viele innerlich verschlossen. Leidende Menschen kann man zwar im Fernsehen anschauen, aber man möchte ihnen nicht begegnen. Diese Haltung führte zu dem inhumanen Urteil, dass Behinderte in einer Pension Feriengästen nicht zuzumuten sind, weil sie ihr Urlaubsvergnügen beeinträchtigen. So meinen ja auch manche, man dürfe den Kindern das Kreuz nicht zumuten. Es würde sie krank machen, am Kreuz einen leidenden Menschen anzuschauen. Das Leid wird tabuisiert. Es darf nicht sein. Es ist eine Zumutung für uns. Leidvergessenheit aber führt zur Gefühllosigkeit, zur Härte, zur Isolierung. Man ist nicht mehr bereit, mit anderen zu fühlen, sich in andere hineinzuversetzen. Es geht nur noch um das eigene Glück. Das ist aber nicht erreichbar, wenn man es am Leid vorbei erzwingen möchte.

Eine andere Tendenz ist, dass man das Leid besonderen Berufsgruppen zuordnet, den Ärzten, den Psychologen, den Sozialarbeitern, den Priestern. Die sollen sich damit beschäftigen. Dafür werden sie ja auch bezahlt. Die anderen sollen davon verschont bleiben. Das führt dazu, dass viele heute in den Städten an leidenden Menschen vorübergehen, sei es an Opfern von Verkehrsunfällen oder von Raubüberfällen, sei es an Bettlern oder Menschen, denen es offensichtlich schlecht geht. Man will nicht hinsehen, man will für sich sein, sich nicht in seinem privaten Glück stören lassen. Man möchte nicht in Berührung kommen mit leidenden Menschen.

G, 84

»Wir sind ein Teil dieser Erde« (Indianerhäuptling Seattle)

Es gibt Momente, in denen ich verliebt bin in diese Erde, in Natur, Schöpfung, die Menschen. Es sind Augenblicke, in denen ich mich eins fühle mit Gott und der Welt, Momente, in denen es »stimmt«. Es gibt keine Grenzen mehr zwischen mir und dem anderen, ich tauche ein in ein Meer von Zärtlichkeit, verliere, verströme mich, lasse los, ein Sein mit Stein, Tier, Pflanze, Mensch – Eins-Sein. Es ist ein Spüren, Ahnen, Fühlen, dass ich im Strom des Lebens bin, ein Teil dieser Schöpfung. In solchen Momenten gelten meine Grenzen nicht mehr, und ich brauche sie auch nicht.

Wertvoll und kostbar sind solche Augenblicke. Sie lassen sich nicht »machen«, sind für Geld nicht zu kaufen, und sie lassen sich nicht festhalten. Sie sind Geschenk, Geschenk einer anderen Welt, die man mit dem Namen »Gott« bezeichnen kann. Und zugleich ist diese andere Welt in solchen Momenten meine Welt – Gott ist in mir, und ich bin in Gott. Das kann ich nur dankbar entgegennehmen.

Und dann bricht wieder der Alltag ein – Fremdheit, Nicht-Verstehen, Abgrenzung, Einsamkeit. Aber inmitten dieses Alltages weiß ich um die Erfahrung, dass einmal die Grenzen aufgehoben waren. Das aber verändert mich und meinen Alltag – ich werde sehnsüchtig ...

Ich suche und sehne mich danach, dass eine Vision, anfanghaft erahnt, lebt und bleibt. Eine solche Sehnsucht lehrt suchen ... mitten im Alltag.

S1, 44

WARUM EIGENTLICH BETEN?

Ich habe mit dir schon so vieles besprochen, aber dein Gesicht nie gesehen und deine Stimme nie gehört. Ich weiß nicht, wer du bist, Mann oder Frau, Junge oder Mädchen, verheiratet oder nicht verheiratet. Ich weiß nicht, ob du ein gläubiger Mensch bist. Und doch möchte ich jetzt zusammen mit dir beten, ein Gebet, das ich fotokopiert auf einem Stück Papier fand. Wenn du willst, bete es in deinem Herzen mit:

»Herr, wenn ich Hunger habe, gib mir einen Menschen, der mehr Hunger hat, dass ich noch teilen kann. Wenn mir kalt ist, gib mir einen Menschen, dem ich von meiner Kleidung abgeben kann. Wenn ich allein bin, einen, den ich aufnehmen kann. Wenn ich traurig bin, Herr, einen, den ich trösten kann. Wenn ich Zärtlichkeit brauche, einen Menschen, den ich in die Arme schließen kann. Wenn meine Last zu schwer wird, Herr, dann belaste mich mit der Last der anderen. Lass überall, wo ich Menschen begegne, deine Liebe gegenwärtig sein.«

Warum eigentlich beten? Wenn du deine Ohnmacht fühlst, wenn du Elend und Not, Leid und Tod nicht verstehst, dann suche eine Hand, die stärker ist als alle Hände, und ein Herz, das größer ist als alle Herzen, um Ruhe zu finden und Kraft, um weiterzugehen, erfüllt von neuem Frieden und neuer Freude. B, 279

Die einzige Antwort

Wenn du ein denkender Mensch bist, kommt irgendwann der Augenblick, wo du im Leben Antwort auf Fragen suchst, die in der Öffentlichkeit meistens nicht gestellt werden, aus Angst, dass es keine Antwort darauf geben könnte. Du gibst dich dann nicht mehr zufrieden mit schönen Theorien, wie Wissenschaft und Philosophie sie anbieten. Du empörst dich im tiefsten Innern gegen Leiden und Tod. Nicht gegen Leiden und Tod im Allgemeinen, sondern gegen das manchmal unmenschliche Leiden, das einen Mitmenschen, den du kennst und liebst, zugrunde richtet. Damit kannst du dich nicht abfinden.

Es muss eine Antwort geben. Aber die kann nur befriedigen, wenn sie tief genug ist, um alle Menschen zu umfassen. Sie muss dem Leben eines Rollstuhlfahrers Sinn geben, dem Leben eines Behinderten, eines unheilbar Kranken, dem Leben einer Mutter mit einem schwer behinderten Kind, dem Leben eines Greisen, der nichts mehr zu erwarten hat.

So eine Antwort finde ich in keiner Philosophie und Ideologie. Wenn das Absurde von Leiden und Tod das Blut in meinen Adern stocken lässt, ist für mich die einzige Antwort: Gott. Er ist das einzige Licht und die einzige Kraft, die das Blut in meinen Adern wieder strömen lässt. Alles, was ich sagen kann, heißt: Gott. Er ist Liebe. Und es lohnt sich, ihm zu begegnen oder wenigstens sich auf den Weg zu ihm zu machen.

B, 98

In Freundlichkeit gekleidet

Immer wieder begegnen wir einem freundlichen Menschen, wenngleich Freundlichkeit eine heute mehr und mehr in den Hintergrund tretende Tugend ist und vor allem Härte und rauhe Direktheit bewundert werden. Wir werden dazu gedrängt, etwas zu erledigen und dies schnell zu erledigen, selbst wenn Menschen dabei Verletzungen davontragen. Erfolg, die Fähigkeit, sich durchzusetzen, und Produktivität zählen, doch der Preis dafür ist hoch. In solch einer Atmosphäre ist für Freundlichkeit wenig Platz.

Freundlich ist, wer »das geknickte Rohr nicht zerbricht und den glimmenden Docht nicht auslöscht« (Matthäusevangelium 12,20). Freundlich ist, wer die Stärken und Schwächen des anderen achtet und sich mehr darüber freut, etwas gemeinsam zu tun als nur etwas auszuführen. Ein freundlicher Mensch geht behutsam vor, hört aufmerksam zu, schenkt einen verständnisvollen Blick und klopft auch einmal auf die Schulter. Ein freundlicher Mensch weiß, dass wirkliches Werden und Wachsen Pflege und nicht Gewalt verlangen.

Kleiden wir uns mit Freundlichkeit! In unserer rauhen und oft unerbittlichen Welt könnte unsere Freundlichkeit eine lebendige Erinnerung daran sein, dass Gott unter uns gegenwärtig ist. N, 50

Es verändert alles

Ich weiß nicht, ob du gläubig bist. Trotzdem möchte ich etwas vielleicht Verrücktes fragen: Betest du schon mal? Ich kann ja nur von dem reden, was in meinen Augen wichtig ist, wichtig für Glaubende und für Nichtglaubende. Warum überhaupt solch eine Unterscheidung? Wir sind doch alle ein Stück gläubig und ein Stück ungläubig.

Beten ist bei so viel Stress und Depressionen heute nicht nur für Christen, sondern für alle ganz wichtig. Das Gebet ist eine sehr praktische Sache. Es erfüllt, psychologisch gesehen, ein Grundbedürfnis jedes Menschen, ob er glaubt oder nicht glaubt. Das Gebet hilft dir in Worte zu fassen, was dich quält. Im Gebet legst du deine Probleme vor Gott auseinander. Dir wird leichter, und du findest neue Kraft. Das Gebet gibt dir das Gefühl, nicht mehr allein zu sein. Das Gebet bringt ein aktives Prinzip in dir in Gang. Du tust bereits etwas, du wartest nicht einfach hilflos ab.

Sicher, das Gebet nützt nichts in der Welt, wie wir sie kennen. Du wirst davon nicht reich. Du kommst damit nicht voran. Es dient zu nichts, aber ich sage dir: Es verändert alles. Schließe deine Augen und bete. Deine Nerven beruhigen sich. Dein Körper entspannt sich, du kommst auf andere Gedanken. Beten muss man lernen. Das kann man nicht an einem Tag. Aber es lohnt sich, jeden Tag neu damit anzufangen.

B, 290

Gottes Grosszügigkeit

Gott ist ein Gott des Überflusses, kein Gott des kargen Maßes. Jesus offenbart uns Gottes Übermaß, da er an die Menschen so viel Brot austeilte, dass nach dem Essen, als alle satt waren, zwölf große Körbe mit den übrig gebliebenen Stücken gefüllt wurden (vgl. Johannesevangelium 6,5–15), oder er seine Jünger eine so große Menge Fische fangen ließ, dass ihre Netze zu reißen drohten (vgl. Lukasevangelium 5,1–7). Gott gibt uns nicht bloß genug, er gibt uns mehr als genug, mehr Brot und Fisch, als wir essen können, mehr Liebe, als wir zu verlangen wagen.

Gott ist ein großzügiger Geber. Wir können Gottes Großzügigkeit aber nur erkennen und genießen, wenn wir ihn aus ganzem Herzen, aus ganzer Seele und mit allen unseren Kräften lieben. Solange wir sagen: »Lieber Gott, ich will dich ja lieben, aber zeig mir zuerst, wie großzügig du bist«, werden wir Gott fernbleiben und nicht erfahren können, was Gott uns wirklich geben möchte: Leben, Leben im Überfluss.

N, 142

Zweierlei Einsamkeit

Im geistlichen Leben müssen wir zwischen zwei Arten von Einsamkeit unterscheiden. Bei der ersten Einsamkeit haben wir den Kontakt zu Gott verloren und erleben, wie wir ängstlich irgendjemanden oder irgendetwas suchen, der oder das uns ein Gefühl von Geborgenheit, Nähe und Daheimsein geben kann. Die zweite Art von Einsamkeit entspringt einer Nähe zu Gott, die tiefer und inniger ist, als sie unsere Gefühle und Gedanken je erlangen könnten.

Diese zwei verschiedenen Einsamkeiten dürfen wir als zwei Arten von Blindheit verstehen. Die erste Blindheit ist die Folge eines Mangels an Licht, die zweite eine Folge von zu viel Licht. Die erste Einsamkeit müssen wir mit Glaube und Hoffnung zu überwinden suchen, die zweite in Liebe bereitwillig annehmen. N, 231

Glaubensrealistische Sicht

Es gibt Menschen, die alles sehr trist sehen, ihre Arbeit, ihre Familie, die Situation in der Firma, die Gesellschaft, die Politik. Sie können meist zahlreiche Fakten aufzählen, die ihre negative Sicht bestätigen. Aber die gleichen Fakten kann ich auch anders sehen und dann anders darauf reagieren. In unserer Klostergemeinschaft ist vieles nicht in Ordnung. Wir sind keine ideale Gemeinschaft, sondern eben eine Gemeinschaft von Menschen mit Fehlern und Schwächen. Aber ich kann meine Energie damit verschwenden, darüber zu jammern, in welch desolatem Zustand die Gemeinschaft ist und dass sich da sowieso nichts mehr machen lässt. Oder ich kann die Situation vom Glauben her sehen. Dann glaube ich, dass Gott immer noch diese Gemeinschaft begleitet, dass er sie trägt mit all ihren Schwächen und dass er sie in seinem Geist erneuern kann.

Wenn ich die Situation so sehe, so lasse ich mich nicht hängen und höre auf, um mich herum eine negative Stimmung zu verbreiten. Ich sehe es als Herausforderung von Gott her, als Herausforderung, erst einmal mich selbst von seinem Geist durchdringen zu lassen. Denn was ich an der Gemeinschaft an Negativem sehe, das ist ja auch in mir. Das muss erst einmal in mir verwandelt werden. Und ich sehe es als Herausforderung, mich für die Erneuerung der Gemeinschaft einzusetzen, nicht in einem blinden Reformeifer, sondern aus der Hoffnung heraus, dass Gott auch mit dieser Gemeinschaft große Dinge tun kann.

Der Glaube deutet den Zustand der Gemeinschaft um und lässt mich angemessen darauf reagieren. Der Glaube sieht von Gott her neue Möglichkeiten, aber er ist keine utopische Lösung. G, 51

Die Lampe reinigen ...

Gott kann in der Krankheit an mir handeln, indem er mich heilt, aber auch, indem er mich auf die eigentliche Wirklichkeit hinweist. Was macht mein Leben aus, was gibt ihm seinen Wert, worauf kommt es letztlich an? In der Krankheit erfahre ich, dass das Eigentliche nicht meine Kraft und meine Gesundheit, nicht meine Leistung und nicht die Dauer meines Lebens ist, sondern die Durchlässigkeit für Gott. Es kommt nicht darauf an, was ich in meinem Leben alles vorweisen kann, wie stark ich bin, wie vielen Menschen ich geholfen habe, sondern allein, dass ich mich und mein Leben Gott übergebe, dass ich mich ihm zur Verfügung stelle, mich ihm hinhalte und es ihm überlasse, was er mit mir und in mir wirken will und wie lange er durch mich sein Wort in die Welt sprechen will. Entscheidend ist, dass ich für Gott durchlässig werde, für seine Liebe und Barmherzigkeit.

Wenn Gottes Licht durch mich in dieser Welt etwas aufscheint und Helle und Wärme spendet, dann ist es genug. Dann ist es nicht so wichtig, ob Gott durch meine Gesundheit oder Krankheit, durch meine Kraft oder Schwäche hindurchleuchtet. Wir müssen es Gott überlassen, wie viel und wo er mit unserer Lampe leuchten will. Unsere Aufgabe ist es nur, die Lampe von Schmutz zu reinigen, damit Gottes Licht durch sie durchscheinen kann.

Und – Gottes Licht kann auch durch einen kranken Leib scheinen, manchmal sogar intensiver als durch einen gesunden. In der Krankheit spüren wir, dass es nicht auf uns und unsere Kraft ankommt, sondern auf Gottes Liebe und Licht, die uns durchdringen wollen, um durch uns hindurch auch für die Menschen um uns herum erfahrbar zu werden.

G, 355

Uns selbst Freund oder Feind sein

Sind wir uns selbst Freund oder Feind? Akzeptieren wir den, der wir sind? Sich dies zu fragen ist für jeden sehr wichtig, denn wir können nur dann mit anderen Freundschaft schließen, wenn wir uns selbst Freund und nicht Feind sind.

Wie können wir uns selbst Freund sein? Wir müssen die Wahrheit über uns selbst zu erkennen beginnen: Wir sind Menschen mit Herz und Verstand, haben aber auch Grenzen, sind reich, aber auch arm, großzügig, aber auch besorgt um unsere Sicherheit. Darüber hinaus sind wir Menschen mit einer Seele, dem Funken des Göttlichen. Die Wahrheit über uns selbst erkennen heißt an der Heiligkeit unseres Seins festhalten, ohne sie vollkommen zu verstehen. Unser innerstes Sein entzieht sich dem eigenen geistigen oder emotionalen Zugriff. Wenn wir aber darauf vertrauen, dass unsere Seele in den Armen eines liebenden Gottes geborgen ist, können wir uns selbst Freund sein und anderen freundschaftlich entgegentreten. N, 94

Sich an Gott klammern

Treten wir in das Alleinsein ein, um bei Gott und nur bei ihm zu sein, erfahren wir bald, wie abhängig wir sind. Fehlen uns die vielen Ablenkungen und Zerstreuungen unseres Alltags, befallen uns Angst und Unruhe. Wenn niemand mehr mit uns spricht, uns anruft oder nach uns verlangt, wir keine Termine mehr haben und keine Post erhalten, beschleicht uns das Gefühl, ein Niemand zu sein. Dann beginnen wir, uns zu fragen, ob wir eigentlich gebraucht werden, wichtig sind und vermisst werden. Und am liebsten möchten wir dieses beklemmende Alleinsein schnell wieder verlassen und zu unseren Beschäftigungen und Zerstreuungen, zu unseren Arbeitskollegen und Freunden zurückkehren, um uns zu vergewissern, dass wir »jemand« sind. Aber hierin unterliegen wir einer Täuschung; denn nicht wie die Leute auf uns reagieren, welchen Eindruck wir erwecken, macht uns zu »jemandem«, sondern Gottes unvergängliche Liebe zu uns.

Um unser wahres Ich zur Geltung zu bringen, müssen wir uns im Alleinsein an Gott halten, an den, der allein uns zu denen macht, die wir sind. N, 249

DIE GUTE NACHRICHT

Ich stelle mir vor, ich hätte nur noch ein paar Tage zu leben ... Ich darf mir einen oder zwei Menschen wählen, mit denen ich diese letzten Tage verbringe. Ich treffe die schwierige Wahl ... dann spreche ich mit diesem Menschen und erkläre ihm, warum ich ihn gewählt habe ...

Zum letzten Male habe ich Gelegenheit, auf Menschen zuzugehen, die mir unsympathisch oder gleichgültig waren. Wenn ich das fertig bringe: Was sage ich einem jeden jetzt, da ich fühle, dass ich an der Schwelle der Ewigkeit stehe?

Eines Tages bin ich allein in meinem Zimmer und denke an all das in meinem Leben, wofür ich besonders dankbar bin ... und worauf ich stolz bin ... Dann wende ich mich den Dingen zu, die ich bereue und am liebsten ungeschehen machte ... besonders meine Sünden ...

Während ich mich damit befasse, kommt Jesus herein. Seine Nähe bringt mir selige Freude und Frieden ... Ich erzähle ihm einiges aus meinem Leben, was mir leid tut ... Er unterbricht mich mit den Worten: »All das ist vergeben und vergessen. Weißt du nicht, dass die Liebe das Böse nicht nachträgt?« (1 Korinther 13,5). Dann fährt er fort: »Deine Sünden sind tatsächlich nicht nur vergeben, sie sind sogar in Gnade verwandelt worden. Hast du denn nie gehört, dass da, wo die Sünde groß, die Gnade übergroß ist?« (Römer 5,21).

Das klingt für mein armes, furchtsames Herz zu wunderbar, um wahr zu sein. Da höre ich ihn sagen: »Ich bin so zufrieden mit dir, ich bin dir so dankbar ...« Ich fange an zu protestieren, dass in meinem Leben nichts ist, was ihn so zufrieden und dankbar machen könnte. Er sagt: »Du wärest sicher einem Menschen, der für dich nur ein wenig von dem getan hätte, was du für mich getan hast, unaussprechlich dankbar. Meinst du, ich hätte weniger Herz als du?«

So lehne ich mich zurück und lasse mich von seinen Worten treffen ... und mein Herz jubelt vor Freude, dass ich einen solchen Gott habe!

M, 243

FÜGUNG

Ich stelle mir vor, ich hätte noch sechs Wochen zu leben ... Ich sehe die Umstände lebhaft vor mir: wie alt ich bin ... und wo ... woran ich sterben werde ...

Ich erfahre den Schmerz, von meinem Leben und von allem und jedem, was ich geliebt und gehasst habe, Abschied zu nehmen ... Ich nehme zur Kenntnis, wie die Leute die Nachricht von meinem bevorstehenden Tod aufnehmen ... Ich überlege, was jeder von ihnen wohl mit mir verliert ...

Nach dem Tod stehe ich vor dem Herrn. Ich spreche mit ihm über mein Leben: über das, was mir am liebsten war, was ich am meisten bereue ...

Nun höre ich Gott sagen, dass er gedenkt, mich auf die Erde zurückzuschicken. Er stellt mir frei, die Form meiner Reinkarnation zu wählen: Welches Land wähle ich? Welches Geschlecht? Was für ein Mensch möchte ich sein?

Ich wähle meinen Charakter ... meine Talente ... meine Stärken und Schwächen ... die Erfahrungen, die ich in meinem neuen Leben machen möchte ...

In welcher Gesellschaftsschicht möchte ich geboren sein? Warum? ...

Was für Eltern möchte ich haben? Ich wähle die Vorzüge und Fehler aus, die ich Vater und Mutter wünsche ... Ich stelle mir vor, ich sagte das meinen jetzigen Eltern und sehe, wie sie reagieren ...

Was für eine Kindheit möchte ich haben? Was für eine Erziehung? Was für einen Beruf wähle ich mir? ...

Nun höre ich, wie Gott mir erklärt, warum er mir genau das Leben in all seinen Einzelheiten gegeben hat, das ich jetzt habe ... M, 242

Das Evangelium leben (1)

Wenn man von einer Idee oder einer Anschauung wirklich überzeugt ist, dann fragt man sich in der Regel auch sehr gewissenhaft: Was heißt das ganz konkret für mein Leben? Das gilt für den Bereich der Friedensarbeit genauso wie für den Umweltschutz oder das Engagement für die so genannte »Dritte Welt«, für politische Ideen genauso wie für religiöse Überzeugungen. Eine rein theoretische Idee ohne die praktische Umsetzung in den eigenen Lebensalltag verliert an Leuchtkraft und Stärke, ja, kann dadurch sogar unglaubwürdig werden.

Auf dem Weg von einer Volkskirche hin zu einer »Entschiedenen-Kirche«, zu einer Zeit, in der Kirche und Gesellschaft im Umbruch sind, stellen sich auch viele Christen diese Frage nach den Konsequenzen ihres Glaubens neu. Bisher gültige und selbstverständliche Antworten greifen oft nicht mehr und müssen ins »Heute« übersetzt werden. Was bedeutet mein Glaube für die Gestaltung meines Alltags?

Es gibt eine ganz alte Antwort auf diese Frage, die zugleich hochaktuell ist: die Evangelischen Räte, also Leben in »Gehorsam, Armut und Jungfräulichkeit«. Das Wort »Evangelisch« in diesem Zusammenhang ist dabei nicht konfessionsbezogen zu verstehen, sondern will darauf hinweisen, dass diese Ratschläge aus dem Evangelium abgeleitet sind. In den Orden und auch in Säkularinstituten wurden die Evangelischen Räte immer schon als eine wichtige Hilfe zur Lebensgestaltung angesehen – ihnen aber allein dort einen »Ort des Lebens« zuzuweisen hieße, die Kraft der Evangelischen Räte nur unzureichend zu nutzen. Sie wollen Lebensweisung für alle Christen sein, seien es nun Laien oder Geistliche, Männer oder Frauen, junge oder alte Menschen.

Dazu bedarf es einer neuen Interpretation der Botschaft der Evangelischen Räte, einer Übersetzung, die eben nicht nur auf das Ordensleben zugeschnitten ist, sondern im Alltag jedes Christen gelebt werden kann.

S2, 55f

Das Evangelium leben (2)

Gehorsam – ein Wort, das es nicht leicht hat bei uns. Unangenehme Kindheitserfahrungen mögen damit verbunden sein, das Erfahren der eigenen Machtlosigkeit, vielleicht drängen sich Erinnerungen an das Dritte Reich und an »blinden Gehorsam« auf. Genau das aber ist hier nicht gemeint.

Gehorsam in diesem altchristlichen Sinn schaltet nicht das Denken aus, sondern will die Mündigkeit und die Gewissensentscheidung des Einzelnen. »Gehorsam« – das Wort kommt von »hören«, vom Hören auf das, was dieser Gott von uns, von mir will – es schließt das »Bedenken« mit ein und das Handeln, das aus einem solchen »Hören« kommt. Es bedeutet, mich in ein »größeres Ganzes« mit hineinzustellen, mein Leben nicht nur nach egoistischen Gesichtspunkten auszurichten, sondern es zu gestalten und damit zugleich auch gestalten zu lassen. Ich begebe mich in dieses Leben hinein, mit all seinen Höhen und Tiefen, und gestehe diesem Leben seine eigene Dynamik, seine eigene Verbindlichkeit zu. Gehorsam zu sein – das bedeutet, dem Leben verpflichtet zu sein in all seiner Lebendigkeit. Gelegentlich kann dies auch Machtlosigkeit bedeuten und das Aushalten von Ohnmacht – und das ist nicht immer leicht. Trotzdem – der Evangelische Rat des Gehorsams hat absolut nichts mit Passivität zu tun, mit dem »Entgegennehmen von Befehlen«, die man dann treu und brav ausführt, ohne weiter darüber nachzudenken. Gehorsam zu sein in einem christlichen Sinne bedeutet, dem Wort Gottes verpflichtet zu sein, der Botschaft des Gottes, der das Leben will. Es bedeutet hinzuhören, ruhig zu werden in dem Umtrieb des Lebens, um zu erkennen, was denn genau jetzt die Botschaft dieses Gottes an mich ist – und dann entsprechend zu handeln, gegebenenfalls auch gegen vorgegebene Hierarchien. Ein solches »Hören« und »Gehorchen« will Gott in mir ganz zum Zuge kommen lassen, will mich in den Dienst dieses Gottes hineinstellen – jeden Tag neu.

S2, 56f

Das Evangelium leben (3)

Armut – auch das ein Wort, das heutzutage wohl eher Stirnrunzeln hervorruft, denn: Haben wir nicht schon genügend Arme unter uns? Und wer will schon gerne arm sein? Doch wir kommen an der Aussage der Bergpredigt nicht vorbei: »Selig die Armen ...«

Geld zu spenden für Projekte in der so genannten »Dritten Welt«, caritative Organisationen finanziell zu unterstützen, das ist vielen von uns vertraut und selbstverständlich. Trotzdem – dies allein ist nicht gemeint, wenn auch ein solch finanzielles Engagement nicht gering geachtet werden soll.

Armut – das bedeutet, das herzugeben, das zu teilen, was ich habe *und* was ich bin. Dieser Evangelische Rat will darauf hinweisen, dass nicht die Dinge mich haben sollen, dass ich mich nicht narzisstischverliebt meinem Wissen, meinen Fähigkeiten hingebe, sondern mich und meine Kompetenzen anderen zur Verfügung stelle. Mag sein, dass Geld da gelegentlich am wenigsten gefragt ist. Armut heißt Teilen und ist die Absage an das »Haben«, – sie will das »Sein«. Damit befreit die Armut den Menschen von Egoismus und Besitzdenken und setzt Energien frei für das wirklich Wichtige. S2, 57*f*

DAS EVANGELIUM LEBEN (4)

Jungfräulichkeit – auch das ist ein Begriff, der nicht leicht zu verstehen ist. Häufig wird er mit »Ehelosigkeit« übersetzt, damit aber würden alle Verheirateten von vornherein von dieser Form der Lebensgestaltung ausgeschlossen. Das Wort »Jungfräulichkeit« nähert sich dem, was mit diesem Rat gemeint sein mag, wohl eher an: sich diesem Gott hingeben so wie Maria, die Mutter Jesu, sich hingegeben hat, bereit sein, in Erwartung leben, ohne dabei diese Erwartungen im Vorhinein näher bestimmen zu können, offen sein für das Leben. Jungfräulichkeit – das ist eine Lebenseinstellung, die von Verheirateten wie von zölibatär Lebenden gleichermaßen gelebt werden kann. Es ist eine Haltung des Gottvertrauens, der Hingabe, der Absichtslosigkeit, der Offenheit. Es ist das »Ja« zu einem Weg. Zu einer solch verstandenen »Jungfräulichkeit« gehört die »Keuschheit« mit dazu. Sie steht für die Ehrfurcht vor allem Lebendigen, in mir und in anderen, will den behutsamen Umgang mit dem Leben, will das Schützenswerte behüten. Beides, Jungfräulichkeit und Keuschheit, sind kein »Nein« zur Sexualität, sondern laden im Gegenteil dazu ein, sie als Kraft des Leibes sinnvoll zu gestalten – und dies gilt für zölibatär Lebende genauso wie für Verheiratete.

Es sind lebenstiftende Botschaften, die in diesen Evangelischen Räten verborgen sind: Offenheit für das Leben, hinhören und handeln, abgeben und teilen können, erwarten und sich hingeben können. Es wird nichts Übermenschliches von mir erwartet, ganz im Gegenteil – die Evangelischen Räte wollen zum Mensch-Sein befreien. S2, 58f

Das Evangelium leben (5)

Diese Grundeinstellungen zum Leben bedürfen der Konkretionen, der Umsetzung in den Alltag hinein. Gastfreundlich sein, mystisch und spirituell sein, teilen und sich beschenken lassen können, zärtlich sein und behutsam, die Sehnsucht und die Leidenschaft leben, den Menschen begegnen, Kranke und Verwundete pflegen und heilen, politisch sein und sich für das Leben einsetzen – das mögen einige solcher Konkretionen sein.

Die Evangelischen Räte können dem Menschen nicht die Auseinandersetzung mit der Frage abnehmen: Was bedeutet mein christlicher Glaube für die Gestaltung meines Lebens? Es bleibt ein immer währendes Bemühen, die Botschaft des lebendigen Gottes in konkretes Alltagshandeln zu übertragen – und Verfehlungen und Scheitern werden dabei nicht ausbleiben. Die Evangelischen Räte können aber wertvolle Wegweiser auf diesem Weg des Lebens sein – für alle Christen! S2, 59

NOVEMBER

Berührt vom dunklen Geheimnis – »Wer dies nicht hat: das Stirb und Werde …«

DER TOD IST NICHT DAS ENDE

Friedhöfe im November. Frisch geschmückte Gräber. Tote und Lebende für kurze Zeit zusammen am selben Ort. Sie suchen einander, aber sie können einander nicht erreichen. Da sind eine grausame Trennung und grenzenlose Ohnmacht. Plötzlich denkst du beklommen an den eigenen Tod. Angst vor dem Tod steht so dicht neben der Freude am Leben.

Der Tod – ein übermächtiger Spielverderber. Er schleicht sich in allen Genuss ein, er untergräbt alle Sicherheit, er würgt das Organ, mit dem du die Daseinsfreude einatmest. Keiner kennt sich mit dem Tod aus. Man schweigt, man verdrängt, man vergisst. Alles läuft auf die Frage hinaus: Ist der Tod das Ende oder nicht? Ist er das Ende, dann bekommt dein Sterben den Charakter einer schrecklichen Verstümmelung. Ist er nicht das Ende, dann bekommt dein Tod eine Staunen erregende neue Dimension.

Du stehst vor der Alternative: Alles oder Nichts, Sinn oder Unsinn des Lebens, Gott oder unendliche Leere. Die Geheimnisse von Leben und Tod hängen zusammen mit dem Geheimnis von Gott. Ich wünsche dir, ob gläubig oder nicht, nur eins: Hoffnung. Hoffnung, die dir bis zu deinem letzten Atemzug Freude am Leben lässt, dass du glücklich sein kannst.

B, 329

Hoffnung auf letzte Geborgenheit

November – er macht uns innerlich still, er bringt uns zum Nachdenken. Wir haben viel herausgefunden, um Todkranke zu retten. Wir machen unsere Wohnungen schön, und wir wissen sehr fein zu speisen. Wir fühlen uns im Leben so sicher, als ob es nie ein Ende nähme. Aber das ist ein großer Selbstbetrug.

Jeden Tag hören wir von tödlichen Unglücksfällen. In unserer Umgebung werden Freunde, gute Bekannte schwer krank und sterben. Vor dem Tod, der niemanden verschont, müssen wir leben lernen.

Was seinen Wert behält beim Sterben, das hat auch seinen Wert im Leben. Zum Beispiel die Freundschaft und die Liebe. Wer geliebt wurde, wer wirkliche Freundschaft erlebte, kann dankbar sterben, weil sein Leben schön war. Wer glaubt, wer sich von Gott geliebt weiß, wer sich als ein Freund von Gott versteht, kann voll Hoffnung auf letzte Geborgenheit leben und sterben. B, 328

INS DUNKEL FALLEN ... (1)

Ein früher Novemberabend, ich bin zuhause. Tagsüber wollte es nicht hell werden, die zwei Gespräche, die ich heute führte, haben mich sehr angestrengt. Ich sitze an meinem Schreibtisch, habe die kleine Kerze angezündet, im Hintergrund Musik.

Ich fühle mich müde, aber von einer solchen Müdigkeit, die der Schlaf nicht stillen kann. Ich bin lustlos, obwohl so viel Arbeit zu erledigen wäre. Ich sitze da und warte, warte darauf, dass irgendetwas geschieht. Ich weiß noch nicht einmal, worauf ich warte – einen Anruf fände ich jetzt eher lästig, Besuch eher mühsam. Nein, es ist wohl nichts, das von außen kommt, worauf ich warte. Da ist etwas in mir – und es drängt zum Leben, will gelebt sein. Jetzt etwas anderes zu tun, dies zu überdecken, wäre Verrat an mir selbst. Und gleichzeitig habe ich Angst vor dem, was da in mir ist, habe ich Angst vor dem Dunkel ...

Ich selbst kann nichts, aber auch absolut nichts daran tun, dass dieses »Irgendetwas« in mir geschieht. Ich kann nur dasitzen und warten, muss die Leere, die Müdigkeit zulassen, darf nicht in billige Aktivitäten flüchten.

Ich fühle mich gelähmt, kraftlos, handlungsunfähig. Ich kann nur noch sein, mich wehrlos in diese Stimmung hineingeben. Ich ahne darum, dass irgendetwas geschehen wird – wenn ich auch nicht weiß was, wann und wie. Voller Sehnsucht warte ich, horchend, hoffend, schauend. Ich suche nach den kleinsten Zeichen der Veränderung – und finde doch nur Leere. Fragen tauchen in mir auf, aber wem soll ich sie stellen?

S4, 17f

INS DUNKEL FALLEN ... (2)

Ich zögere – wenn jetzt jemand hier wäre und fragen würde, Zeit zum Zuhören hätte, mich in den Arm nehmen würde, vielleicht könnte ich dann ganz tastend suchen nach dem, was in mir ist, es zulassen, mich vielleicht auch davon überwältigen lassen. Es ist niemand da, ich bin ganz alleine mit mir ...

Da ist so viel Sehnsucht in mir – und zugleich dieses Wissen um Unerfüllbarkeit ... Manchmal zerreißt mich diese Spannung schier. Da halte ich all diese Lebendigkeit fast nicht aus – und spüre, dass genau dieses Nicht-mehr-aushalten-Können wiederum zur Lebendigkeit gehört.

Es zerreißt mich – herausgefordert zum Leben leide ich zugleich daran. Ich kann und will nicht mehr. Ich will endlich meine Ruhe haben.

Da ist eine ungeheure Sehnsucht in mir, eine Sehnsucht, die kein Gesicht, keinen Namen hat. Und in den kurzen Momenten, wo sie Gesicht und Namen bekommt, weiß ich schon wieder, das stimmt so nicht ...

Aber wo soll ich denn hin mit dieser Sehnsucht??

Sie fällt ins Leere, ins Dunkle, ins Namenlose – und ich falle mit ins Leere, Dunkle, Namenlose hinein ...

So bleibe ich stumm und warte voll Sehnsucht – aber ich bleibe ...

S4, 18

GEHEN LASSEN

Es ist eines der größten Geschenke, die wir unseren nächsten Angehörigen und engsten Freunden machen können, ihnen zu helfen, einen guten Tod zu sterben. Manchmal sind sie bereit, zu Gott zu gehen, während es uns sehr schwer fällt, sie gehen zu lassen. Dennoch kommt einmal der Augenblick, da wir denen, die wir lieben, es erlauben müssen, zu Gott zurückzukehren, von dem sie gekommen sind. Wir sollten dann bei ihnen bleiben, still sein und ihnen zu verstehen geben: »Hab keine Angst! Ich liebe dich, und Gott liebt dich ... Es ist Zeit, in Frieden zu gehen ... Ich will dich nicht länger festhalten ... Fühl dich frei heimzugehen ... Geh unbeschwert, geh mit meiner Liebe!« Dies von Herzen zu sagen ist ein wahres Geschenk. Es ist das größte Geschenk, das Liebe geben kann.

Als Jesus starb, rief er laut: »Vater, in deine Hände lege ich meinen Geist« (Lukasevangelium 23,46). Es tröstet und stärkt, diese Worte mit unseren Angehörigen oder Freunden oft zu wiederholen. Mit diesen Worten auf unseren Lippen und in ihrem Herzen können sie den Übergang zum Vater antreten, wie ihn Jesus angetreten hat. N, 366

Gottes zeitlose Zeit

Nach dem Tod gibt es kein »Danach«. Zeitliche Bestimmungen wie »danach« und »davor« gehören zu unserem vergänglichen Leben, zu unserem Dasein in Zeit und Raum. Der Tod befreit uns von den Grenzen der Chronologie, der Dauer in messbarer Zeit, und führt uns hinein in Gottes »Zeit«, die sich nicht in Sekunden, Minuten, Stunden, Tage, Wochen, Monate und Jahre teilen lässt, die zeitlos ist. Spekulationen über das Leben danach sind deshalb kaum mehr als eben Spekulationen. Jenseits des Todes gibt es weder ein »Zuerst« noch ein »Später«, kein »Hier« und »Dort«, keine »Vergangenheit«, »Gegenwart« oder »Zukunft«. Gott ist alles in allem. Das Ende der Zeit, die Auferstehung von den Toten und die Wiederkunft Christi in Herrlichkeit sind für alle, die nicht mehr in der Zeit sind, nicht mehr zeitlich getrennt.

Für uns, die wir noch in der Zeit leben, kommt es darauf an, nicht so zu handeln, als ob das neue Leben in Christus etwas ist, das wir zu verstehen oder zu erklären vermögen. Gottes Herz und Sinn überschreiten das Maß unseres Begreifens. Alles, was von uns verlangt wird, ist Vertrauen.

N, 367

Das ewige Leben in uns nähren

Wenn wir glauben und wissen, dass Jesus Christus für uns gelitten hat, gestorben ist und auferweckt wurde, um unseren vergänglichen Leib mit Unvergänglichkeit zu bekleiden, muss dies bei uns das Verlangen wecken, mit ihm zu neuem, ewigem Leben geboren zu werden, und uns anspornen, Wege zu finden, uns darauf vorzubereiten.

Es ist unerlässlich, dem Leben des Geistes Jesu – das ewige Leben nämlich, das schon in uns ist – regelmäßig Nahrung zu geben. Die Taufe gab uns dieses Leben, die Eucharistie erhält es, und unsere verschiedenen geistlichen Übungen wie Gebet, Meditation, geistliche Lektüre und geistliche Begleitung helfen uns, es zu vertiefen und zu festigen. Das Leben mit den Sakramenten und mit dem Wort Gottes wird uns mehr und mehr dafür bereit machen, unseren vergänglichen Leib loszulassen und das Kleid der Unvergänglichkeit zu empfangen. So wird der Tod nicht mehr der Feind sein, der allem ein Ende setzt, sondern der Freund, der uns an der Hand nimmt und uns in das Reich ewiger Liebe führt.

N, 365

Mein Leben

Um das Leben zu sehen, wie es wirklich ist, hilft nichts so sehr wie die Tatsache des Todes.

Ich stelle mir vor, hundert Jahre sind nach meinem Tod vorübergegangen und ich komme noch einmal wieder. Außer ein bis zwei vergilbten Fotografien in einem Album oder an einer Wand und der Inschrift auf meinem Grabstein ist kaum etwas von mir übrig geblieben, nicht einmal die Erinnerung meiner Freunde, weil keiner mehr lebt ... Trotzdem forsche ich nach irgendwelchen Spuren, die von meiner Existenz vielleicht noch auf der Erde vorhanden sind ...

Ich schaue in mein Grab hinein und finde eine Handvoll Staub und zerbröckelte Knochen im Sarg. Meine Augen bleiben an diesem Staub hängen und ich denke an mein Leben zurück: Erfolge und Tragödien ... Ängste und Freuden ... Mühen, Konflikte ... Bestrebungen und Wunschträume ... Liebe und Abneigung ... all das, was mein Leben ausgemacht hat. Und all das ist nun vom Wind verweht, vom Universum verschlungen ... Nur noch ein wenig Staub ist übrig geblieben als Zeichen, dass es einmal etwas gegeben hat: mein Leben.

Wie ich so diesen Staub betrachte, kommt es mir vor, als fiele eine schwere Last von meinen Schultern – die Last meiner Einbildung, etwas zu bedeuten ...

Dann blicke ich auf und betrachte die Welt um mich her: die Bäume, die Vögel, die Erde, die Sterne, den Sonnenschein, den Schrei eines Säuglings, einen vorüberfahrenden Zug, die eilenden Wolken, den Tanz des Lebens und des Universums ... und ich weiß, dass in allem irgendwo die Überreste jenes Menschen sind, den ich »Ich« genannt habe, und jenes Lebens, welches das meine war. M, 245

Lebendig begraben

Ein Mann hat in kurzer Zeit seine geliebte Frau und seinen einzigen Sohn verloren. Ich bin mit ihm auf den Friedhof gegangen. Ein Augenblick voller Schmerz. Man hat dort mit seiner Frau und seinem Sohn das größte Stück seines eigenen Lebens begraben. Lange standen wir da, stumm vor Schmerz.

Nach einer Weile ging ich ein wenig über den Friedhof, durch diese Stadt von Marmor und Stein. Zu dieser Zeit war dort kein Mensch. Zwischen gepflegten Gräbern sah ich andere, von Gras und Unkraut überwuchert, verfallen. Seit vielen Jahren war niemand mehr da gewesen. Die vergessenen Toten!

Da gingen meine Gedanken in die Stadt der Lebenden. Dass man Tote vergisst, lässt sich noch begreifen. Den Toten tut das nicht mehr weh. Doch in der Stadt der Lebenden Mitmenschen vergessen, vielleicht den eigenen Vater, die eigene Mutter, engste Familienangehörige – lebendig begraben in Gleichgültigkeit, die wie tödliches Unkraut alles überwuchert: Das ist eine Schande, eines Menschen nicht würdig. Darum gib Acht, dass sich solch ein Friedhof nicht womöglich in deiner Umgebung, deinem Haus ausbreitet. B, 285

Heilsame Zeit der Krankheit

Vor einiger Zeit wurde ich überraschend krank. Eine Infektion, leichtes Fieber, Schmerzen – objektiv gesehen nichts Großes. Aber ich *fühlte* mich krank, nicht in Ordnung, irgendetwas stimmte nicht. Was war denn da nur los? Anfangs rebellierte ich: Ich kann doch keine Termine absagen, da ist so viel zu tun, und überhaupt kann ich diese Krankheit jetzt gar nicht brauchen! Dann aber verstand ich: Mein Körper will mir etwas sagen, will mich auf etwas hinweisen. Er ist nicht gegen mich, sondern für mich – auch wenn es meine kurzfristigen Pläne gerade etwas durchkreuzt. Und je mehr ich darüber nachdachte, umso deutlicher wurde mir, dass mich mein Leib mit diesen Schmerzen auf einen existentiellen Mangel in meinem Leben hinweisen wollte. Ärztliche Diagnosemethoden können diesen Bereich nicht erfassen, das kann nur der Arzt als Mensch.

Der Begriff des »Heil-Seins« ist mir in den Tagen eingefallen. Heil-Sein, das ist eine andere Dimension als »krank« oder »gesund«. Es kann beides beinhalten und ist zugleich doch mehr. Kranke können »heil« sein – genauso wie Gesunde eben nicht »heil« sein können. Mit der Krankheit leben, sie ernst nehmen, als Botschaft des Körpers hören – das ist Heilung. Gesund sein, dabei aber meinen Körper als Ersatzteillager verstehen, als etwas, das funktionieren muss, das sich meinen Wünschen unterordnet – das ist Unheil. Unheil aber kann krank machen.

Und deshalb mag so manche Krankheit durchaus heilsam sein: Ich lerne hinzuhören auf meinen Leib, verändere mein Verhalten, lerne das Leben neu schätzen. Das Selbstverständliche wird in Frage gestellt und neu kostbar: zum Briefkasten gehen können und einen Brief einwerfen; entdecken, dass das Essen schmeckt; schlafen können, ohne Angst zu haben.

Ich habe in diesen Tagen gelernt, dass Krankheit ein Schritt zur Heilung sein kann.

S1, 87f

»Wer dies nicht hat: Das Stirb und Werde...«

Chaos und Ordnung (1)

Es gibt Zeiten in meinem Leben, in denen das Chaos hereinbricht. Da fällt ein Teil meiner Welt in Scherben, ich verliere den Boden unter den Füßen, falle ins Dunkle, Leere hinein. Ich bin ratlos, ohnmächtig, weiß nicht mehr weiter. Es sind Zeiten, in denen Träume nicht mehr lebendig sind und die Hoffnung mich verlassen hat. Ich bin nur noch Schmerz und Wunde, Verlassenheit und Trauer.

Manchmal sind äußere Anlässe die Ursache für solche Zeiten: Eine Beziehung scheitert, ein mir nahe stehender Mensch stirbt, eine Entscheidung durchkreuzt meine Pläne.

Manchmal aber kommen solche dunklen Stunden auch aus mir heraus, ohne dass ich im Moment einen ersichtlichen Grund dafür erkennen kann. Da kriecht auf einmal die Unsicherheit in mir hoch, ich verliere mein Selbstvertrauen, fühle mich kraftlos, zu keinem Schritt mehr fähig.

In solchen Zeiten ziehe ich mich von der Welt zurück. Bildlich gesprochen, schließe ich dann die Tür hinter mir ab, mache die Fensterläden zu, lasse nichts und niemanden mehr an mich heran. Und es kostet mich viel Mühe und unsagbare Energie, dann noch halbwegs eine Ordnung aufrechtzuerhalten, die meinen Tag wenigstens ein bisschen strukturiert: einkaufen, Mittagessen kochen, das dringendst Notwendige an Arbeit tun, die Post aus dem Briefkasten holen. Eine solche Stimmung kann mich einen Abend, eine Nacht lang einholen, sie kann aber auch über Tage und Wochen hinweg andauern. Es sind dunkle und chaotische Zeiten meines Lebens. S1, 29f

Chaos und Ordnung (2)

Das Chaos ist *ein* Pol des Lebens und holt mich trotz aller Ordnungsbemühungen immer wieder ein. Und vielleicht braucht es sogar das Chaos, um Wachstum und Entwicklung überhaupt erst möglich zu machen. Psychologisch gesehen ist das Chaos die Auflösung bestehender Strukturen, Krise und Tod. Das macht Angst, weil man nicht mehr weiß, wie es überhaupt noch weitergehen kann, weil all das, was mich getragen und gehalten hat, verloren geht.

Das Chaos ist der Weg zwischen den Welten – ist die Dynamik zwischen der Statik festgelegter Ordnungen. Das Chaos ist der Übergang vom einen zum anderen. Chaos ist Tod und Krise und zugleich Anfang, Chance und Geburt. In ihm ist die neue Welt bereits grundgelegt. Und es ist eine bekannte Weisheit, dass man alte Welten verlassen muss, um neue entdecken zu können. Nur aus dem Chaos heraus, durch das Chaos hindurch können neue Welten entstehen.

Es ist eine Phase der Umwandlung und Neustrukturierung. Nur wenn sich das Alte wirklich auflöst, kann es Platz für Neues geben, so wie auch die Schmetterlingsraupe einen vollkommenen Auflösungs- und Verwandlungsprozess durchmachen muss, um zu einem Schmetterling zu werden.

Das Chaos ist die Botschaft, dass mein bisheriges Verständnis, mein Selbstbild, meine Einschätzung nicht mehr tragen, nicht mehr haltbar sind. Es will mir sagen, dass es an der Zeit ist, dass eine neue Ordnung, eine neue Welt in mir entstehen. In dem Sinn ist das Chaos hilfreich. Es fordert mich dazu heraus, mich einer veränderten Situation anzupassen: Ich werde ohne den Partner weiterleben müssen, der durchkreuzte Plan will ersetzt werden durch neue Lebensperspektiven. S1, 30f

Chaos und Ordnung (3)

Neue Welten aber entstehen nicht dadurch, dass man das Chaos einfach Chaos sein lässt. Ich muss Formen finden, wie ich mit diesem Chaos umgehen und leben kann. Zwei Schritte scheinen notwendig zu sein: Ich muss solche dunklen Stunden in meinem Leben annehmen, mich hineinbegeben, sie zulassen und leben. Ich bin das Chaos, und das Chaos ist in mir. Dann aber muss ich dem Chaos auch gegenübertreten, es beim Namen nennen, zu begreifen versuchen. Wo kommt es her, wohin will es mich führen? Ich bemühe mich, dieses Durcheinander des Lebens neu zu strukturieren, die verschiedenen Fäden zu erkennen, die in diesem Wirrwarr miteinander verwoben sind.

Und in dem Moment, da ich zu ordnen beginne, kann Licht in die Sache kommen. So allmählich sieht man wieder klar, blickt durch, fasst Fuß, bekommt Boden unter die Füße. Eine neue Welt beginnt sich herauszukristallisieren. Die Hoffnungslosigkeit weicht, neue Träume werden wach, langsam lichtet sich das Dunkel.

Weder Chaos noch Ordnung sind ein Dauerzustand: Aus dem Chaos entsteht eine neue Ordnung, meine bestehende Ordnung wird durch ein hereinbrechendes Chaos in Frage gestellt, um sich zu einer neuen Ordnung gestalten zu lassen. S1, 31

Geheimnis eines zufriedenen Menschen

»Hab' lang und glücklich gelebt,
hab' an wenig genug gehabt,
hab' nichts verlangt und viel bekommen.«

Das stand auf dem Totenzettel von Stijn Streuvels, dem von vielen geliebten flämischen Dichter (1871–1969). Er wurde in einem weißen Wagen der Freude zu Grab gefahren. In dem kleinen, von ihm selbst geschriebenen Satz liegt eine Botschaft für uns alle. Es ist das Geheimnis eines zufriedenen Menschen, der jedem Tag den rechten Platz zu geben wusste und der durch das, was verhüllt ist, hindurchschauen konnte.

Die Menschen muss man lange suchen, die das heute noch können. Und doch liegt hier der Schlüssel für eine Menge Probleme in einer Zeit, die so überreizt und mit den Nerven fertig ist. Wenn du dich mit wenig zufrieden geben kannst, wirst du mehr bekommen, als du erwartest, und alles, was du bekommst, wird für dich eine freudige Überraschung sein, eine Art Wunder, wodurch du das Leben gern haben kannst. Wenn du dagegen immer haben und alles besitzen willst, wirst du niemals satt und immer unzufrieden sein. So kann dir das Leben keine Freude bringen. Dann bist du ein Vogel mit zu schweren Flügeln. Du wirst niemals zur Sonne fliegen können. B, 257

Loslassen

Wer über das Leben nachdenkt, stößt unvermeidlich auf die Machtlosigkeit des Menschen. Täglich passieren viele Dinge, an denen du nichts machen kannst. Du kannst sie nicht verhindern, ob du viel oder wenig Geld hast, ob du ein einsamer Mensch bist und viel Kummer hast oder ein Glückspilz, dem im Leben scheinbar alles gelingt.

Du bist als Mensch ein Verlierer. Du kannst nichts festhalten. Am Ende rinnt dir alles durch die Finger. Du träumst, du planst und baust, du feierst Erfolge. Und auf einmal kommt das Leid, die Enttäuschung, die Nacht. Manchmal plötzlich wie ein Blitz kommen Unfall, Krankheit, Tod. Du kennst solche Menschen, jung und alt, die weggehen und nie mehr zurückkommen, nahe stehende, liebe Menschen. Du möchtest sie festhalten wie dich selbst. Du möchtest, dass ein schöner Tag niemals zu Ende geht. Und musst doch loslassen, jeden Abend einen Tag loslassen und eines Tages alles.

Darüber musst du jetzt nicht anfangen zu weinen. Es ist kein Grund zur Klage, wie klein und ohnmächtig du bist. Aber auch kein Grund, in diese Welt mit ihrem Schein zu fliehen. Erst wenn du deine ganze Ohnmacht erfahren hast, bist du reif für Gott. Dann bekommt alles Sinn und Ziel: deine Angst, dein Leid, dein Gesundsein und dein Kranksein, dein Leben und dein Sterben. Erst wenn kein Gott da wäre, keine unsterbliche Liebe am anderen Ufer, erst dann würde alles sinnlos und vollkommen absurd. B, 256

Wunder der Versöhnung

Heute gibt es überall neue Initiativen, Sterbende menschlich und geistlich zu begleiten, etwa in der Hospizbewegung oder in palleativen Stationen. Hier dürfen nicht nur die Sterbenden, sondern auch die Begleiter wichtige spirituelle Erfahrungen machen. Da können sie das Geheimnis des Todes für sich neu entdecken. Ich kann einen anderen nur so weit begleiten, als ich mich dem eigenen Tod zu stellen bereit bin.

Eine der Ersten, die über die Begleitung von Sterbenden geschrieben hat, war die Schweizer Ärztin Elisabeth Kübler-Ross. Sie hat auch die vier Phasen des Sterbens beschrieben, die über Nichtwahrhaben, Auflehnung, Verhandeln schließlich zum Aussöhnen mit dem eigenen Tod führen. Wer die Auflehnung, Trauer und Wut des Sterbenden aushält, der darf oft auch beglückende Erfahrungen machen. Er darf spüren, wie viel Segen vom ausgesöhnten Sterben ausgehen kann. Eine Familie, die den sterbenden Vater begleitet hat, durfte die Heilung uralter Wunden erfahren und die Versöhnung, die vom Vater auf die ganze Familie ausging.

Wer diese Wunder der Versöhnung erfahren durfte, der weiß, dass er den Prozess des Sterbens nicht beschleunigen darf, dass das Sterben ein Geheimnis ist, das ausgehalten und miterlebt werden muss, um seinen Segen dem Sterbenden und den Überlebenden schenken zu können.

G, 346

Das Geheimnis des Sterbens neu entdecken

Die Begleitung Sterbender gehört seit jeher zur Erfahrung wirklichen Lebens. Und sie gehört zur Kultur menschenwürdigen Sterbens. Neben all der Verdrängung des Todes und der Abschiebung Sterbender in Krankenhäuser entsteht heute ein neues Gefühl für menschenwürdiges Sterben, für die Notwendigkeit einer guten Begleitung Sterbender.

Auf der anderen Seite gibt es heute die Diskussion um das Sterbenlassen hoffnungslos Kranker und um aktive Sterbehilfe. Die Apparatemedizin hat heute dazu geführt, dass manchmal das Leben von Sterbenden künstlich verlängert wird. Ambulante Pfleger klagen darüber, dass sie Menschen weiter pflegen müssen, die man nicht sterben lässt, sondern gegen ihren und ihrer Angehörigen Willen künstlich weiter ernährt. Das ist keine Kultur des Sterbens und auch keine Spiritualität des Sterbens. Da wird Leben oft künstlich weiter verlängert. Da ist dann der Zeitpunkt des Todes durch das Abschalten der Apparate bestimmt.

Umgekehrt gibt es die Tendenz zu aktiver Sterbehilfe, als ob jeder selbst entscheiden könne, wann er sterben möchte. Auch hier werden wichtige menschliche und geistliche Schritte übersprungen. Weil man das Loslassen und die Ohnmacht des Sterbens nicht aushalten kann, möchte man dem Prozess selbst ein Ende setzen und überspringt dabei die Gesetze der eigenen Seele. Wer einen Sterbenden wirklich begleitet und die Verwandlung miterlebt hat, die da im Sterben geschieht, kann sich nicht für aktive Sterbehilfe einsetzen. Denn da wird das Geheimnis des Lebens manipuliert.

Den Mittelweg zu finden zwischen einer künstlichen Verlängerung des Lebens und einer aktiven Beendigung und auf diesem Weg das Geheimnis des Sterbens neu zu entdecken, darum geht es. G, 347

Er wusste auf einmal alles

Sie haben mich aus dem Bett geholt. »Er liegt im Sterben. Er hat nach Ihnen gefragt. Es geht nicht mehr lange.« Stunden saß ich bei dem Neunundvierzigjährigen. Es war einer der vitalsten, der lebenslustigsten Menschen, die ich je kennen gelernt hatte. Sein starker Organismus war in wenigen Monaten völlig zusammengebrochen. Er bäumte sich mit aller Kraft gegen die Krankheit auf. Er klammerte sich ans Leben. Er hoffte gegen alle Hoffnung.

Ich hatte Angst vor dem Ende. Er war tief gläubig, aber wenn er klar bei Bewusstsein war, fragte er: »Warum? Wenn Gott doch gut ist, warum dann dieses Leiden und das Sterben? Ich bin so jung. Meine Familie braucht mich. Warum?« Und ich? Ich hätte antworten müssen, dass ich nichts davon verstehe.

Aber in einem bestimmten Augenblick, statt den Glauben zu verlieren und zu verzweifeln, stieg aus seinem Innern ein ruhiges Vertrauen auf. Ein unbegreifliches Vertrauen, das viel tiefer ging als sein Denken und Fühlen. Er wusste auf einmal alles. Er nahm an und verabschiedete sich bewegend von seiner Frau und seinen Kindern. Es war, als ob eine unsichtbare Hand ihn festhielt und als ob er sich mit seinem ganzen Wesen plötzlich ganz sicher und geborgen wusste. B, 255

Sterben, um neu geboren zu werden

Es kommt eine Zeit im Leben, da wir uns auf den Tod vorbereiten müssen. Die Vorbereitung auf den Tod ist die wichtigste Aufgabe unseres Lebens, umso mehr, wenn wir glauben, dass der Tod nicht die vollständige Aufhebung unserer Identität ist, sondern der Weg zu ihrem vollen Offenbarwerden.

Werden wir älter, ernsthaft krank, oder schweben wir in großer Gefahr, können wir uns nicht mehr allein mit der Frage befassen, wie es uns wieder besser gehen kann, es sei denn, dass »besser gehen« als »einem Leben jenseits unseres Todes entgegengehen« verstanden wird. In unserer Kultur, die in verschiedenster Hinsicht als todesorientiert angesehen werden kann, finden wir wenig oder gar keine Hilfe, uns auf einen guten Tod vorzubereiten. Die meisten setzen voraus, dass unser einziges Verlangen darin besteht, so lange wie möglich auf dieser Erde zu leben. Aber Sterben ist wie Gebären ein Weg zu neuem Leben, und wie es im Buch Kohelet heißt, »hat alles seine Stunde. Für jedes Geschehen unter dem Himmel gibt es eine bestimmte Zeit: eine Zeit zum Gebären und eine Zeit zum Sterben« (Kohelet 3,1f).

Wir müssen uns auf unseren Tod ebenso sorgfältig und umsichtig vorbereiten wie unsere Eltern auf unsere Geburt. N, 364

Sich der Toten erinnern

Verlieren wir einen geliebten Menschen, erfasst uns Trauer, die unsere Gefühle lange lähmen kann. Menschen, die wir lieben, werden ein Teil von uns selbst. Unser Denken, Fühlen und Handeln werden von ihnen mitbestimmt. Unser Vater, unsere Mutter, unser Gatte, unsere Gattin, unsere Kinder und Freunde – alle von uns geliebten Menschen leben in unserem Herzen. Sterben sie, muss auch ein Teil von uns sterben.

Trauern ist das langsame und schmerzliche Abschiednehmen von einem Menschen, der Teil unseres Inneren geworden ist. Bei besonderen Gelegenheiten – am Heiligen Abend, in der Neujahrsnacht oder an unserem Geburtstag – spüren wir die Abwesenheit dieses Menschen besonders stark. Manchmal dauert es ein ganzes Jahr, bis unser Herz wirklich Abschied genommen, »Lebewohl« gesagt hat und unsere Trauer sich legt. Doch indem wir unsere Verstorbenen nicht festhalten und von uns gehen lassen, können sie uns ihren Geist der Liebe senden und Teil unseres geistlichen Inneren werden. So können wir uns ihrer erinnern, und so können sie zu unseren treuen Begleitern auf unserer geistlichen Reise zu Gott werden. N, 259

Die einzige Chance

Wenn das Leid dich trifft, werde nicht rebellisch. Sage nicht: »Unmöglich! Alles, nur das nicht. Das kann ich nicht annehmen. Das ist zu schwer und zu ungerecht. Das habe ich nicht verdient.«

Das Leid ist ein Geheimnis. Es schlägt plötzlich zu, brutal und ohne Mitleid: ein Unfall, eine Krankheit, eine Behinderung, Abwege, auf die ein Kind gerät, der Tod eines geliebten Menschen ... Du erstickst fast vor Kummer und möchtest alles hinwerfen, alles aufgeben. Aber das ist Verzweiflung, und die macht alles nur noch schlimmer.

Versuche anzunehmen. Vielleicht kannst du ein neuer Mensch werden, innerlich tiefer und reicher, gütiger, einfühlsamer in die Lage anderer. Versuche anzunehmen. Das ist deine einzige Chance. Das Leid macht dein Herz größer und weiter und öffnet es für nie gekannte Freuden. Durch eigenes Leid erfahren, kannst du ein rettender Hafen werden für Menschen in großer Not. B, 146

Völlig durcheinander

Es gibt in unserem Leben dunkle, schwarze Tage. Da dreht sich uns alles vor Augen. Wir verlieren allen Halt und bekommen Angst, Angst vor uns selbst. Unsere Gefühle geraten völlig durcheinander. Wir sind bis ins Innerste aufgewühlt, in Panik. Da kommen verrückte Dinge zum Vorschein, die sonst vielleicht nie Gelegenheit hatten durchzubrechen. Da malen wir uns alles Mögliche und Unmögliche aus und meinen, dass hier Gott-weiß-was im Spiel ist. Wir kennen uns selbst nicht mehr wieder und laufen Gefahr, kopflos alles aufzugeben. Manchmal genügen Nichtigkeiten, um uns zur Verzweiflung zu bringen, um uns schachmatt zu setzen.

Trotz allem, was passiert sein mag: Versuche, solchen dunklen, schwarzen Tagen nicht mehr Bedeutung zu geben, als sie haben. Sie sollten uns nicht allzu sehr verwirren. Halten wir immer ganz fest daran: Was auch in unserem Leben geschieht, Gott ist Vater. Er ist der Einzige, der alles versteht und alles vergibt und uns zu aller Zeit unermüdlich begleitet mit seiner Liebe. B, 74

Mit unseren Wunden zuhören

Uns mit einem Leidenden solidarisch zu erklären heißt nicht, mit ihm über unsere eigenen Leiden sprechen zu müssen. Das Aufzählen der eigenen Leiden hat selten jemandem geholfen, der selber leidet. Ein verwundeter Heiler zeichnet sich dadurch aus, dass er einem anderen verwundeten, leidenden Menschen zuhören kann, ohne über seine eigenen Wunden zu sprechen.

Haben wir selbst einmal die finstere Schlucht einer Depression durchschritten, werden wir auch einem niedergedrückten, depressiven Freund sehr aufmerksam und verständnisvoll zuhören können, ohne dabei unsere Erfahrung zu erwähnen. Es ist meist besser, die Aufmerksamkeit eines Leidenden nicht auf uns zu lenken. Wir müssen darauf vertrauen, dass unsere eigenen verbundenen Wunden es zulassen werden, dem anderen mit unserer ganzen Existenz zuzuhören. Darin besteht Heilen. N, 211

Eine Gabe für andere

Wie können wir unseren Tod zu einer Gabe für andere werden lassen? Wir erleben oft, dass Menschen durch den Tod eines Angehörigen oder Freundes so tief getroffen und verwundet sind, dass ihr Leben geradezu zerstört ist. Wir müssen tun, was wir nur können, um dies zu vermeiden.

Es ist von großer Bedeutung, was wir denjenigen, die uns nahe stehen, sagen – sei es mündlich oder schriftlich –, wenn wir unserem Tod entgegengehen. Wenn wir ihnen danken, wenn wir sie um Verzeihung für unsere Unzulänglichkeiten bitten und ihnen unser Verzeihen für ihre eigenen anbieten, und wenn wir unseren aufrichtigen Wunsch aussprechen, sie sollten ihr Leben frei von Gewissensbissen weiterführen, aber die Gnaden unseres Lebens in Erinnerung behalten, dann kann unser Tod zu einer wahren Gabe werden. N, 153

Der grösste Schmerz

Immer wenn wir uns entscheiden, einen Menschen zu lieben, öffnen wir dem Schmerz Tür und Tor; denn es gehört zur Tragik unseres Lebens, dass wir es nicht vermeiden können, diejenigen, die wir lieben, zu verletzen, während wir selbst an den Verletzungen, die uns diejenigen zugefügt haben, die uns lieben, leiden. Immer wieder geben in der Liebe Freude und Schmerz einander die Hand. Den größten Schmerz bereitet das Verlassen. Geht ein Kind aus dem Hause, nimmt ein Ehegatte für länger oder gar für immer Abschied, zieht ein guter Freund in ein anderes Land oder stirbt .... scheint der Schmerz der Trennung uns schier zu erdrücken.

Wollen wir aber dem Schmerz der Liebe ausweichen, werden wir nie die Freude der Liebe und das Glück des Geliebtseins erfahren. Und Liebe ist stärker als Furcht, Leben stärker als Tod, Hoffnung stärker als Verzweiflung. Vertrauen wir darauf, dass es sich immer lohnt, das Risiko der Liebe einzugehen. N, 258

Dankbar sterben

Immer wieder beschäftigt uns die Frage, wie wir einmal sterben werden. Wird eine Krankheit unser Leben beenden, ein Unfall, ein Krieg oder eine Naturkatastrophe? Wird es ein unverhoffter, plötzlicher Tod sein oder ein langsames, qualvolles Sterben? Was auch immer wir meinen oder hoffen: Wie unser Leben enden wird, ist ungewiss, und alle Sorge darüber nutzlos. Doch diese Ungewissheit ist ein Segen!

Eine Frage sollten wir allerdings bedenken: Werden wir, wenn unsere letzte Stunde einmal gekommen ist, dann so sterben, dass diejenigen, die wir verlassen müssen, nicht in Trauer und Schmerz verzweifeln oder mit Gefühlen der Scham und Schuld zurückbleiben?

Wie wir andere verlassen, hängt weithin davon ab, wie wir uns selbst auf den Tod vorbereiten. Können wir mit dankbarem Herzen sterben – Gott dankbar, unserer Familie und unseren Freunden –, dann kann unser Tod Quelle des Lebens für andere werden. N, 152

Ein Lächeln, das die Tränen begleitet

Sterben ist ein allmähliches Abnehmen und Versinken am Horizont des Lebens. Beobachten wir ein Segelboot, das den Hafen verlässt, die hohe See erreicht und dem Horizont entgegensteuert, wird es in unseren Augen bald kleiner und kleiner werden und plötzlich ganz verschwunden sein. Wir können aber darauf vertrauen, dass einer an einem anderen, weit entfernten Ufer steht und sieht, wie dieses Boot größer und größer wird und schließlich den neuen Hafen erreicht hat.

Tod ist ein schmerzlicher Verlust. Kommen wir von einer Beerdigung heim, ist unser Herz voll Trauer. Denken wir aber an den, der am anderen Ufer brennend darauf wartet, unseren Vater, unsere Mutter, unseren Bruder, unsere Schwester, unseren Freund und unsere Lebensgefährtin in einem neuen Daheim willkommen zu heißen, kann ein Lächeln unsere Tränen begleiten. N, 103

Versöhnt mit den Verstorbenen

Der Tod ist immer auch Beziehungsgeschehen. Er verändert und verunsichert die Beziehung der Eltern und Kinder, der Ehepartner, der Freunde. Viele haben Schuldgefühle, wenn ein Mensch stirbt, den sie geliebt haben und dem sie einiges schuldig geblieben sind. Bei jedem Tod eines vertrauten Menschen taucht die Frage auf, was wir versäumt haben, was wir noch mit ihm hätten besprechen sollen, wo wir ihm weh getan haben, wo wir an ihm vorbei gelebt haben. Manche sind dann untröstlich und machen sich immer Vorwürfe, dass sie den Verstorbenen verletzt haben. Und sie stellen sich vor, dass der nun ewig daran leidet.

Natürlich brauchen wir den Trauerprozess, um vom Verstorbenen Abschied zu nehmen. Wir müssen uns in der Trauer auch mit unserer Schuld auseinander setzen, um den Verstorbenen loslassen zu können, um versöhnt an ihn denken zu können. Aber wir dürfen uns auch vorstellen, dass der andere jetzt im Frieden Gottes ist, dass er nicht mehr unter den Wunden leidet, die wir ihm geschlagen haben. Vielmehr ist er jetzt ganz zu sich gekommen. Er sieht uns von einer ganz anderen Warte aus. Er versteht, dass wir eben auch nur Menschen sind, verletzte Kinder, die andere wieder verletzen. Der Tote trägt uns nichts mehr nach. Er leidet nicht mehr an den Wunden, die wir ihm geschlagen haben, an den Versäumnissen und Missverständnissen. Er ist in der Vollendung, im Frieden. Aber wir können mit ihm nur wieder eine neue und gute Verbindung aufnehmen, wenn wir unsere Schuld ihm gegenüber angeschaut und in die Vergebung Gottes hineingehalten haben.

G, *337*

Der Herbst des Lebens

Unbeschreiblich ist die Farbenpracht des Herbstlaubs: dunkelrot, purpurn, goldgelb, dunkelbraun, hellbraun und viele andere Schattierungen und Kombinationen. Kaum aber hat es sich uns in seiner Pracht gezeigt, fallen die Blätter zu Boden, vertrocknen und vergehen. Die kahlen Bäume erinnern uns daran, dass der Winter vor der Tür steht.

Auch der Herbst des Lebens birgt die Möglichkeit, sich in großer Farbenpracht zu entfalten: Weisheit, Humor, Gelassenheit, Geduld und Freude können zum Leuchten kommen, bevor wir zu Boden fallen und vergehen.

Erinnern uns die kahlen Bäume auch an unseren Tod, so können wir doch dankbar sein für alle Schönheit, die wir sahen, und voll Hoffnung einen neuen Frühling erwarten. N, 102

Gott

ich war einsam
und du hast mir
meine Einsamkeit
nicht genommen

ich war verzweifelt
und du hast mir
meine Verzweiflung
gelassen

ich habe nicht mehr
weiter gewusst
und du hast mir
keinen Weg aufgezeigt

ich habe an dir
gezweifelt
und du hast
mich zweifeln lassen

ich habe zu dir
geschrieen
und du hast
keine Antwort gegeben

mitten im Dunkel
warst du bei mir
und hast mich
ausgehalten

mitten im Dunkel
hast du mich berührt
und ich habe mich
berühren
lassen.

S4, 35f

DEZEMBER

Gottesgeburt in jedem Menschenleben – Der Himmel beginnt in mir

Der Zauber des Advents (1)

Die Wochen des Advents sind Wochen, in denen ich oft meine, in einer erhöhten »Sinnlichkeit« zu leben, empfindsamer zu sein. Ich rieche mehr, ich höre anderes, ich schaue aus einem anderen Blickwinkel, bin behutsamer, nehme anders wahr, bin offener als sonst für Zeichen und Symbole.

Es liegt für mich eine Art von Zauber über diesen Wochen, den alle rauhe und harte Realität nicht durchbrechen kann – im Gegenteil: Manchmal meine ich fast, dass dieser Zauber auch die brutale Wirklichkeit umfasst und verändert. Von diesen Tagen und Wochen scheint etwas auszugehen, das auch die hartgesottensten Herzen »aufweicht«.

Oder sind es womöglich doch nur die langen Nächte der Dunkelheit, die die Sehnsucht nach dem Licht wachsen lassen?

Jedenfalls – ich weiß nicht, warum oder wozu es bei mir so ist, aber es ist so: Zur Adventszeit gehören für mich unabdingbar Mandarinen, Nüsse und Weihnachtsplätzchen, Kerzen und Geschenkpapierrascheln, der Duft von Tannennadeln und das leise, fast unhörbare Geräusch fallenden Schnees, ich schreibe Karten mit dem Gruß »Frohe Weihnacht!«, bekomme Weihnachtsgrüße – diese Wochen sind für mich irgendwie anders. Manchmal kommt es mir vor, als klinge da leise, ganz im Hintergrund, eine Melodie, die verzaubert, die mich vielleicht ein wenig neu zum Kind werden lässt, die mich das Staunen, das Offen-Sein lehrt – Advent muss ich hören, fühlen, sehen, riechen, empfinden, greifen können ...

S4, 55f

Der Zauber des Advents (2)

Mag sein, dass ich gerade in diesen eher dunklen Wochen, in denen »draußen« so wenig »Sichtbares« geschieht, meine Aufmerksamkeit eher nach innen, auf mich hin richte. Die vielfältigen Sinneseindrücke von außen nehmen ab, um den Eindrücken in mir Platz und Raum zu schaffen. Bei aller Hektik – so verlangsamt sich doch das Leben in mir. Advent und Weihnachten können bei mir nicht nur mit dem Kopf stattfinden – ich brauche auch etwas für Herz und Hand. Manche mögen das sentimental nennen, für mich heißt es Sinnlichkeit. Und vielleicht ist es gerade eine solche Zeit, in der man, im Sinne von Saint-Exupéry, mit dem »Herzen gut sieht«.

Dass sich die Werbung und die Wirtschaft genau dieses zu ihrem eigenen Nutzen machen, kann man ihnen fast nicht vorwerfen – offen bleibt dagegen die Frage, ob ich vor lauter Herz und Hand nicht manchmal vielleicht auch den Kopf ausschalte ... ob ich nicht unbewusst so sehr wieder Kind sein will, dass ich in kindliche Verhaltensweisen zurückfalle – und mein Erwachsen-Sein auf Urlaub schicke.

Es ist ein Zauber, von dem diese Tage und Nächte vor der Wintersonnenwende umgeben sind – und ich darf mich in diesen Zauber hineinbegeben, mich verzaubern lassen, wenn ich zugleich nicht die Radikalität und Existentialität dieser Tage und ihrer Botschaft dabei vergesse.

S4, 56

AUFBRUCH INS ABENTEUER (1)

Vor kurzem machte mich ein Freund darauf aufmerksam, dass das deutsche Wort »Advent« ganz ähnlich klingt wie das englische Wort »adventure«, also »Abenteuer«. Ich weiß nicht, ob es tatsächlich der gleiche Wortstamm ist, aus dem heraus sich die beiden Wörter jeweils entwickelt haben – überrascht hat mich diese Übereinstimmung schon. Aber wenn ich näher hinschaue – Abenteuer Advent, warum eigentlich nicht?

Abenteuer – bei diesem Wort denke ich an Aufbruch, Wagnis, Mut. Da zieht einer los, verlässt das Bekannt-Vertraute, macht sich auf den Weg ins Unbekannte. Da unternimmt jemand etwas, dessen Ausgang offen ist. Da bleibt einer nicht in aller Ruhe am warmen Kachelofen sitzen – sondern da bewegt sich etwas, passiert etwas. Manchmal mag das gar nicht so ungefährlich sein. Und vielleicht liegt gerade darin der ganz eigene Reiz eines solchen Abenteuers, seine Faszination.

Advent ist die Einladung zum Leben – und Jesus ist die Mensch gewordene Einladung Gottes. Er gesellt sich zu den Menschen, um sich mit ihnen neu auf den Weg zu machen, auf einen Weg, der das mögliche Ziel nur ahnt. Wer sich auf eine solche Einladung zum Leben einlässt, wer sich auf den Weg macht – mit dem geschieht etwas, der bleibt nicht unberührt.

Das ist nicht immer ungefährlich. Wenn ich lebendig bin, riskiere ich Verletzungen und Enttäuschungen, muss Abschied nehmen und mich auf Neues einlassen. Manchmal mag mich der Mut verlassen, dann wieder bin ich voll überströmender Lebenslust. Ich werde einsam sein und mich umso mehr an der Begegnung mit Menschen freuen. Lachen und Weinen, Mut und Angst, Vertrauen und Verlassenheit, Trauer und Tanz werden mich auf meinem Weg begleiten. Manchmal wird dieser Weg ins Leben nicht einfach sein – und ich werde mich dann wahrscheinlich fragen, warum ich überhaupt losgegangen bin. S4, 89f

AUFBRUCH INS ABENTEUER (2)

Mich lockt das Leben! Ich habe die Einladung gehört und will sie nicht abschlagen. Dieses Leben ist mir geschenkt – und ich will leben! Ich will das Leben auskosten, verschmecken, mit allen Sinnen, mit all seinen dunklen und hellen Seiten, mit Freude und Lachen, mit Tränen und Protest, mit Zuversicht und Hoffnungslosigkeit. Ich will das Leben, was menschenmöglich ist.

Ich will nicht vor dem Leben kneifen, weil es Unruhe in meinen gewohnten Tagesablauf hineinbringen kann. Wenn das Leben auch die Unordnung, das Chaos ist, dann sollen auch sie einen Platz in meinem Leben haben.

Weihnachten ist die Botschaft, dass mich dieser Gott zu einem solchen Weg einlädt – und dass er mich auf diesem Weg nicht allein lässt. Gott wird Mensch – und lässt sich auf all das Menschenmögliche ein. Nichts, was ich erlebe, erleide, an dem ich mich erfreue, ist ihm fremd. Er geht mit – und entzieht sich auch den dunklen Stunden nicht.

Gott lädt ein zum Abenteuer Leben – und mitten im Aufbruch weiß ich mich geborgen.

S4, 90

ADVENT – WEG DER VERWANLDUNG

Im Advent sollten wir getrost all unsere Enttäuschungen anschauen. Mein Freund, mein Ehepartner, die Gemeinschaft, in der ich lebe, sie sind alle so durchschnittlich. Ich habe mehr erwartet von ihnen. Mein Beruf füllt mich nicht aus. Da sind so viel Routine und Alltag. Doch statt darüber zu jammern, sollte ich mir sagen: Es ist gut, dass das so ist, dass ich darin nicht meine letzte Erfüllung finde, dass die Menschen meinen Erwartungen nicht gerecht werden. Denn das lässt mich meine Sehnsucht auf Gott richten. Das treibt mich zu Gott. Wenn ich meine Enttäuschungen so betrachte, dann kann ich mich mit meinem durchschnittlichen Leben aussöhnen, ohne in Resignation zu fallen, im Gegenteil, gerade die Banalität meines Lebens wird meine Sehnsucht nach Gott wachhalten. Und so kann ich Advent feiern, das Warten, dass Gott selbst in dieses Leben, in diese Durchschnittlichkeit tritt und damit alles verwandelt.

Viele können diese Sehnsucht nicht aushalten. Sie müssen sie zustopfen. Und so wird ihre Sehnsucht in Sucht pervertiert. Man wird süchtig, weil man sich der eigentlichen Sehnsucht im Herzen nicht stellen mag oder es nicht mehr kann. Die Angst vor der Lücke, die die Sehnsucht in uns aufdeckt, ist so stark geworden, dass man das Loch in sich unter allen Umständen zudecken muss. Man würde sonst verunsichert in seinem Lebensentwurf, der ganz auf die Erfüllung diesseitiger Wünsche ausgerichtet ist. Über den Zaun des Diesseits will man nicht schauen, aus Angst, der Blick könnte in ein Land fallen, das von Milch und Honig überfließt und uns zum Auszug aus dem eigenen Gebiet drängen würde. Es geht uns wie den Kundschaftern Israels, die fasziniert waren von dem Land der Verheißung, die aber aus Angst die Menschen in diesem Land als feindliche Riesen schilderten, weil sie den Auszug aus dem Vertrauten nicht wagen wollten. G, 361

Die Brille vom Bischof Nikolaus

Ich glaube an den Bischof Nikolaus. Nicht an den Nikolaus der Kaufhäuser, den Weihnachtsmann mit der Leuchtreklame, der nur dazu dient, den Umsatz zu steigern. Der echte Nikolaus ist in größter Gefahr, durch die Werbung umgebracht zu werden. Denn durch sie wird das Wunder der spontanen Güte zu allen Kindern auf der Welt auf geradezu brutale Weise ausgebeutet.

Ich glaube an den Bischof Nikolaus, der seit Jahrhunderten unter den Menschen einen Geist der Güte und Liebe verbreitet. Der 6. Dezember ist der Tag des Wunders. Die Kleinen jubeln und tanzen vor Freude, und die Großen genießen die Freude der Kinder. Dieses Wunder kann jeden Tag passieren, nicht nur für die Kinder.

Darum bitte ich den Bischof Nikolaus um eine Brille für die großen Leute, um eine ganz besondere Brille, dass sie etwas weniger aufs eigene Ich und etwas mehr auf die anderen schauen: zu Hause, am Arbeitsplatz, in der Öffentlichkeit, überall. Ich bitte für sie um das Geschenk eines guten Herzens. B, 365

Das Gute bei anderen entdecken

Nikolaus – ein heiliger Mann, der auf wunderbare Weise den Menschen Gutes bereitet, überraschende Freude für Groß und Klein, aber besonders für die Kleinen. An den Nikolaus glauben heißt: an das Gute im anderen glauben.

Glaubst du noch an das Gute, oder erwartest du alles von deinem strengen Gesicht, von harten Worten, von einer drohenden Faust? Das Leben ist so schön, wenn du glauben kannst: Meine Frau ist noch besser, als ich denke; mein Mann meint es gar nicht so, auch wenn er manchmal schwierig ist; meine Nachbarn, meine Kolleginnen und Kollegen, meine Vorgesetzten haben auch viele gute Seiten.

Wenn du das nicht mehr siehst, dann bitte den heiligen Nikolaus dringend um eine Brille, um wieder das Gute zu entdecken. Und noch etwas: Hilf dem heiligen Nikolaus, alles etwas besser zu verteilen. Nikolaus will auch den armen Menschen, den armen Kindern etwas geben. Aber dazu braucht er – ausgerechnet dich! B, 364

Das andere Licht

Es war an einem Adventswochenende im vergangenen Jahr. In einem Bildungshaus leitete ich ein Besinnungswochenende für Theologiestudenten und -studentinnen. Während einer Kleingruppenarbeit schlenderte ich ein wenig durch das Tagungshaus.

Aus einem Saal erklang plötzlich das Lied: »Ein Licht leuchtet auf in der Dunkelheit.« Ich wusste, dass außer unserem Besinnungswochenende an diesem Tag eine Adventsfeier für blinde Menschen stattfand. Neugierig blieb ich stehen – ob es die Blinden waren, die dieses Lied sangen? Nach der ersten Strophe wurde es ruhig, dann sprach eine Frau laut den Text für die zweite Strophe vor – und wieder setzte der Gesang ein. »Ein Licht leuchtet auf in der Dunkelheit!«

Jemand öffnete die Tür und verließ den Raum, in dem die Blinden feierten, und ich sah brennende Kerzen auf den Tischen stehen.

Ich wurde plötzlich nachdenklich. Da waren Menschen, die wortwörtlich in der Dunkelheit sind, ohne Hoffnung, jemals wieder das Licht zu sehen. Und da sangen sie das Lied von dem Licht, das in ihre Dunkelheit kommt.

Was mochten ein solcher Text, dieses Lied für diese Menschen bedeuten? Welches Licht ist gemeint? Wie sieht das Licht für einen Menschen aus, der nicht sehen kann? Vielleicht ist es mit diesem Licht so wie mit den brennenden Kerzen, die vor den Blinden standen: Auch deren Licht konnten sie nicht sehen, aber sie wissen, dass es brennt, für sie brennt – und wenn sie sich behutsam diesem Licht nähern, dann spüren sie seine Wärme, hören vielleicht ein leises Knistern, wenn die Flamme im Wind flackert. Ich muss das Licht nicht sehen können – aber ich muss das Vertrauen haben, dass es dieses Licht gibt.

Von diesen blinden Menschen habe ich eine neue Form des Vertrauens gelernt. Ein Licht leuchtet in der Dunkelheit – das Licht leuchtet auf, auch wenn ich es vielleicht nicht sehen kann, noch nicht sehen kann.

S4: 74f

ERWARTEND AUF DEM WEG (1)

Advent ... diese Tage machen mir wie keine anderen im Jahr bewusst, in welchen Spannungen ich lebe: die Kluft zwischen dem, wie ich sein möchte, und dem, wie ich bin; die Spannung zwischen Anspruch und Wirklichkeit, zwischen dem Inhalt der Weihnachtslieder, die mich in jedem Kaufhaus berieseln, und dem, was ich in mir und auf den Gesichtern der Menschen um mich herum wahrnehme ... und dann sitze ich spätestens am 27. Dezember da mit einem ausgesprochenen Weihnachtskater, der mich an mir, meinen Mitmenschen und unserer Welt zweifeln lässt, und denke: Das kann's doch nicht gewesen sein ...

Manchmal, in ganz stillen Adventsstunden, taucht ein Bild in mir auf: eine junge schwangere Frau, in Gewand und Tuch gekleidet, wandernd durch die Berge Judäas auf dem Weg zu ihrer Freundin. Eine junge Frau, die ein Kind unter ihrem Herzen trägt, vom Leben erfüllt ist. Langsam mag sie gegangen sein, sorgsam auf den Weg achtend und doch gleichzeitig ihren Gedanken nachhängend, hineinhorchend in sich und auf das, was da so unfassbar, unbegreiflich in ihr wächst. Da ist etwas geschehen, was sich dem Verstehen entzieht, ein Geheimnis des Lebens, das fremd und doch eigen zugleich ist. S3, 142

ERWARTEND AUF DEM WEG (2)

Gemischte Gefühle – Unsicherheit, Angst, Ungeduld und doch wieder Ergebenheit, Aufregung und Warten ... und in dieser Situation tut die junge Frau genau das, was wohl Frauen zu allen Zeiten und in allen Kulturen tun – sie geht zu einer Freundin, einer Frau, die auch ein Kind erwartet, bei der auch scheinbar Unmögliches möglich geworden ist. In beiden wächst das Leben, will noch geborgen sein – um dann aber in die Welt hinauszudrängen, schmerzvoll geboren zu werden. Ihre Gespräche werden immer wieder um das eine gekreist sein, das so viele Fragen, so viel Unsicherheit, so viel Neues mit sich bringt – und das sie so verändert: empfindsamer und erfüllter, voller Energie und Kraft, verletzlicher und behutsamer, aggressiver und sanfter. In ihnen wächst das Leben heran, das es zu schützen und zu bergen gilt, das aber auch Angst macht, eben weil es alles verändert und auf den Kopf stellt. Und gleichzeitig ist da die Hoffnung auf dieses Neue, das ungeduldig erwartet wird und dessen Da-Sein doch unsicher macht. Da ist diese Ahnung von Leben und davon, dass es nicht folgenlos bleiben wird ... Das ist Zulassen, weil etwas in Bewegung gekommen ist – und doch auch wieder Aufbäumen im Ahnen um die existentielle Bedeutung. S3, 143

Erwartend auf dem Weg (3)

So wünsche ich mir eigentlich Advent, diese Zeit des Wartens. Ich wünsche es mir als eine Zeit des »Bewusst-Wahrnehmens« und des »Empfindsamer-Lebens«, als eine Zeit des wachsenden Erfüllt-Seins vom Leben und doch darum wissend, dass manches noch seine Zeit braucht; ich möchte spüren, dass sich existentiell etwas geändert hat – und dass dies fremd und vertraut zugleich ist. Ich möchte Angst haben dürfen vor diesem Neuen – und es gleichzeitig voller Sehnsucht erwarten. Ich möchte bergen und geborgen sein, sorgsam darauf achten, was ich tue, und doch in mich hineinhorchen. Ich möchte mich wehren dürfen und doch froh darum sein, dass etwas in Gang gekommen ist, was nicht aufhaltbar ist. Und ich möchte dem ganzen Trubel entfliehen und mich auf den Weg machen zu Menschen, denen es ähnlich geht wie mir – und dabei doch das Neue wieder ganz für mich, allein und individuell, erleben.

Vor diesem Bild verblasst der Einkaufs- und Zu-erledigen-Zettel dieser Woche. Da habe ich plötzlich keine Lust mehr zu schauen, ob ich all denen, denen ich hätte schreiben sollen, auch geschrieben habe, und ich sehe auch nicht mehr ein, warum ich unbedingt vor Weihnachten noch die Fenster putzen soll. Stattdessen wäre es einfach schön, mich bei Freunden einzuladen und gemütlich miteinander zu plaudern, eine Stunde lang mit offenen Augen durch die Natur umherzustreifen oder auch einfach mich in eine Kirche zu setzen und in mich hineinzuhorchen, wie das Leben in mir lebt ...

Noch ist es nicht zu spät dafür ... *S3, 143f*

VON DER KRAFT DES WÜNSCHENS (1)

Wenn Menschen vom Dunkel umfangen sind, scheinen sie oft kraft- und antriebslos zu sein. Meist aber täuscht dieser Eindruck. Selbst im größten Unglück, in tiefster Dunkelheit, haben Menschen in aller Regel noch ein Bild, eine Ahnung davon, wie es denn sein könnte, wenn es all dieses Leid nicht mehr gäbe. Wenn sich ein solches Ahnen auch vielleicht nur in der resignativen Aussage »Wenn doch nur erst alles vorbei wäre!« zeigen mag – trotzdem. Es gibt noch eine Vorstellung davon, wie es denn über den jetzigen Zustand hinaus noch sein könnte. Wirklich resigniert hat erst der, der keine Wünsche mehr hat. Und solange ein Mensch sich etwas wünschen kann, solange ist auch noch Kraft in ihm.

Advent ist eine Zeit des Wünschens, eine Zeit, in der man Wünsche haben und sie auch äußern darf. Das haben wir schon als Kinder gelernt – und es begleitet uns auch noch heute. Aber so einfach ist das manchmal mit dem Wünschen gar nicht.

Davon weiß schon ein altes Märchen zu erzählen: Da kommt überraschend eine Fee zu einem älteren Ehepaar und eröffnet ihm, dass es drei Wünsche frei hätte. Sehr spontan sagt die Frau den Gedanken, den sie gerade im Kopf hatte, bevor die Fee kam: »Ach, ich hätte so gerne eine Bratwurst mit Kartoffelbrei!« und, kaum hast du dich versehen, steht auch schon ein Teller mit der Wurst und dem Kartoffelbrei vor ihr.

Der Mann, wütend darüber, wie die Frau den ersten Wunsch regelrecht verschleudert hat, sagt zornig und wohl etwas unüberlegt: »Ach, würde doch die Wurst an deiner Nase hängen!« – und, kaum ausgesprochen, hängt die Wurst auch schon tatsächlich an der Nase seiner Frau. Den beiden bleibt nichts anderes übrig, als den dritten Wunsch dafür einzusetzen, die Wurst von der Nase wieder wegzuzaubern – und so haben sie ihre drei Wünsche leichtfertig vertan. S4, 29f

Von der Kraft des Wünschens (2)

Dies ist eine Botschaft dieser und vieler anderer Märchen: Da kommt jemand, mitten in meinen Alltag hinein, und sagt: Du hast drei Wünsche frei. Gelegentlich brauche ich einen Anstoß, den »Kick« von außen, um mich überhaupt erst wieder auf die Kraft des Wünschens zurückzubesinnen.

Richtig wünschen zu können aber ist eine Kunst, die wir Erwachsenen oft verlernt haben. Und es würde sich lohnen, hier wieder einmal bei den Kindern in die Lehre zu gehen. Die können das noch: kraftvoll wünschen und sehnsüchtig hoffen, dass der Wunsch in Erfüllung geht. Wir Großen haben uns manchmal schon so mit dem Alltag und seinen Gegebenheiten arrangiert, dass wir gar nicht mehr auf die Idee kommen, uns noch etwas zu wünschen.

Man darf sich etwas wünschen – das ist zutiefst christlich und menschlich. Aber, und auch dies ist eine Botschaft dieses Märchens: Es gibt solche und solche Wünsche. Natürlich kann ich mir das Feuerzeug, das Buch, den Pullover wünschen, und möglicherweise liegt das dann auch auf dem Gabentisch – aber brauche ich das wirklich? Oder bleibt nicht doch trotz vieler Geschenke und erfüllter Wünsche manchmal eine seltsame Leere zurück? Stillt das Gewünschte meine Sehnsucht? Die Frau und der Mann in dem Märchen geben ihren spontanen Bedürfnissen nach, als die Fee sie nach ihren Wünschen fragt – sehr zufrieden dürften sie selbst mit der Erfüllung dieser Wünsche im Nachhinein nicht gewesen sein.

S4, *30f*

VON DER KRAFT DES WÜNSCHENS (3)

Sich etwas zu wünschen, das ist mehr, als nur etwas zu benennen, was ich geschenkt bekommen möchte, das ist mehr, als ein momentanes Bedürfnis zu stillen. Kraftvolle Wünsche kommen aus der Tiefe und entspringen einer Sehnsucht, die zugleich das Bild einer anderen Wirklichkeit zeigt.

Wenn ich solche Wünsche bei mir entdecken will, dann muss ich zunächst einmal auf mein Leben genauer hinschauen. Da gibt es Dunkelheiten, da sind Tränen und Leere, da sind Gebrochenheit, nicht gelebtes Leben. Indem ich mich diesen Dunkelheiten stelle, kann mir bewusst werden, unter welchem Mangel ich eigentlich wirklich leide: ein Mangel an Beziehung und Freundschaft, ein Mangel an Sinnerfüllung, ein Mangel an Möglichkeiten, mir selbst zu begegnen, ein Mangel an Gott, ein Mangel an Lebendigkeit. Aus einem solchen Ahnen oder Wissen um das Dunkle in mir wird dann die Sehnsucht wachsen, eine tiefe Sehnsucht, die mich unruhig macht und umhertreibt. Ich habe Sehnsucht, ja ich bin Sehnsucht – das ist Wünschen.

Meine Sehnsucht malt Bilder einer anderen Wirklichkeit. Ich stelle mir vor, wie es denn besser, schöner, lebendiger sein könnte – und bringe dies durch meinen Wunsch in Worte. Jeder Wunsch erzählt damit gleichzeitig vom Dunkel in mir, von der daraus erwachenden Sehnsucht und von einer anderen Wirklichkeit – und in dieser Spannung zwischen Realität und Vision kann das Leben wachsen. S4, 31f

Von der Kraft des Wünschens (4)

Solche Wünsche sind kraftvoll, sie erzeugen in mir selbst Energie, weil sie sozusagen mit »Sehnsucht aufgeladen« sind. Sie wirken auf mich selbst zurück, weil ich mich meinem Dunkel stelle, mich mit der Realität allein nicht abfinden kann. Bereits das verändert mich.

In mir selbst entsteht ein neues Bild einer anderen Wirklichkeit. Ein solches Bild kann mir dabei helfen, die eigenen Schritte an diesem Ziel auszurichten – ich ahne, wohin ich möchte, und deshalb lässt sich beurteilen, ob ein bestimmter Schritt, eine Handlung, eine Entscheidung zielfördernd oder zielhemmend ist.

Wünsche, die einer tiefen Sehnsucht entspringen, tragen Kraft in sich – und vielleicht ist gerade deshalb in vielen Märchen die Zahl der Wünsche auf drei begrenzt: Es gilt, die Kräfte zu zentrieren, sich nicht zu verzetteln, Ordnung in meine Wünsche zu bringen.

Diese Kraft, die in mir liegt, kann ich leichtfertig vertun, indem ich meinen spontanen Bedürfnissen nachgebe, ohne dabei auf meine Situation und auf das, was ich wirklich brauche, zu schauen. Ich kann diese Energie aber auch kraftvoll einsetzen, indem ich das Dunkel in mir annehme, die Sehnsucht wachsen lasse und mit ganzem Herzen und voller Leidenschaft meinen Wünschen einen Namen gebe – und meine Schritte, mein Handeln genau daran ausrichte. S4, 32

Von der Kraft des Wünschens (5)

Zugegeben: Es mag sein, dass allein deshalb meine Wünsche noch lange nicht erfüllt werden, meine Träume nicht Wirklichkeit werden. Das mag schmerzen und vielleicht sogar dazu verführen, sich lieber gar nichts mehr zu wünschen als etwas, was dann nicht in Erfüllung geht. Es gibt Wünsche, die so unrealistisch sind, dass sie sozusagen überhaupt erst die Probleme verursachen. Vielleicht habe ich mir dann ein falsches Bild vor Augen gestellt: eine Beziehung, in der es keine Konflikte gibt, ein Leben ohne Sorgen und Probleme, eine Kirche, in der jeder jeden versteht. Erfüllt sich ein Wunsch auf Dauer nicht, so wäre eine Überprüfung meines Bildes sicher angebracht und hilfreich.

Zum anderen aber muss es wohl auch im Leben eines jeden Menschen Wünsche geben, die unerfüllt bleiben, um nicht in eine satte Zufriedenheit abzurutschen. Erst die Unerfülltheit treibt mich vorwärts, meine Sehnsucht ist Grund und Anlass, mich auf den Weg zu machen. Und käme diese Fee eines Tages einmal zu mir, so wüsste ich bereits meinen ersten Wunsch: nie wunschlos zu sein.

Advent ist die Zeit des Wünschens. Es ist eine Zeit, mich auf mich selbst zurückzubesinnen, Einkehr bei mir zu halten. Statt vorschnell Lichter anzuzünden, wäre es jetzt eher an der Zeit, sich den Dunkelheiten zu stellen und sie anzunehmen und auszuhalten. Dann kann daraus die Sehnsucht wachsen, die Sehnsucht nach einer anderen und besseren Welt. Eine solch tiefe Sehnsucht aber wird mich selbst nicht unberührt lassen, sie wird mich umtreiben, unruhig machen, bis ich schließlich selbst den Aufbruch wage, einen Aufbruch in das Ungewisse hinein, nur einen Stern vor Augen, eine Verheißung in den Ohren – das ist Advent.

S4, 32f

Von der Kraft des Wünschens (6)

Und das ist ein anderer Advent. Nicht die Jagd nach Geschenken in den Kaufhäusern ist gemeint, nicht das Schreiben ungezählter Pflichtweihnachtsgrüße, nicht der weihnachtliche Hausputz, nicht die kraftzehrenden Vorbereitungen, damit alles möglichst schön und nett ist – nein. Das Dunkel aushalten, die Sehnsucht wachsen lassen, damit kraftvolle Visionen entstehen können, Visionen, wie wir sie in diesen Tagen auch in den offiziellen Kirchentexten immer wieder hören:

Dann wohnt der Wolf beim Lamm, der Panther liegt beim Böcklein. Kalb und Löwe weiden zusammen, ein kleiner Knabe kann sie hüten. Kuh und Bärin freunden sich an, ihre Jungen liegen beieinander. Der Löwe frisst Stroh wie das Rind. Der Säugling spielt vor dem Schlupfloch der Natter, das Kind streckt seine Hand in die Höhle der Schlange. Man tut nichts Böses mehr und begeht kein Verbrechen auf meinem ganzen heiligen Berg.

(Jesaja 11,6–9a) S4, *33f*

Die Stille der Nacht

Der Schlaf ist nicht nur die nötige Erholung für den Leib, sondern auch für die Seele. Im Schlaf regt sich die Seele in einer anderen Weise. Das Unbewusste wird aktiv, es meldet sich in den Träumen. Und die Traumrealität ist genauso wirklich wie die Realität des wachen Bewusstseins. Wenn wir gesund leben wollen, müssen wir daher auch die Traumrealität beachten. Wir sollen auf unsere Träume hören. In den Träumen deutet und kommentiert unser Unbewusstes die Tagesereignisse und unseren momentanen Zustand auf unserem Weg der Selbstwerdung.

Diese Deutung sollten wir beachten. Denn unsere bewusste Sicht der Dinge ist oft sehr einseitig. Im Traum können wir erkennen, was während des Tages wirklich abgelaufen ist und welche Bedeutung es für uns hat. Aber im Traum spüren wir auch, wie es eigentlich um uns steht. In Bildern sagt uns das Unbewusste, was unsere momentane Situation ist, wo wir uns auf Irrwegen befinden und wo auf einem guten Weg, wie wir zu Gott stehen, ob wir uns ihm verschlossen oder geöffnet haben und was für Schritte jetzt dran wären. Das Hören auf unsere Träume auch auf unserem geistlichen Weg bewahrt uns davor, an unserer Wahrheit und an Gott vorbeizuleben.

Im Schlaf tauchen wir nach dem jüdischen Denker Weinreb in die eigentliche Wirklichkeit ein. Wir werden angeschlossen an das göttliche Leben. Im Traum spricht Gott zu unserem Herzen. Wir schwingen ein in den göttlichen Intimbereich. Daher halten die Mönche das »Silentium nocturnum« so hoch. Das nächtliche Schweigen gibt dem Schlaf und dem Traum den heilenden und heiligen Raum, den Raum, den die Antike im Tempelschlaf geschaffen hatte. Die Stille der Nacht täte uns allen gut. Mitten im Schweigen der Nacht steigt das göttliche Wort hernieder, um an unser inneres Ohr zu dringen. Die Weihnachtsliturgie sieht dieses nächtliche Schweigen als den Ort, an dem Christus aus dem Himmel herabkam, um Mensch zu werden.

G, 390

Der Vorteil der leeren Krippe

Die Geschäftswelt hat das Christkind in der Krippe ersetzt durch den Weihnachtsmann, der mit Geschenken vollbepackt ist. Er wurde in unsere überreiche Wohlstandsgesellschaft importiert, weil hier das Christkind nicht mehr zu Hause ist.

Das Christkind kam in Armut und Entbehrung. Bei den Menschen in der Herberge war kein Platz. Aber da war ein Stern, und da war eine Krippe, die den Vorteil hatte, leer zu sein; so war Platz für das Kind. Da waren ein paar Hirten, zwielichtige Elemente, von den Menschen in der Stadt gar nicht gern gesehen. Und da war eine Botschaft, die Botschaft von Frieden, Hoffnung und Liebe für die Menschen, die guten Willens sind.

Der Weihnachtsmann kann helfen, gute Geschäfte zu machen, den Tannenbaum zu schmücken, leckeres Essen zu besorgen und ein ausgefallenes Geschenk. Mehr kann er nicht. Das Christkind hat eine Botschaft, die uns antreibt, für eine bessere Welt zu arbeiten, und die unser Herz mit Zuneigung zu den Armen, Kleinen, Ausgestoßenen erfüllt.

Diese Weihnachtstage tun mir weh, denn es gibt so viele Geschenke und so wenig Verständnis füreinander. Die Menschen in der Welt sind so hart zueinander, so verschlossen die Freude über das Weihnachtsgeheimnis. Ich wünsche, dass du den Weg zu diesem Geheimnis findest, es ist ein Geheimnis von Hoffnung, Glaube und Liebe, das Geheimnis vom Licht in unserer Finsternis.

B, 373

AUF DER SUCHE NACH WEIHNACHTEN (1)

Als Kind war die Advents- und die Weihnachtszeit wohl mit die schönste Jahreszeit für mich. Schon im November fing es an, wenn Mutti die Weihnachtsplätzchen backte. Ich schälte die Mandeln ab und durfte Teig ausstechen. Der Duft der ersten Weihnachtsplätzchen hing wie eine Verheißung in der Wohnung.

Ein erster Höhepunkt, der diese Zeit sozusagen offiziell eröffnete, war dann mein Namenstag am 30.11., der Tag des heiligen Andreas. Neben kleinen Geschenken gab es das »Andreasgeld«. In der Stadt, in der wir wohnten, findet zu dieser Zeit der »Andreasmarkt« statt – und dort durfte ich das Geld dann ausgeben.

Jahrmarkt: Zuckerwatte und Thüringer Rostbratwurst, der Geruch nach Glühwein und gebrannten Mandeln, fröhliche Musik, kleine zottige Ponys, Karussells und Auto-Scooter, Losbuden und Verkaufsstände – ich wusste gar nicht, wo ich zuerst hinsollte! Abends kamen wir todmüde nach Hause, durchgefroren und überwältigt von den vielen Eindrücken.

Recht schnell kam der Nikolaustag, an dem immer ein bunter Teller bereitstand. Und dann die wundersamen Wochen bis hin zum Weihnachtsfest, voller Spannung, ob das Christkind auch das Gewünschte bringen wird, voller Geheimnisse und Basteleien. Manchmal, wenn ich das alles gar nicht mehr aushielt, sagte ich zu Mutti: »Du, ich verrat dir, was du zu Weihnachten von mir bekommst – aber du musst es wieder vergessen!« Sie versprach es, und ich flüsterte es ihr ganz leise ins Ohr. Und sie hat es tatsächlich auch immer wieder »vergessen«. S4, 8f

Auf der Suche nach Weihnachten (2)

Adventskalender und die Kerzen am Adventskranz waren treue Begleiter in diesen Tagen – und schließlich die ersten Vorbereitungen für das Weihnachtsfest. Vati hatte einen Tannenbaum gekauft, der stand oben auf dem Speicher, weil es dort kühl und trocken war. Schließlich wurde der Weihnachtskarton hervorgeholt: Kugeln und Lametta, Engelshaar und die Christbaumspitze. Ein kleiner Tisch wurde freigeräumt, auf dem die Krippe aufgebaut wurde. Die letzten Nächte vor dem Fest konnte ich fast nicht mehr schlafen – so aufgeregt war ich!

Heiligabend selbst lief dann nach einem festen Ritual ab. Mittags gab es einen Eintopf, dann war Mittagsschlaf angesagt, schließlich im Fernsehen: »Wir warten aufs Christkind!« Ohne »Peterchens Mondfahrt« und seinem Maikäfer Sumsemann wäre damals der Heiligabend kein richtiger »Heiligabend« gewesen.

Baden, Umziehen, Abendessen, schließlich Bescherung. Ein Glöckchen klingelte, Vati las das Weihnachtsevangelium vor, ich spielte ein Lied auf der Blockflöte, mein Bruder trug ein Gedicht vor, alle zusammen sangen wir »Stille Nacht, heilige Nacht«, und dann endlich, endlich ging's ans Auspacken.

Ich erinnere mich gerne an diese Zeiten zurück, und je mehr ich darüber nachdenke, umso mehr Einzelheiten fallen mir dazu ein.

Irgendwann verlor sich der Zauber dieses Festes. So, wie ich es als Kind erlebt habe, war es nie wieder. Je kritischer ich wurde, je mehr ich mich von zu Hause ablöste, umso schwieriger wurde das Fest für mich. Sicher, die Freude auf die Geschenke blieb – aber der Zauber war fort. Weihnachten war zur Pflicht geworden. Entscheidend war, ob man rechtzeitig alle Geschenke beieinander hatte.

S4, 9f

Auf der Suche nach Weihnachten (3)

Als ich mich neu diesem Gott des Lebens annäherte, entdeckte ich zuerst wieder das Osterfest. Die Feier der Kartage, Leiden, Tod und Sterben dieses Jesus von Nazaret, Auferstehung, Leben gegen den Tod – ich ahnte das Befreiende dieser Botschaft; damit waren Erfahrungen verbunden, die ich aus meinem Alltag her kannte. Da gibt es Tod und Auferstehung, Leiden und Verzweiflung, Grabesruhe und österliche Freude.

Von diesen Erfahrungen des Osterfestes herkommend erwachte mein Interesse an Weihnachten neu. Es konnte doch nicht sein, dass das alles war: Entzauberung und Geschäftemacherei, Stress und Süßlichkeit, Frohe Weihnachten!« und Micky Maus als Weihnachtsmann verkleidet.

So habe ich mich auf die Suche nach der eigentlichen Botschaft dieser Advents- und Weihnachtstage begeben. Dabei habe ich viel für mich Überraschendes entdeckt und gefunden. Die Geburt dieses Kindes, das Fest der Menschwerdung, hat für mich eine neue Radikalität und Existentialität mit sich gebracht, die mich unruhig macht und zugleich froh auf eine andere Art und Weise. Wörter, altvertraut wie Sehnsucht und Erwartung, haben einen neuen Klang bekommen. Ich habe Symbole für mich neu entdeckt und ahne etwas von einem ganz anderen Zauber, der mich in seinen Bann zieht.

Auf dieser Suche nach Weihnachten habe ich erfahren, dass ich Mensch sein darf. Und Mensch sein, das heißt immer auch, dem Leben zu trauen, mit all seinem Licht und all seinem Dunkel. S4, 10f

LICHT UND WÄRME

Um an Weihnachten glücklich zu sein, brauchst du keine Weihnachtsgans, kein überreiches Essen und Trinken, kein lange vorbestelltes teures Festmenü im Restaurant, um hinterher Bauchschmerzen oder einen Herzinfarkt zu bekommen. Licht, Frieden, Freude hängen nicht wie Kugeln am Christbaum. Sie kommen nicht über dich mit etwas sentimentaler Musik. Weihnachtsmärkte, Wunschträume in Geschenkverpackung können kein einziges leeres Herz zum Fest mit Glück erfüllen.

Um in diesen Weihnachtstagen glücklich zu sein, brauchst du Licht und Wärme, kein kaltes Neonflimmern und keine Wärme, die ein Heizkessel liefert, wenn er funktioniert. Du brauchst Licht im Herzen, um den Sinn des Lebens zu sehen, und die Wärme lieber Menschen, die dich gern haben.

In Armut und Kälte und in tiefer Verlassenheit ist einer in die Welt zu allen Menschen gekommen, der mit seinem ganzen Leben Licht und Wärme sein wollte. An einem Kreuz hat er die Welt wieder verlassen. Wenn du offen bist für das Geheimnis dieses Menschen, offen wie ein Kind, wirst du Licht empfangen und Wärme fühlen.

Vielleicht fühlst du nichts, vielleicht hängst du noch an zu vielen materiellen Dingen. Jede Stelle, wo du angekettet bist, wirkt wie ein Kurzschluss. Ich wünsche dir in diesen Tagen viel Licht im Herzen, um im Dunkel bei dir ein paar Sterne anzuzünden, und viel Wärme in dir, um Menschen aus der Kälte zu holen.

B, 382

FRIEDE AUCH FÜR DICH

Weihnachten! Friede allen Menschen guten Willens! Friede auch für dich, wer du auch seist, was du auch denkst oder glaubst! Friede! Denn auch du trägst im tiefsten Herzen, vielleicht unbewusst, unendliches Heimweh nach dem verlorenen Paradies, Heimweh nach Frieden, Güte und Liebe.

Wenn du an Weihnachten nichts anderes suchst als einen Tisch mit Essen und Trinken, ein nettes Lokal, Abwechslung, Betäubung, dann findest du keinen Frieden. Unbefriedigt wirst du jedes Mal verlangen nach einem neuen Lokal, einem neuen Festessen, einem neuen Genuss, einer neuen Abwechslung. Immer wirst du unbefriedigt bleiben. Immer der gleiche Schmerz, immer derselbe Hunger. So wirst du niemals Frieden finden.

Weihnachten: Mach dich frei von der Zwangsjacke des Egoismus. Suche Frieden in Güte und Liebe zu anderen, und du wirst Frieden finden. Weihnachten: Gottes Liebe soll sichtbar werden in deinem Herzen und in deinem ganzen Leben. Weihnachten: nichts als Friede, nichts als Güte und Liebe allen Menschen auf der ganzen Welt! B, 383

Weihnachten – die Gottesgeburt im Menschen

Wir feiern die Geburt Christi in Betlehem, um daran glauben zu können, dass in uns göttliches Leben ist. Ohne dieses Fest würden wir das göttliche Leben in uns übersehen. Wir würden das für Leben halten, was nach außen hin sichtbar ist: unser Arbeiten, unsere Erfolge und Misserfolge, unser menschliches Miteinander, Anerkennung, Zuwendung, Liebe, unsere alltäglichen Freuden und Leiden. Wir würden daran vorbeisehen, dass in uns Gott selbst ist. Wir brauchen viele Symbole, um gegen die Macht der Fakten an das Geheimnis zu glauben, dass Gott in unsere Welt gekommen ist. Wir stellen Christbäume auf, zünden Kerzen an, wir singen Weihnachtslieder, die in Bildern das Geheimnis der Menschwerdung künden und in ihren trauten Melodien etwas davon vermitteln, dass unsere Welt anders geworden ist durch Gottes Kommen, dass wir uns in ihr ein Stück weit zuhause fühlen können. Und wir singen diese Lieder, um in uns neue Möglichkeiten zuzulassen: Liebe, Zärtlichkeit, Staunenkönnen, Ergriffenwerden, Fühlenkönnen. Wir besingen das göttliche Kind in der Krippe, um in uns selbst die Möglichkeiten eines Kindes zu entfalten: das Spontane und Unverfälschte, die Lebendigkeit und Echtheit, das Unverbrauchte und Unverdorbene. [...]

Der Gedanke von der Gottesgeburt im Menschen durchzieht die Schriften der deutschen Mystiker. Nach Johannes Tauler sind alle Leiden dieser Zeit nur die Geburtswehen für die Geburt Gottes in unserer Seele. Und für C. G. Jung ist die Gottesgeburt im Menschen das Ziel der menschlichen Selbstwerdung. Wenn Gott im Menschen geboren wird, dann kommt er von dem kleinen Ich weg zu seinem eigentlichen Wesen, zum Selbst. Für Jung sind die Symbole für das Selbst und für Gott identisch. Ohne Integration des Gottesbildes gelangt der Mensch nicht zum Selbst – oder in der Sprache der Mystiker – in seinen Seelengrund, in seinen Kern, in dem er wirklich er selbst ist. G, 384

Gottesgeburt in jedem Menschenleben –

WEIHNACHTEN – WIR SIND IMMER NUR DER STALL

Wir dürfen die Gottesgeburt nicht missverstehen, so als ob wir über Gott verfügen können. C. G. Jung sagt, der Mensch soll immer wissen, dass er nur der Stall ist, in dem Gott geboren wird. Wir sind nicht ein Palast, der für die Aufnahme Gottes bereit ist. Wir verdienen es nicht, dass Gott in uns ist. Wir können uns dies auch durch Askese oder Gebet oder Meditation nicht verdienen. Wir sind immer nur der Stall. Und in diesem Stall liegen Mist und Unrat. Wir brauchen das Unreine in uns nicht zu verdrängen. Wir werden von Gott dadurch gewürdigt, dass er trotzdem in uns wohnen will. Aber wir brauchen die Feier von Weihnachten, um daran glauben zu können. Denn von uns her können wir daran nicht glauben. In uns sehen wir oft nur das Dunkle, das Durcheinander, die Grenzen und Schwächen. Wir erleben uns oft weit weg von Gott. Da muss uns ein Fest vor Augen führen, dass Gott in der Krippe im Stall geboren wird, von Ochs und Esel umgeben, und dass gerade die Hirten, die wenig vornehmen Teile unserer Seele, kommen müssen, um dieses Kind anzubeten, während unser Verstand als der edelste Teil zurückbleibt mit seinen Entschuldigungen: Wir haben keinen Platz in der Herberge. Und wir brauchen die Lieder und die Kerzen, um daran glauben zu können, dass die Geburt Gottes in uns neue Saiten zum Klingen bringen kann.

G, 385

Wo Gott wohnt

Weihnachten ist der Durchbruch Gottes, der Durchbruch der Liebe in dieser Welt, die so dunkel und kalt ist, bis hin zu deinem Herzen. Das ist etwas Gewaltiges.

In diesen Weihnachtstagen kann jeder Güte und Liebe aufnehmen. Auch du. Auch wenn du noch so arm bist, leer und kalt. So war doch auch die Krippe. Sie hatte nur einen Vorteil: Sie war offen. Das ist aber auch alles, was von dir verlangt wird in diesen Weihnachtstagen: offen sein!

Jede Verschlossenheit ist eine Form von Hass, eine Form davon, dass einer nicht annehmen will. Gott kommt nicht im Hass, nicht im Laster, nicht in Zank und Streit, nicht in Nörgelei, nicht in Neid und Verbitterung.

Gott wohnt einzig und allein in der Güte von Mensch zu Mensch, in der Vergebung, in der Versöhnung, im Verständnis füreinander, in Freundlichkeit und Nachsicht. Gott ist Liebe. Gott wohnt – in dir?

B, 384

Gott lässt sich erkennen

Weihnachten. Gott ist sichtbar geworden auf Erden in jeder Freundlichkeit und Liebe unter den Menschen. Aber viele machen sich keine Gedanken über Gott, und nicht selten wird heute Gott für tot erklärt. Es ist ein Klima entstanden, in der für die Frage nach Gott kein Bedarf besteht. Gott ist nicht im Angebot.

Gott ist tot für jene, die nicht bereit oder nicht imstande sind, ihn zu lieben. Für jene, die nur sich selbst lieben können, ihren eigenen Verstand, ihre eigene Meinung, ihren eigenen Besitz, ihr eigenes Ich. Gott ist nicht tot. Er lebt, aber er ist nicht leicht zu erkennen und vertraut sich nur denen an, die ihn lieben wollen. Er ist kein Gott der Philosophen und Gelehrten, die jedes Jahrhundert ihre Meinung über ihn ändern. Gott lässt sich erkennen: Die Einfachen, Kleinen, Armen, die Sünder können ihm begegnen, alle, die von ihrem hohen Ross heruntersteigen und die Maske des Hochmuts absetzen wollen.

Darum, lieber Mensch, lege allen Ballast der Überheblichkeit und Selbstgerechtigkeit ab. Öffne dein Herz und deine Arme, mögen die auch hart sein wie die Krippe, wenn sie nur offen sind – und tritt ein in das Geheimnis der Liebe von Weihnachten. B, 385

Von Gott berührt (1)

Weihnachten, das ist mehr als eine schöne Geschichte, die davon erzählt, dass Gott vor knapp zweitausend Jahren Mensch wurde, mehr als ein Märchen, das von Engeln und Königen handelt, die zu früheren Zeiten einmal an einem anderen Ort, weit weg von uns, gelebt haben. Zu schnell verorten wir die Weihnachtsgeschichte in ein »Damals und Dort« und merken dabei nicht, dass die Botschaft der Menschwerdung Gottes uns meint, hier und heute. Weihnachten ist das Fest der Beziehung Gottes zu uns Menschen. Und dies ist kein einmaliges Ereignis, das irgendwann früher einmal irgendwo geschehen ist – sondern dies ereignet sich jeden Tag neu zwischen Gott und uns. Daran will uns die Weihnachtsgeschichte erinnern, das ist die eigentliche Botschaft des Festes, das wir feiern. Weihnachten ist in einem solchen Sinne eine Anfrage an mich persönlich – und meine eigene Antwort darauf ist gefragt. Zugegeben – eine solche Anfrage ist existentiell, und allein das Ahnen um die Konsequenzen kann bereits Angst machen. So verstecke ich mich in meinem vorweihnachtlichen Trubel, halte mir diese Botschaft vom Leib, indem ich Weihnachten reduziere auf ein schönes fernes Ereignis, auf Weihnachtsgeschenke und Weihnachtspost, und bleibe selbst dabei so unberührt, als ginge mich das alles gar nichts an.

Die Weihnachtsgeschichte aber erzählt eben davon, wie eine junge Frau in Judäa vor zweitausend Jahren mit dieser Anfrage Gottes konfrontiert wurde und wie sie darauf reagiert hat.

Auf den ersten Blick ist sie eine junge Frau wie viele andere auch, nichts Außergewöhnliches kennzeichnet bis dahin ihr Leben. Auch sie wird Pläne und Zukunftsvorstellungen gehabt haben, einen von Sorgen und Gedanken bestimmten Alltag, mit seinen eigenen Aufgaben und Anforderungen.

S3, 145f

VON GOTT BERÜHRT (2)

Mitten in diese großen und kleinen zu erledigenden Dinge des Lebens bricht auf einmal Gott herein. Er konfrontiert Maria mit der Verheißung, dass in ihr Gott Mensch werden will. Gott will in Beziehung treten mit ihr – und er tut es auf seine Art und Weise: behutsam und doch fordernd, fragend und auf Antwort wartend, voller Kraft und zart zugleich, mächtig und doch auf das »Ja« des Menschen angewiesen, beruhigend und beunruhigend in einem.

Maria, diese junge mutige Frau, bleibt von dieser Begegnung mit Gott in ihrem Leben und in ihrem Alltag nicht unberührt. Sie zögert, fragt nach, ahnt darum, dass sich mit ihrem »Ja« zu einer solchen Beziehung mit Gott alles in ihrem Leben ändern wird. Und doch stimmt sie zu, lässt sich von Gott berühren, wagt das Leben. Mit Gottes Anfrage und ihrem »Ja« darauf wird nichts mehr so sein, wie es einmal war. Das Bisherige und Vorläufige wird durchkreuzt, damit Neues möglich werden kann. Die Normalität des Alltages wird aufgehoben, ein Fest der Menschwerdung in Fülle bricht an. Gott kommt ins Leben – damit für die Menschen Rettung und Befreiung möglich ist. Dies aber kann nicht einfach geschichtlich abgehakt werden. Jeden Tag neu fragt Gott den Menschen an und will in Beziehung sein mit ihm. Und Gott allein ist machtlos – er braucht die Menschen und ihre Bereitschaft, sich berühren zu lassen, die ihm einen

Platz in ihrem Leben geben. In einem solchen Sinne ist Weihnachten eigentlich das Fest einer solchen Anfrage an mich – ist die Frage, ob ich mich berühren lassen will von diesem Gott, ist die Frage, ob ich »ja« sage zu dieser Botschaft. Dies kann nicht begrenzt bleiben auf einen Tag im Jahresablauf – Weihnachten geschieht immer dann, wenn Menschen dazu bereit sind, sich in einer solchen Art und Weise auf Gott einzulassen – das ist die Botschaft dieser Tage. S3, 146f

VON GOTT BERÜHRT (3)

Zugegeben: Ein solches Fest Gottes durchkreuzt meinen Alltag, streicht die Termine aus meinem Terminkalender, lässt mich den »Zu-erledigen-Zettel« in den Papierkorb werfen.

Angesichts dieser Anfrage aber ist all das nicht mehr ausschlaggebend. Von Gott berührt zu werden, mich anrühren zu lassen, da wird plötzlich anderes wichtig. Da ist meine Antwort auf die Frage entscheidend, ob ich heute Weihnachten in mir geschehen lassen kann.

Und nun wird mir auch verständlich, warum gerade die Verkündigung des Engels an Maria so häufig an den Portalen großer Kirchen dargestellt ist – es ist einerseits die Zusage, dass Gott die Beziehung mit uns Menschen will, eine Beziehung, die mich ganz meint, die meinen Leib mit Hoffnung erfüllt, wenn ich mich darauf einlasse. Und andererseits will mich diese Verkündigungsszene zugleich darauf aufmerksam machen, dass dies sozusagen die Tür ist, durch die ich eintreten muss, wenn ich das Reich Gottes erlangen will. Mit Haut und Haaren mich einlassen auf diesen Gott – das ist Weihnachten ... und dann kann das Reich Gottes anbrechen. S3, 147

TEXTNACHWEIS

Die Beiträge dieses Buches wurden aus folgenden, im Verlag Herder, Freiburg i. Br., erschienenen Büchern ausgewählt:

B = PHIL BOSMANS, Leben jeden Tag. Ein Jahresbegleiter. Ausgewählt und übersetzt von Ulrich Schütz. Neuausgabe, Freiburg i. Br. 1999.

G = ANSELM GRÜN, Mit Herz und allen Sinnen. Jahreslesebuch. Ausgewählt und herausgegeben von Ludger Hohn-Morisch. Freiburg i. Br. ^{6}2001.*

M = ANTHONY DE MELLO, Wo das Glück zu finden ist. Jahreslesebuch. Ausgewählt und herausgegeben von Franz Johna. Freiburg i. Br. ^{8}2000.*

N = HENRI J. M. NOUWEN, Leben hier und jetzt. Jahreslesebuch. Aus dem Amerikanischen übersetzt von Franz Johna. 4. Aufl. als Neuausgabe, Freiburg i. Br. 2000.

S1 = ANDREA SCHWARZ, Ich bin Lust am Leben. Mit Widersprüchen leben – Spannungen aushalten. Freiburg i. Br. ^{7}1999.

S2 = ANDREA SCHWARZ, Mit Leidenschaft und Gelassenheit. Freiburg i. Br. ^{2}1995.

S3 = ANDREA SCHWARZ, Singt das Lied der Erlösung. Mit Gott das Leben feiern. Freiburg i. Br. ^{3}1994.

S4 = ANDREA SCHWARZ, Wenn ich meinem Dunkel traue. Auf der Suche nach Weinnachten. Freiburg i. Br. 1998.

* Einzelnachweise finden sich in den o. g. Quellenbüchern.

WEITERE BÜCHER MIT TEXTEN FÜR JEDEN TAG DES JAHRES

ANSELM GRÜN
Mit Herz und allen Sinnen
400 Seiten mit 12 Abbildungen, Leseband, Halbleinen
ISBN 3-451-26793-4

Die schönsten Texte von Anselm Grün. Eine Quelle der Inspiration, zugleich ein moderner Seelenführer zu einem Leben aus ganzem Herzen und allen Sinnen.

PHIL BOSMANS
Leben jeden Tag
400 Seiten mit 12 Abbildungen, Leseband, Halbleinen
ISBN 3-451-26715-2

Kurze, prägnante Texte für jeden Tag des Jahres. Hier zeigt sich die Kunst von Phil Bosmans, mit Menschen ins Gespräch zu kommen, sie voller Sympathie, einleuchtender Überzeugungskraft und mit Humor unmittelbar anzusprechen.

ANTHONY DE MELLO
GESCHICHTEN, DIE GUT TUN
Weisheit für jeden Tag
256 Seiten, Halbleinen
ISBN 3-451-27348-9

Witzig und tiefgründig, heiter, unnachahmlich und weise: Das liebevoll gestaltete Lesebuch versammelt die 365 schönsten Weisheitsgeschichten de Mellos und begleitet Leserinnen und Leser durch das Jahr. Gelassenheit und Inspiration für jeden Tag!

ANTHONY DE MELLO
DER SPRINGENDE PUNKT
Wach werden und glücklich sein
224 Seiten, Halbleinen
ISBN 3-451-27323-3

Eine unkonventionelle Anleitung zu einem Leben frei von Zwängen, frei von Enttäuschungen, frei von Ängsten. Wer den Mut hat, sich darauf einzulassen, wird es erleben. Ein Buch, das Spaß macht und die Tiefe des Lebens auslotet!

MUTTER TERESA
LEBEN, UM ZU LIEBEN
400 Seiten mit 12 Abbildungen, Leseband, Halbleinen
ISBN 3-451-27018-8

Die schönsten Texte von Mutter Teresa. Dieses Jahreslesebuch bewahrt das Vermächtnis dieser unvergesslichen Frau und macht es – gegliedert in zwölf thematische Schwerpunkte – zu einem wertvollen Begleiter und einer Quelle der Inspiration für jeden Tag des Jahres.

HENRI J.M. NOUWEN
LEBEN HIER UND JETZT
Neuausgabe: 400 Seiten mit 12 Abbildungen, Leseband, Halbleinen
ISBN 3-451-27366-7

Dieses Buch ist eine Einladung, dem Pulsschlag des Lebens unter der dicken Haut des Alltags nachzuspüren. Es legt eine Lebensspur, der zu folgen sich lohnt.